WALHALLA

Markus Czenia

Vereinsführung in der Praxis

Handbuch für eine erfolgreiche und rechtssichere Vereinsarbeit

2., aktualisierte Auflage

Bibliografische Information der Deutschen Nationalbibliothek
Die Deutsche Nationalbibliothek verzeichnet diese Publikation in der Deutschen Nationalbibliografie; detaillierte bibliografische Daten sind im Internet über www.dnb.de abrufbar.

Zitiervorschlag:
Markus Czenia, Vereinsführung in der Praxis
Walhalla Fachverlag, Regensburg 2026

Walhalla
Mediengruppe
WALHALLA – eine Marke der Walhalla Mediengruppe

2. Auflage
Rechtsstand: 1. März 2026

Kontakt bei Fragen zur Produktsicherheit:
Walhalla u. Praetoria Verlag GmbH & Co. KG, Haus an der Eisernen Brücke,
93042 Regensburg, E-Mail: produktsicherheit@walhalla.de, Telefon: 0941 5684-0

Produktion: Walhalla Mediengruppe, Regensburg
Umschlaggestaltung: grubergrafik, Augsburg
Printed in Germany
ISBN 978-3-8029-4389-8

Zur Walhalla Mediengruppe gehören die Marken WALHALLA, Deichmann+Fuchs, und metropolitan.

[Wissen für die Praxis]

Weiterführend empfehlen wir:

Praxisratgeber Vereinsrecht
ISBN 978-3-8029-4170-2

Schießstättenaufsicht
ISBN 978-3-8029-1829-2

Aufsichtspflicht, Haftung,
Versicherung für Jugendgruppenleiter
ISBN 978-3-8029-7621-6

Schnellübersicht

Grundlagen der rechtssicheren Vereinsführung

Um einen Verein erfolgreich zu führen und rechtssichere Entscheidungen treffen zu können, benötigen Vorstände und andere Verantwortungsträger fundierte Kenntnisse in unterschiedlichen Rechtsgebieten. Angesichts der Vielzahl an Vorschriften und Regelungen bietet dieses Buch Orientierung und stellt die für die Praxis wesentlichen Themen kompakt, strukturiert und verständlich dar.

Fragen zur Gründung und historischen Entwicklung von Vereinen sind bewusst nicht Gegenstand dieser Zusammenfassung. Stattdessen richtet sich das Werk an Praktiker sowie an alle, die sich für die Vereinsarbeit interessieren. Es beantwortet die häufigsten praxisrelevanten Fragestellungen und bietet konkrete Hilfestellung bei typischen Problemstellungen. Themen wie Gemeinnützigkeit, Arbeitsrecht, Haftung und viele weitere relevante Bereiche werden umfassend und zugleich verständlich erläutert.

Die zweite Auflage berücksichtigt sämtliche maßgeblichen Neuerungen, insbesondere die Änderungen durch das Steueränderungsgesetz 2025, die zum 01.01.2026 in Kraft getreten sind. Die gesetzlichen Anpassungen sowie deren praktische Auswirkungen werden in den jeweiligen Kapiteln detailliert dargestellt und eingeordnet.

Aus Gründen der besseren Lesbarkeit wurde von mir nur die männliche Form gewählt. Dies impliziert keinesfalls eine Benachteiligung anderer Geschlechter. Alle Geschlechter mögen sich gleichermaßen angesprochen fühlen.

Markus Czenia

Abkürzungen

Abkürzung	Bezeichnung
a. a. O.	am angegebenen Ort
a. F.	alte Fassung
Abs.	Absatz
AEAO	Anwendungserlass zur Abgabenordnung
AEUV	Vertrag über die Arbeitsweise der Europäischen Union
AfA	Absetzung für Abnutzung
AG	Aktiengesellschaft und Arbeitsgericht
AktG	Aktiengesetz
Alt.	Alternative
AO	Abgabenordnung
ArbG	Arbeitsgericht
ArbGG	Arbeitsgerichtsgesetz
Art.	Artikel
Az.	Aktenzeichen
BAG	Bundesarbeitsgericht
BayLfSt	Bayerisches Landesamt für Steuern
BayObLG	Bayerisches Oberstes Landesgericht
BBiG	Berufsbildungsgesetz
bcc	blind carbon copy
BDSG	Bundesdatenschutzgesetz
BEG IV	Viertes Bürokratieentlastungsgesetz
BewG	Bewertungsgesetz
BGB	Bürgerliches Gesetzbuch
BGBl.	Bundesgesetzblatt
BGH	Bundesgerichtshof
BMAS	Bundesministerium für Arbeit und Soziales
BFH	Bundesfinanzhof
BMF	Bundesministerium der Finanzen
BMJV	Bundesministerium der Justiz und für Verbraucherschutz
BNS	Betriebsnummernservice der Bundesagentur für Arbeit
BR-Drs.	Bundesratsdrucksache
BSG	Bundessozialgericht
BStBl.	Bundessteuerblatt
BT-Drs.	Bundestagsdrucksache

Abkürzung	Bezeichnung
Buchst.	Buchstabe
BUND	Bund für Umwelt und Naturschutz Deutschland
BVerfG	Bundesverfassungsgericht
BVerfSchG	Bundesverfassungsschutzgesetz
BZRG	Bundeszentralregistergesetz
BZSt	Bundeszentralamt für Steuern
bzw.	beziehungsweise
D&O	Directors and Officers
DFB	Deutscher Fußball-Bund
DIN	Deutsches Institut für Normung
DOSB	Deutscher Olympischer Sportbund
DRS	Deutsche Rechnungslegungsstandards
DRV	Deutsche Rentenversicherung
DSGVO	Datenschutz Grundverordnung
DUH	Deutsche Umwelthilfe
e. V.	eingetragener Verein
Ebd.	Ebenda
EDV	Elektronische Datenverarbeitung
EEG 2023	Erneuerbare-Energien-Gesetz 2023
ELStAM	Elektronische Lohnsteuerabzugsmerkmale
EntgFG	Entgeltfortzahlungsgesetz
ErbStG	Erbschaftsteuergesetz
EStDV	Einkommensteuer-Durchführungsverordnung
EStG	Einkommensteuergesetz
EStR	Einkommensteuer-Richtlinien
etc.	et cetera
EU	Europäische Union
EuGH	Europäischer Gerichtshof
EÜR	Einnahmenüberschussrechnung
EWR	Europäischer Wirtschaftsraum
FA	Finanzamt
ff.	fortfolgend
FG	Finanzgericht
FM	Ministerium für Finanzen
FVG	Finanzverwaltungsgesetz
GbR	Gesellschaft bürgerlichen Rechts
GEMA	Gesellschaft für musikalische Aufführungs- und mechanische Vervielfältigungsrechte
GemEntBG	Gemeinnützigkeitsentbürokratisierungsgesetz

Abkürzung	Bezeichnung
GeschGehG	Geschäftsgeheimnisgesetz
GewO	Gewerbeordnung
GewStG	Gewerbesteuergesetz
GmbH	Gesellschaft mit beschränkter Haftung
GG	Grundgesetz
ggf.	gegebenenfalls
gGmbH	gemeinnützige GmbH
GmbH	Gesellschaft mit beschränkter Haftung
GmbHG	Gesetz betreffend die Gesellschaften mit beschränkter Haftung
GoB	Grundsätze ordnungsgemäßer Buchführung
GoBD	Grundsätze zur ordnungsgemäßen Führung und Aufbewahrung von Büchern, Aufzeichnungen und Unterlagen in elektronischer Form sowie zum Datenzugriff
GrStG	Grundsteuergesetz
HGB	Handelsgesetzbuch
i. V. m.	in Verbindung mit
IDW	Institut der Wirtschaftsprüfer
IHK	Industrie- und Handelskammer
ISO/IEC	International Organization for Standardization/ International Electrotechnical Comission
JStG	Jahressteuergesetz
KG	Kommanditgesellschaft oder Kammergericht
KSchG	Kündigungsschutzgesetz
KStG	Körperschaftsteuergesetz
KunstUrhG	Kunsturheberrechtsgesetz
LAG	Landesarbeitsgericht
LDO	Lehrdienstordnung
LG	Landgericht
LSB	Landessportbund
LSG	Landessozialgericht
LStR	Lohnsteuer-Richtlinien
m. w. N.	mit weiteren Nachweisen
MwStSystRL	Mehrwertsteuer-Systemrichtlinie
NachwG	Nachweisgesetz
NJW	Neue Juristische Wochenschrift
NPO	Non-Profit-Organisation
Nr.	Nummer
NZG	Neue Zeitschrift für Gesellschaftsrecht

Abkürzung	Bezeichnung
o. Ä.	oder Ähnliche(s)
o. g.	oben genannt
OFD	Oberfinanzdirektion
OHG	Offene Handelsgesellschaft
OLG	Oberlandesgericht
PartG	Parteiengesetz
PDF	Portable Document Format
Pkw	Personenkraftwagen
RennwLottDV	Verordnung zur Durchführung des Rennwett- und Lotteriegesetzes
RennwLottG	Rennwett- und Lotteriegesetz
RG	Reichsgericht
S.	Seite
s.	siehe
SEPA	Single Euro Payments Aera
s. o.	siehe oben
SG	Sozialgericht
SGB III	Sozialgesetzbuch Drittes Buch – Arbeitsförderung
SGB IV	Sozialgesetzbuch Viertes Buch – Gemeinsame Vorschriften für die Sozialversicherung
SGB VII	Sozialgesetzbuch Siebtes Buch – Gesetzliche Unfallversicherung
SGB VIII	Sozialgesetzbuch Achtes Buch – Kinder- und Jugendhilfe
SGB XII	Sozialgesetzbuch Zwölftes Buch – Sozialhilfe
SKR	Standardkontenrahmen
Steuer-ID	Steueridentifikationsnummer
StGB	Strafgesetzbuch
TLfDI	Thüringer Landesbeauftragter für den Datenschutz und die Informationsfreiheit
Tz.	Teilziffer
TzBfG	Teilzeit- und Befristungsgesetz
UrhG	Urheberrechtsgesetz
USK	Unterhaltungssoftware-Selbstkontrolle
UStG	Umsatzsteuergesetz
UStAE	Umsatzsteuer-Anwendungserlass
UStDV	Umsatzsteuer-Durchführungsverordnung
usw.	und so weiter
VBG	Verwaltungsberufsgenossenschaft

Abkürzung	Bezeichnung
VereinsFG	Vereinsförderungsgesetz
VG	Verwaltungsgericht
vGA	verdeckte Gewinnausschüttung
vgl.	vergleiche
VHS	Volkshochschule
VRV	Vereinsregisterverordnung
z. B.	zum Beispiel
ZPO	Zivilprozessordnung
ZUGFeRD	Zentraler User Guide des Forums elektronische Rechnung Deutschland

Gemeinnützigkeitsrecht

1

1.1 Allgemeine Bestimmungen

Gemeinnütziges Handeln ist eine am Gemeinwohl ausgerichtete Tätigkeit. Es geht demnach nicht primär darum, an wirtschaftlichen Prozessen der Märkte teilzunehmen. Gemeinnützige Organisationen finden sich überwiegend in der Rechtsform eingetragener Vereine. Bekannte Vertreter gemeinnütziger Körperschaften sind auch gGmbHs und Stiftungen.

Auch der Verein ohne Rechtspersönlichkeit im Sinne des § 54 BGB kann durch die Finanzverwaltung gemeinnützigkeitsrechtlich anerkannt werden, sofern die Satzung den Anforderungen der Abgabenordnung genügt.

Der rechtliche Rahmen wird im Steuerrecht in der Abgabenordnung (AO) im dritten Abschnitt, steuerbegünstigte Zwecke, definiert (§§ 51–68 AO).

Gemäß der Definition in § 52 Abs. 1 Satz 1 AO verfolgt eine Körperschaft gemeinnützige Zwecke, wenn ihre Tätigkeit darauf gerichtet ist, die Allgemeinheit auf materiellem, geistigem oder sittlichem Gebiet selbstlos zu fördern.

Die gemeinnützigkeitsrechtliche Anerkennung durch die Finanzverwaltung ist in der Regel von zentraler Bedeutung. Mit ihr gehen steuerliche und außersteuerliche Vorteile einher, die für das Wirken der Körperschaft relevant sind. Durch die Anerkennung ergeben sich Steuerbefreiungen insbesondere in folgenden Steuerarten:

- Körperschaftsteuer (§ 5 Abs. 1 Nr. 9 KStG)
- Gewerbesteuer (§ 3 Nr. 6 GewStG)
- Erbschaftsteuer (§ 13 Abs. 1 Nr. 16, § 17 ErbStG)
- Grundsteuer (§ 3 Abs. 1 Nr. 3b, § 6 GrStG)

Steuerermäßigungen ergeben sich in der Vermögensverwaltung und in den Zweckbetrieben mit Blick auf die Umsatzsteuer. In diesen Bereichen kommt in der Regel der ermäßigte Steuersatz von 7 Prozent zur Anwendung.

Die Steuerbefreiung nach § 3 Abs. 1 Nr. 3b GrStG für gemeinnützige, kirchliche oder mildtätige Körperschaften setzt voraus, dass der Grundbesitz neben den subjektiven Voraussetzungen tatsächlich für steuerbegünstigte Zwecke genutzt wird (objektive Voraussetzung).

Von der Grundsteuer befreit ist auch der Grundbesitz, auf dem ein Zweckbetrieb im Sinne der §§ 65 bis 68 AO unterhalten wird. Wird der Grundbesitz nicht ausschließlich und unmittelbar für steuerbegünstigte Zwecke genutzt, muss zur Prüfung der Befreiung untersucht werden, welche Nutzung überwiegt. Als Beispiel ist an eine Tanzveranstaltung eines Sportvereins in seiner Sporthalle zu denken. Unter die Befreiungsregelung fällt auch der für Verwaltungszwecke genutzte Grundbesitz.

Wird auf dem Grundbesitz jedoch ein steuerpflichtiger wirtschaftlicher Geschäftsbetrieb unterhalten, entfällt die Befreiung für diesen Teil des Grundbesitzes.[1]

Steuerbegünstigte Körperschaften profitieren zudem von den Regelungen der § 3 Nr. 26, 26a EStG zur Übungsleiter- und Ehrenamtspauschale. Hierzu ausführlich Kapitel 12.10 und 12.11.

Nicht zuletzt ermöglicht der Status der Gemeinnützigkeit das Einwerben von steuerlich abzugsfähigen Spenden im Sinne der § 10b EStG, § 9 KStG, den Zugang zu Fördermitteln und regelmäßig die vergünstigte Nutzung von kommunalen Räumlichkeiten.

Grunderwerbsteuer

Eine spezielle Regelung, die den Erwerb von Grundstücken durch gemeinnützige Vereine von der Grunderwerbsteuer befreit, besteht nicht. Insofern fällt beim Grundstückserwerb die entsprechende Steuer an. Die Höhe variiert je nach Bundesland zwischen 3,5 – 6,5 %.

Etwas anderes ergibt sich in den Fällen, in denen der Verein ein Grundstück unentgeltlich erwirbt. Dies kann beispielsweise bei einer Schenkung oder Erbschaft der Fall sein. Es handelt sich dann um einen Grundstückserwerb von Todes wegen oder einer Grundstücksschenkung unter Lebenden im Sinne des § 3 Nr. 2 GrEStG.

Für die Annahme der Unentgeltlichkeit ist zwingende Voraussetzung, dass der Verein keine Gegenleistung erbringt. Auch Auflagen des Überlassers können als Gegenleistung angesehen werden. Unter einer Auflage ist beispielsweise ein vertraglich vereinbartes Wohn- oder Nutzungsrecht zu verstehen.

---

[1] Vgl. BMF, Amtliches Handbuch Bewertung/Grundsteuer, GrStH 2022/2025, § 3, A 3.7

Eine Nutzungs- oder Duldungsauflage ist mit ihrem Wert von der Schenkungssteuer abziehbar. Die Abziehbarkeit bei der Schenkungssteuer hat nach § 3 Nr. 2 Satz 2 GrEStG zur Folge, dass der Grundstückserwerb mit dem Wert der Auflage der Grunderwerbsteuer unterliegt.[2]

1

Gesonderte Feststellung nach § 60a AO

Im Zuge des Gesetzes zur Stärkung des Ehrenamts (zuvor Gemeinnützigkeitsentbürokratisierungsgesetz – GemEntBG) wurde mit Wirkung zum 29.03.2013 der § 60a AO eingeführt. Die Regelung hat ein neues Verfahren zur Überprüfung der Frage geschaffen, ob die Satzung einer Körperschaft den Anforderungen der Abgabenordnung genügt. Die Bindungswirkung dieser Feststellung schafft Rechtssicherheit für die steuerbegünstigten Körperschaften. Die Feststellung im Sinne des § 60a AO löste das bisherige Verfahren der vorläufigen Bescheinigung ab. Im Gegensatz zur vorläufigen Bescheinigung ist der Antrag ein Verwaltungsakt, was letztlich bessere Rechtschutzmöglichkeiten eröffnet, sofern der eingereichte Antrag abgelehnt wird.[3]

Der Feststellungsbescheid im Sinne des § 60a AO hat Bindungswirkung sowohl für das Besteuerungsverfahren der Körperschaft als auch für das Besteuerungsverfahren eines Spenders.

Die Feststellung erfolgt in der Regel auf Antrag der Körperschaft oder von Amts wegen bei der Veranlagung zur Körperschaftsteuer, wenn die Feststellung noch nicht getroffen wurde. Somit besteht für steuerbegünstigte Körperschaften auch außerhalb des Veranlagungszeitraums die Möglichkeit, feststellen zu lassen, dass ihre Satzung den Anforderungen der Abgabenordnung genügt.

1.1.1 Körperschaften im Sinne des § 51 AO

Unter Körperschaften im Sinne des § 51 Abs. 1 AO, die für Steuerbegünstigungen in Betracht kommen, sind Körperschaften, Personenvereinigungen und Vermögensmassen im Sinne des Körperschaftsteuergesetzes zu verstehen. Hierzu gehören auch juristische Personen des öffentlichen Rechts mit ihren Betrieben gewerblicher Art (§ 1 Abs. 1 Nr. 6, § 4 KStG). Die juristische Person als solche fällt nicht unter diese Regelung.

---

2 BFH, Urteil vom 12.07.2016, Az. II R 57/14

3 Vgl. BT-Drs. 663/12, S. 17

Unterhält ein Verein unterschiedliche Abteilungen, sind diese lediglich funktionale Untergliederung und keine eigenen Steuersubjekte.

In diesem Zusammenhang muss darauf geachtet werden, dass sich Abteilungen nicht in der Art verselbstständigen, dass im Ergebnis ein Verein ohne Rechtspersönlichkeit entsteht. Dies wäre anzunehmen, wenn sie auf Dauer Aufgaben nach außen im eigenen Namen durch eine eigene, dafür handlungsfähige Organisation wahrnehmen. Hierzu ist nicht erforderlich, dass Zweck und Organisation der Abteilung in einer von ihr beschlossenen Satzung festgelegt wurden. Diese können sich auch aus der Satzung des Hauptvereins ergeben.[4]

1.1.2 Extremistische Vereinigungen

Eine Steuervergünstigung setzt zudem voraus, dass die Körperschaft nach ihrer Satzung und bei ihrer tatsächlichen Geschäftsführung keine Bestrebungen im Sinne des § 4 BVerfSchG fördert und dem Gedanken der Völkerverständigung zuwiderhandelt. Über § 51 Abs. 3 Satz 2 AO ist eine Steuerbegünstigung auch bei den Körperschaften ausgeschlossen, die im Verfassungsschutzbericht des Bundes oder eines Landes für den zu beurteilenden Veranlagungszeitraum ausdrücklich als extremistisch eingestuft werden.[5]

1.2 Gemeinnützige Zwecke

Nicht alle Aktivitäten, die ein Verein entfalten möchte, sind mit den Regelungen der Abgabenordnung im Hinblick auf die angestrebte Steuerbegünstigung in Einklang zu bringen. So muss die Tätigkeit einer gemeinnützigen Körperschaft darauf ausgerichtet sein, der Allgemeinheit zugutezukommen.

1.2.1 Katalog nach § 52 Abs. 2 AO

Die Förderung muss sich auf die Verwirklichung eines Zwecks aus der abschließenden Aufzählung in § 52 Abs. 2 Satz 1 Nr. 1–27 AO beziehen. Der Beispielkatalog wurde 2007 in die Abgabenordnung

---

4 BGH, Urteil vom 19.03.1984, Az. II ZR 168/83

5 BFH, Urteil vom 11.04.2012, Az. I R 11/11

aufgenommen. Er war zuvor in Anlage 1 zu § 48 Abs. 2 EStDV enthalten.[6] Die prominentesten Vertreter sind:

1

- Förderung von Wissenschaft und Forschung (§ 52 Abs. 2 Nr. 1 AO)
- Förderung von Kunst und Kultur (§ 52 Abs. 2 Nr. 5 AO)
- Förderung des Sports (§ 52 Abs. 2 Nr. 21 AO)

Der Katalog enthält insgesamt 27 Zwecke und ist gelegentlich dem gesellschaftlichen Wandel unterworfen. So kommen im Lauf der Zeit neue Zwecke hinzu. Im Jahr 2021 sind unter anderem der Klimaschutz und der Freifunk in den Katalog aufgenommen worden.

1.2.2 Wohngemeinnützigkeit

Mit Wirkung zum 01.01.2025 wurde der Zweckkatalog des § 52 Abs. 2 Satz 1 AO um die Nummer 27 ergänzt.

Mit der neuen Regelung wurde die vergünstigte Vermietung von Wohnraum an hilfsbedürftige Personen nunmehr als ideelle Zweckverwirklichung in der Abgabenordnung festgeschrieben.

Vermietet eine steuerbegünstigte Körperschaft Wohnraum nicht vergünstigt oder an nicht begünstigte Personen, wird die Vermietung nicht mehr als ideelle Zweckverwirklichung angesehen. Diese Tätigkeit ist als steuerfreie Vermögensverwaltung einzuordnen.

Nach dem Willen des Gesetzgebers wird durch die Regelung bezahlbares Wohnen für Personen mit geringem Einkommen durch steuerbegünstigte Körperschaften ermöglicht. Eine starre Grenze, um wie viel sich die Miete von der marktüblichen Miete unterscheiden muss, ist nicht gesetzlich festgelegt. Es wird jedoch verlangt, dass die Unterscheidung dauerhaft bestehen muss.

Um die Entwicklung steigender Mieten im Vergleich zum Einkommen in Zusammenhang mit der aktuell bestehenden Wohnungsnot angemessen abbilden zu können, werden die Grenzen für die Ermittlung der Einkommensgrenzen im Vergleich zu § 53 Satz 1 Nr. 2 AO durch Erhöhung der Multiplikatoren angepasst.

Die Neuregelung sieht in Satz 3 vor, dass die Voraussetzungen der Hilfsbedürftigkeit nur zu Beginn des jeweiligen Mietverhältnisses nachgewiesen werden müssen. Kommt es zu einem Mieterwechsel,

---

[6] Wissenschaftliche Dienste Deutscher Bundestag, 21.05.2015, Az. WD 4 – 3000 – 070/15

müssen die Voraussetzungen des § 53 Abs. 1 Nr. 1, 2 AO wieder erfüllt sein.

Mit Blick auf den Abbau von Bürokratie soll mit dieser Regelung der administrative Aufwand reduziert werden. Somit müssen die Körperschaft und die Finanzverwaltung nicht regelmäßig die Voraussetzungen der Hilfsbedürftigkeit überprüfen.[7]

1.2.3 Öffnungsklausel

Für das für den Verein zuständige Finanzamt besteht keine Möglichkeit, andere als die im Katalog enthaltenen Zwecke anzuerkennen. Eine Öffnungsklausel bietet lediglich § 52 Abs. 2 Satz 2 und 3 AO. Demnach fallen Ergänzungen in die Zuständigkeit der oberen Finanzbehörden.

Die Entscheidung über die Gemeinnützigkeit eines nicht in § 52 Abs. 2 Satz 1 AO enthaltenen Zwecks setzt eine Vergleichbarkeit mit den Katalogzwecken der Vorschrift und somit eine entsprechende Förderung der Allgemeinheit auf materiellem, geistigem oder sittlichem Gebiet voraus.

Eine „entsprechende" Förderung im Sinne des § 52 Abs. 2 Satz 2 AO verlangt, dass der zu prüfende Zweck die Allgemeinheit in vergleichbarer Weise fördert wie die in § 52 Abs. 2 Satz 1 Nr. 1 bis 27 AO genannten Zwecke.

Nach diesen Maßstäben wurde beispielsweise Turnierbridge für gemeinnützig erklärt.[8]

Im Zuge des Steueränderungsgesetzes 2025 wurde mit Wirkung zum 01.01.2026 E-Sport als Sport im Sinne des § 52 Abs. 2 Satz 1 Nr. 21 AO ergänzt. Beim elektronischen Sport handelt es sich um einen sportlichen, digitalen Wettkampf, bei dem Menschen mithilfe physischer Kontrollelemente (Controller, Tastatur etc.) Videospiele am Computer oder einer Spielekonsole gegeneinander spielen. Das Spielfeld, die zu betrachtenden Regeln sowie das Resultat werden dabei durch die zugrunde liegende Software definiert.

Die motorischen Fähigkeiten der spielenden Personen müssen dabei maßgeblichen Einfluss auf den Spielerfolg haben, er darf gerade nicht lediglich vom Zufall abhängen.

---

7 BMF, Entwurf eines Jahressteuergesetzes (Jahressteuergesetz 2024 – JStG 2024)

8 BFH, Urteil vom 09.02.2017, Az. V R 70/14

Der Grundsatz der Förderung der Allgemeinheit (s. o.) hat beim E-Sport einschränkende Wirkung. Insofern sind die Körperschaften dem Willen des Gesetzgebers folgend verpflichtet, sich an die Jugendschutzgesetzgebung zu halten. Demnach sind Spiele ohne USK-Alterskennzeichnung genau wie Spiele, bei denen rohe Gewalt (beispielsweise das Töten von Menschen) realitätsnah simuliert bzw. toleriert wird, nicht zulässig und nicht mit dem Grundsatz der Förderung der Allgemeinheit vereinbar.

Gleiches gilt für Spiele, die in anderer Weise die Würde des Menschen missachten, und Online-Glücksspiele. Nicht zulässig ist zudem der Einsatz von Geld, der über den Erwerb des Spiels hinaus geht (Wetten usw.).[9]

Gemäß dem Willen des Gesetzgebers sollen sich die Körperschaften auch der Suchtprävention widmen und einen gesunden Umgang mit dem Medium vermitteln.

1.2.4 Anforderungen an die Geschäftsführung

Um als Körperschaft von der Finanzverwaltung als gemeinnützig anerkannt zu werden, sind die Vorgaben der §§ 51–68 AO einzuhalten. Die Vorschriften regeln detailliert, welche Anforderungen vom Verein zu erfüllen sind, um die Anerkennung zu erhalten.

Die tatsächliche Geschäftsführung in einem gemeinnützigen Verein muss demnach den folgenden Grundsätzen entsprechen:

- Förderung der Allgemeinheit
- Selbstlosigkeit
- Ausschließlichkeit
- Unmittelbarkeit

In § 63 AO wird weiterhin bestimmt, dass zur tatsächlichen Geschäftsführung insbesondere die ordnungsgemäße Aufzeichnung der Einnahmen und Ausgaben, die Einhaltung der Anforderung an die Satzung und vor allem die zeitnahe Verwendung der Mittel für satzungsgemäße Zwecke gehört. Zu den Details wird auf Kapitel 3 und 9 verwiesen.

Insofern müssen die in der Satzung festgelegten Bestimmungen mit dem tatsächlichen Handeln in Einklang stehen.

---

[9] BMF, Entwurf eines Steueränderungsgesetzes 2025; BR-Drs. 745/25

Zudem muss sich die tatsächliche Geschäftsführung im Rahmen der verfassungsmäßigen Ordnung halten, da die Rechtsordnung das gesetzestreue Verhalten aller Rechtsunterworfenen voraussetzt. So ist beispielsweise eine Steuerverkürzung als Verstoß gegen die Rechtsordnung zu qualifizieren. Hierbei ist insbesondere an eine Lohnsteuerverkürzung zu denken.

Ein eigenmächtiges Handeln eines nicht (einzel-)vertretungsberechtigten Geschäftsführers kann der Körperschaft grundsätzlich nur dann zugerechnet werden, wenn der Sachverhalt den anderen Geschäftsführern infolge grober Vernachlässigung der ihnen obliegenden Überwachungspflichten verborgen geblieben ist.

Die gleichen Anforderungen werden dann zu stellen sein, wenn es nicht um das Handeln eines Vorstandsmitglieds, sondern um das einer anderen in maßgeblicher Position für einen Verein tätigen Person geht.[10]

Weiterhin ist die Ausstellung steuerlicher Zuwendungsbestätigungen Teil der tatsächlichen Geschäftsführung. Missbräuche auf diesem Gebiet z. B. durch Ausstellung von Gefälligkeitsbestätigungen führen zum Versagen der Steuerbegünstigung.

Zur tatsächlichen Geschäftsführung zählen bei neu gegründeten Körperschaften auch die Tätigkeiten, die die Verwirklichung der steuerbegünstigten Zwecke nur vorbereiten. Hierzu gehören beispielsweise der Aufbau einer Vereinsorganisation und das Einsammeln von Mitteln zur Erfüllung der Satzungszwecke. Diese Tätigkeiten müssen jedoch ernsthaft auf die Erfüllung der Satzungszwecke gerichtet sein. Die Vorbereitungsphase darf einen vom Einzelfall abhängigen angemessenen Zeitraum nicht überschreiten. Insofern reicht die bloße Absicht, zu einem unbestimmten Zeitpunkt die steuerbegünstigten Zwecke zu verwirklichen, nicht aus.

Demnach kann einer Körperschaft die Steuerbegünstigung nicht mit der Begründung versagt werden, sie habe in ihrer tatsächlichen Geschäftsführung noch nicht mit der Verwirklichung ihrer Satzungszwecke begonnen, sofern die vorbereitenden Tätigkeiten den o. g. Anforderungen genügen.[11]

---

[10] BFH, Urteil vom 27.09.2001, Az. V R 17/99

[11] BFH, Urteil vom 23.07.2003, Az. I R 29/02

1.3 Förderung der Allgemeinheit

Die Förderung der Allgemeinheit erklärt sich bereits aus dem Begriff heraus. Demnach ist es mit den Grundsätzen der Abgabenordnung nicht vereinbar, wenn der Personenkreis der Körperschaft von vornherein abgeschlossen bzw. erheblich eingeschränkt ist.

1.3.1 Definition gemäß BFH

Gemäß Beschluss vom BFH ist von einer Förderung der Allgemeinheit immer dann auszugehen, wenn im Grundsatz jedermann freien Zutritt zur Körperschaft hat und die Mitglieder sich so zumindest als Ausschnitt der Allgemeinheit darstellen.[12]

Bei dem Tatbestandsmerkmal einer Förderung der „Allgemeinheit" handelt es sich um einen unbestimmten Rechtsbegriff, dessen Gehalt wesentlich geprägt wird durch die objektive Werteordnung, wie sie insbesondere im Grundrechtskatalog der Art. 1–99 GG zum Ausdruck kommt.[13]

1.3.2 Schädliche Eingrenzungen

Stellen wir uns einmal ein Großunternehmen mit 15.000 Mitarbeitern vor. Die Geschäftsleitung beschließt, einen Verein für den Betriebssport zu gründen, und möchte diesen beim Finanzamt als gemeinnützigen Verein anerkennen lassen. In der Satzung findet sich ein Passus, dass ausschließlich Angehörige des Unternehmens Mitglieder im Verein werden können.

Unabhängig von der Unternehmensgröße wird durch die Satzung bereits eine starke Einschränkung bezüglich der Mitgliedschaft getroffen. Somit kann nicht mehr von einer Förderung der Allgemeinheit gesprochen werden.

Gleiches gilt für eine Körperschaft, die Kinderbetreuungseinrichtungen betreibt, und bei der Belegung der Plätze der Belegungspräferenz ihrer Vertragspartner Vorrang einräumt. Insbesondere wird hierdurch das Interesse der Allgemeinheit an Kinderbetreuungsplätzen durch das vorrangige Interesse der Vertragspartner, die eigene Attraktivität als Arbeitgeber zu erhöhen, verdrängt.[14]

---

12 BFH, Urteil vom 23.07.2003, Az. I R 41/03, BStBl. II 2005, S. 443

13 BFH, Urteil vom 17.05.2017, Az. V R 52/15

14 BFH, Urteil vom 01.02.2022, Az. V R 1/20

Mit Schreiben vom 29.01.2026 hat das BMF hierzu eine Klarstellung im Anwendungserlass vorgenommen. Demnach kann bei einer betrieblichen Kinderbetreuungseinrichtung von einer Förderung der Allgemeinheit ausgegangen werden, wenn in der Satzung der Körperschaft festgelegt ist, dass 25 Prozent der Betreuungsplätze nicht an Kinder von Beschäftigten von Vertragspartnern vergeben werden (AEAO zu § 52, Tz. 5).[15]

Eine schädliche Eingrenzung liegt auch dann vor, wenn ein Verein die Mitgliedschaft an das Geschlecht knüpft und für die Ungleichbehandlung keine zwingenden sachlichen Gründe anführen kann (BFH, a. a. O.).

An das Geschlecht anknüpfende differenzierende Regelungen sind nach Art. 3 Abs. 3 GG nur vereinbar, soweit sie zur Lösung von Problemen, die ihrer Natur nach entweder bei Männern oder bei Frauen auftreten können, zwingend erforderlich sind.[16]

1.3.3 Beitragssätze

Werden die im Anwendungserlass zur Abgabenordnung gesetzlich festgelegten Höchstbeträge für Mitgliedsbeiträge und Aufnahmegebühren überschritten, kann nicht mehr von einer Förderung der Allgemeinheit ausgegangen werden. Über zu hohe Beträge würden finanziell schlechter gestellte Personen ausgegrenzt und so der Kreis der Mitglieder klein gehalten.

Im Jahr 2024 wurden die Beträge angepasst und so gelten nunmehr folgende Höchstgrenzen:

- Mitgliedsbeiträge und Umlagen zusammen im Durchschnitt 1.440 Euro pro Jahr
- Aufnahmegebühren im Durchschnitt 2.200 Euro

Diese Summen sind sicherlich nicht als übliche Beiträge zu sehen. Kaum ein kleiner Sportverein dürfte in die Nähe der genannten Obergrenze kommen. Man stelle sich einen Fußballverein im ländlichen Raum vor, der von den Eltern einen Mitgliedsbeitrag für ein Kind in Höhe von 1.000 Euro jährlich verlangt. Insofern dürften die meisten Vereine mit den Beträgen nicht in Konflikt geraten.

---

15 BMF-Schreiben vom 29.01.2026, Az. IV D 1 – S 0062/00121/001/002 COO.7005.100.4.13938177

16 BVerfG, Beschluss vom 10.07.2012, Az. 1 BvL 2/10, 1 BvL 3/10, 1 BvL 4/10, 1 BvL 3/11, BVerfGE 132, 72–99

In die Berechnung der Durchschnittswerte sind alle Geld- und geldwerten Leistungen einzubeziehen, die es einem Interessenten ermöglichen, Mitglied im Verein zu werden. Hierzu gehören auch Umlagen, die von den Mitgliedern gezahlt werden müssen (Ausnahme Investitionsumlagen).

Bei der Berechnung des durchschnittlichen Mitgliedsbeitrags ist als Divisor die Zahl der Personen anzusetzen, die im Veranlagungszeitraum (Kalenderjahr) Mitglieder des Vereins waren. Hierzu zählen auch diejenigen Mitglieder, die im genannten Zeitraum aus dem Verein ausgetreten sind. Entscheidend ist, dass eine Dauermitgliedschaft bestanden hat oder besteht. Probemitgliedschaften sind demnach nicht mit einzubeziehen.[17]

Das FG Berlin-Brandenburg vertritt die Auffassung, dass eine Überschreitung der genannten Höchstgrenzen in bestimmten Fällen zulässig sein kann, etwa wenn dem Verein durch die angebotenen Leistungen hohe Kosten entstehen. Motorsport oder Fliegen erfordern einen erheblichen finanziellen Einsatz des Vereins und so müssen nach Ansicht des Gerichts immer die angebotenen Leistungen in Relation zu den geforderten Beiträgen betrachtet werden.[18]

Das Urteil ist jedoch nicht als Freibrief zur Überschreitung der genannten Beitragsgrenzen zu verstehen. Vielmehr sollte bei einer beabsichtigten Anhebung der Gebührensätze Rücksprache mit dem zuständigen Finanzamt gehalten werden. Insbesondere bedarf es hierzu einer schlüssigen Argumentation, in der die dem Verein entstehenden Kosten dargelegt werden und so eine Überschreitung der Höchstgrenzen gerechtfertigt werden kann.

1.3.4 Unschädliche Eingrenzungen

In der Vereinslandschaft herrscht überwiegend die Auffassung, dass ein gemeinnütziger Verein grundsätzlich niemandem die Aufnahme versagen darf. Es gibt diesbezüglich jedoch Möglichkeiten zur Gestaltung. Hat ein Verein beispielsweise zwei Tennisplätze und die Auslastung liegt bereits bei 100 Prozent, kann die Aufnahme weiterer Mitglieder mit der Begründung mangelnder Kapazitäten verweigert werden.

---

17 Vgl. AEAO zu § 52, Tz. 1.3

18 FG Berlin-Brandenburg, Urteil vom 07.10.2020, Az. 8 K 8260/16

Eine in der Praxis sinnvolle Satzungsregelung zur Aufnahme in den Verein könnte wie folgt ausgestaltet werden:

> Nach Ablauf einer Probezeit von einem Jahr entscheidet der Vorstand über die endgültige Aufnahme in den Verein. Eine Ablehnung muss nicht begründet werden.

Mit dieser Regelung hat zunächst jedermann Zutritt in den Verein. Während der Probezeit kann der Verein die potenziellen Mitglieder kennenlernen (Gleiches gilt auch umgekehrt) und später über die Aufnahme befinden. Somit garantiert die erfolgte Aufnahme nicht automatisch den dauerhaften Verbleib im Verein.

1.4 Selbstlosigkeit

Gemeinnützige Körperschaften handeln selbstlos, wenn sie weder selbst noch zugunsten ihrer Mitglieder eigenwirtschaftliche Zwecke verfolgen. Selbstloses Handeln impliziert somit eine gewisse Opferbereitschaft.

Der Gesetzgeber hat die wesentlichen Parameter zur Selbstlosigkeit in § 55 AO geregelt. Demnach dürfen Mittel der Körperschaft nur für die in der Satzung festgeschriebenen Zwecke verwendet werden (§ 55 Abs. 1 Nr. 1 AO). Ausnahmen sind in § 58 AO definiert.

Weiterhin dürfen nach § 55 Abs. 1 Nr. 2 AO Mitglieder bei Ausscheiden oder Auflösung der Körperschaft nicht mehr als ihre eingezahlten Kapitalanteile und den gemeinen Wert der Sacheinlagen zurückerhalten. Auf Vereine findet diese Regelung jedoch keine Anwendung, da die Mitglieder keine Anteile am Verein halten. Es handelt sich somit um Anteile, die Gesellschaftsrechte im Sinne des Handelsgesetzbuches begründen.

1.4.1 Vergütungen

Gemäß § 55 Abs. 1 Nr. 3 AO darf der Verein keine Personen durch zweckfremde Ausgaben oder durch unverhältnismäßig hohe Vergütungen begünstigen. Zunächst sind Vergütungen für Vorstandsmitglieder nur bei entsprechender Satzungsregelung zulässig.

Werden entsprechend der Satzung Vergütungen gezahlt, ist eine Mittelfehlverwendung im Sinne des § 55 Abs. 1 Nr. 3 AO im Rahmen eines Fremdvergleichs zu prüfen. „Unverhältnismäßig" hat gemäß

Anwendungserlass im Grunde dieselbe Bedeutung wie „unangemessen" im Bereich der verdeckten Gewinnausschüttungen gemäß § 8 Abs. 3 Satz 2 KStG.

Zur Feststellung einer überhöhten Vergütung kann diese entweder mit den Entgelten verglichen werden, die andere im Verein beschäftigte Geschäftsführer oder Arbeitnehmer beziehen, oder mit Entgelten, die unter gleichen Bedingungen an Fremdgeschäftsführer anderer Unternehmen gezahlt werden.

In diese Berechnung sind neben Gehältern, Weihnachts- und Urlaubsgeld sowie Versicherungsbeiträgen auch die Pkw-Nutzung und Pensionszusagen einzubeziehen.[19] Es ist also zu prüfen, welche Vergütung als marktüblich angesehen werden kann. Insofern sollten Zahlungen an Vorstandsmitglieder nicht zu großzügig ausfallen.

1.4.2 Vermögensbindung

Mit Blick auf das selbstlose Handeln einer steuerbegünstigten Körperschaft ist der Grundsatz der Vermögensbindung nach § 55 Abs. 1 Nr. 4 AO i. V. m. § 61 Abs. 1 AO als Kernvorschrift zu verstehen. Die Regelung stellt sicher, dass in den Fällen der Auflösung oder dem Wegfall der steuerbegünstigten Zwecke gemeinnützigkeitsrechtlich erworbenes Vermögen weiterhin in diesem Kreislauf verbleibt.

Gefordert wird demnach, dass aus der Satzung eindeutig die Bindung des Vermögens für steuerbegünstigte Zwecke hervorgehen muss. Als Empfänger kommen in Betracht:

- inländische steuerbegünstigte Körperschaften
- die in § 5 Abs. 2 Nr. 2 KStG aufgeführten Körperschaften
- juristische Personen des öffentlichen Rechts

Wird in der Satzung als Anfallsberechtigter eine in einem EU-/EWR-Staat ansässige juristische Person des öffentlichen Rechts bestimmt, gilt die satzungsgemäße Vermögensbindung als erfüllt.

In der Praxis wird als Berechtigter im Fall des Vermögensanfalls regelmäßig eine Kommune oder ein anderer am Ort ansässiger steuerbegünstigter Verein aufgeführt.

---

[19] BFH, Urteil vom 12.03.2020, Az. V R 5/17

Unter die Vermögensbindung fällt auch das Vermögen, welches die Organisation vor dem Eintritt der Steuerbegünstigung im Sinne der §§ 51 ff. AO bereits angesammelt hat.

Wird zu einem späteren Zeitpunkt die Vermögensbindung in der Satzung aufgehoben, gilt sie gemäß AEAO zu § 61, Tz. 2 als von Anfang an als steuerlich nicht ausreichend. Somit würde eine rückwirkende Steuerfestsetzung erfolgen. Hierbei bildet die Festsetzungsverjährung nach §§ 169 ff. AO keine Grenze. Insofern können gemäß § 175 Abs. 1 Satz 1 Nr. 2 AO auch Steuerbescheide geändert werden, die Steuern betreffen, die innerhalb von zehn Jahren vor der erstmaligen Verletzung der Vermögensbindungsregelung entstanden sind.

Gleiches gilt in den Fällen, in denen die tatsächliche Geschäftsführung gegen die Grundsätze der Vermögensbindung verstößt.

1.5 Zeitnahe Mittelverwendung

Zu den wichtigsten Vorschriften im Zusammenhang mit der Selbstlosigkeit gehört die Verpflichtung, sämtliche Mittel ausschließlich und zeitnah für steuerbegünstigte Zwecke zu verwenden (§ 55 Abs. 1 Nr. 1 AO). Der Begriff „Mittel" ist weit gefasst. Mittel im Sinne des § 55 AO sind:

- Mitgliedsbeiträge
- Spenden
- Zuschüsse
- Überschüsse der Vermögensverwaltung
- Gewinne aus wirtschaftlichen Geschäftsbetrieben
- Gewinne der Zweckbetriebe

Mittel sind nicht nur Bar- oder Buchgeld, sondern auch alle anderen Vermögenswerte. Auch Nutzungsüberlassungen, Warenlieferungen und die Erbringung von Dienstleistungen unterfallen dem Begriff der Mittel.

Werden demnach dem Vermögen der Körperschaft zuzurechnende Räume kostenlos an nicht gemeinnützige Dritte überlassen, liegt eine die Gemeinnützigkeit gefährdende Mittelfehlverwendung vor (siehe weiterführend Kapitel 1.12.4).

Zeitnahe Verwendung bedeutet, dass die Mittel spätestens in den auf den Zufluss folgenden zwei Kalender- oder Wirtschaftsjahren für steuerbegünstigte Zwecke verwendet werden müssen (§ 55 Abs. 1 Nr. 5 Satz 3 AO). Diese Vorgabe gilt nicht für Körperschaften mit jährlichen Einnahmen von nicht mehr als 100.000 Euro.
1 Durch die Anhebung der Freigrenze von ursprünglich 45.000 Euro auf nunmehr 100.000 Euro zum 01.01.2026 entfällt laut der Gesetzesbegründung für rund 90 Prozent der steuerbegünstigten Körperschaften die Pflicht zur zeitnahen Mittelverwendung.

Der Gesetzgeber geht auch nach Anhebung der Einnahmengrenze davon aus, dass es im eigenen Interesse der jeweiligen steuerbegünstigten Körperschaft liegt, ihre Mittel auch zeitnah für steuerbegünstigte Zwecke zu verwenden. Zudem liegt es gemäß Gesetzesbegründung im Interesse der Spender, dass die eingeworbenen Mittel zeitnah zur Verwirklichung der steuerbegünstigten Zwecke eingesetzt werden, da andernfalls mit einem Rückgang des Spendenaufkommens zu rechnen sei.

Dem Gesetzgeber folgend stellen auch die allgemeinen gemeinnützigkeitsrechtlichen Grundsätze – insbesondere der Grundsatz der Ausschließlichkeit nach § 56 AO – sicher, dass es auch zukünftig trotz der deutlich erhöhten Freigrenze in Extremfällen nicht zu ungerechtfertigten Mittelansammlungen kommt.

Insofern bestehen auch ohne die starre gesetzliche Pflicht zur Verwendung der Mittel innerhalb von zwei Jahren extrinsische und intrinsische Faktoren, die auch künftig eine zeitnahe Mittelverwendung faktisch sicherstellen.[20]

Es ist durchaus denkbar, dass sich die nunmehr festgelegte Freigrenze in Höhe von 100.000 Euro mit Blick auf das Einwerben von Spenden dergestalt auswirkt, dass ein Spender sein Vertrauen dahingehend verliert, dass seine Zuwendung zeitnah für Vereinszwecke eingesetzt wird (vgl. BR-Drs. 373/1/24, S. 13). Sofern solche Bedenken vorgetragen werden, kann dem Spender empfohlen werden, seine Zuwendung mit einer entsprechenden Auflage zu versehen.

Positiv wirkt sich die Anhebung der Freigrenze auf Möglichkeiten zur Investition in steuerpflichtige wirtschaftliche Geschäftsbetriebe aus, die zur Mittelbeschaffung eingerichtet werden. Die neue Freigrenze schafft hier deutlich größere finanzielle Spielräume und

---

[20] BT-Drs. 21/1947, S. 37

ermöglicht eine einfachere zeitliche Planung solcher Investitionen. Gleiches gilt für den Bereich der Vermögensverwaltung. Bis zur neuen Einnahmengrenze in Höhe von 100.000 Euro muss für derartige Vorhaben nicht auf freie Rücklagen im Sinne des § 62 Nr. 3 AO zurückgegriffen werden, da deren Bildung nicht erforderlich ist.

Unter Umständen kann es vorkommen, dass ein Verein die Einnahmengrenze in einem Jahr überschreitet und in anderen Jahren unterschreitet. Im Veranlagungszeitraum der Unterschreitung ist für sämtliche vorhandenen Mittel die Pflicht zur zeitnahen Verwendung ausgesetzt. Bei Überschreitung unterliegen die in den Jahren des Unterschreitens angesammelten Mittel und die übrigen zu diesem Zeitpunkt noch vorhandenen Mittel nicht dem Gebot der zeitnahen Verwendung.[21]

1.5.1 Zulässiges Vermögen

Es gibt zudem Mittel, die dem zulässigen Vermögen zuzuordnen sind und demnach nicht der zeitnahen Verwendung unterliegen. Nach § 62 Abs. 3 AO ist eine Thesaurierung folgender Mittel zulässig:

- Zuwendungen von Todes wegen, wenn der Erblasser keine zeitnahe Verwendung vorgeschrieben hat
- Zuwendungen mit der Maßgabe der dauerhaften Erhöhung des Vermögens
- Zuwendungen aufgrund eines besonderen Spendenaufrufs
- Sachzuwendungen, die ihrer Natur nach zum Vermögen gehören (Grundstücke etc.)

Diese Mittel sind bei der Berechnung einer zu bildenden freien Rücklage auszunehmen. Hierzu im Kapitel 1.7.6 noch ein Beispiel.

Erhält die Körperschaft eine Zuwendung mit der Auflage, den Vermögensgegenstand zur dauerhaften Erhöhung des Vermögens zu verwenden, ist dieser grundsätzlich zu erhalten. Insofern können mit dem zugewendeten Vermögen Erträge in Form von Zinsen erwirtschaftet werden, die dann wiederum für steuerbegünstigte Zwecke eingesetzt werden.

Gemäß BFH ist es unschädlich für den Spendenabzug, wenn der Zuwendende die Mittelgabe ausdrücklich mit der Auflage verbin-

[21] AEAO zu § 55 Abs. 1 Nr. 5, Tz. 31

det, mit der Spende das Vermögen der Körperschaft zu erhöhen, wenn das Vermögen dauerhaft für die steuerbegünstigten Zwecke gebunden ist und bei einer Stiftung die Rückübertragung auf den Stifter ausgeschlossen ist.[22]

1.5.2 Vergabe von Darlehen

Möchte eine gemeinnützige Körperschaft ein Darlehen aus zeitnah zu verwendenden Mitteln vergeben, führt die Vergabe regelmäßig zu einer Mittelfehlverwendung. Die Vergabe ist immer dann zulässig, wenn mit dem Darlehen unmittelbar die eigenen satzungsgemäßen Zwecke verwirklicht werden. Das wäre beispielsweise der Fall, wenn eine die Kunst und Kultur fördernde Körperschaft ein Darlehen an Nachwuchskünstler für die Anschaffung von Instrumenten vergibt. Voraussetzung ist, dass die Vergabe zu günstigeren Konditionen erfolgt als am Kapitalmarkt üblich.

Die Vergabe von Darlehen aus zeitnah für die steuerbegünstigten Zwecke zu verwendenden Mitteln an andere steuerbegünstigte Körperschaften ist im Rahmen des § 58 Nr. 1 AO zulässig (mittelbare Zweckverwirklichung), wenn die empfangende Körperschaft die darlehensweise erhaltenen Mittel unmittelbar für steuerbegünstigte Zwecke innerhalb der für eine zeitnahe Mittelverwendung vorgeschriebenen Frist von zwei Jahren verwendet.[23]

Vergibt eine gemeinnützige Körperschaft ein Darlehen zur unmittelbaren Verwirklichung der steuerbegünstigten Zwecke, muss zwingend darauf geachtet werden, dass die Tilgungen nebst Zinsen zurückfließen und wiederum zeitnah für die jeweiligen Satzungszwecke verwendet werden. Hierzu sind entsprechende Aufzeichnungen im Rechnungswesen dergestalt vorzunehmen, dass zum einen das Darlehen kenntlich gemacht wird und zum anderen eine Nachprüfbarkeit durch das Finanzamt ermöglicht wird.[24]

Zulässig ist zudem die Vergabe eines Darlehens aus nicht dem Gebot der zeitnahen Mittelverwendung unterworfenen Mitteln. Erfolgt die Vergabe an nicht gemeinnützige Empfänger, müssen sich die Zinsen in dem am Kapitalmarkt üblichen Rahmen halten.

---

[22] BFH, Urteil vom 05.02.1992, Az. I R 63/91

[23] AEAO zu § 55 Abs. 1 Nr. 1, Tz. 16

[24] Vgl. AEAO zu § 55 Abs. 1 Nr. 1, Tz. 16

Abhängig vom Einzelfall ist die Darlehensvergabe bei einer gemeinnützigen GmbH auf das Vorliegen einer verdeckten Gewinnausschüttung (vGA) zu prüfen.

Eine vGA ist nach ständiger Rechtsprechung des BFH jede Vermögensminderung und verhinderte Vermögensmehrung, die durch das Gesellschaftsverhältnis veranlasst oder mitveranlasst ist und sich auf die Höhe des Unterschiedsbetrags gemäß § 4 Abs. 1 EStG i. V. m. § 8 Abs. 1 KStG auswirkt und in keinem Zusammenhang zu einer offenen Ausschüttung steht.[25]

Beispiel:

Der Geschäftsführer vergibt aus nicht der zeitnahen Verwendung unterliegenden Mitteln ein zinsloses Darlehen an seine Tochter.

Vorliegend sind die Voraussetzungen einer verdeckten Gewinnausschüttung erfüllt. Der Tochter des Geschäftsführers wurde durch die Kapitalgesellschaft ein Vermögensvorteil gewährt, den sie bei Anwendung der Sorgfalt eines ordentlich und gewissenhaft handelnden Geschäftsleiters einem Nichtgesellschafter oder einer nahestehenden Person nicht gewährt hätte.

---

25 Vgl. BFH, Urteil vom 22.05.2024, Az. I R 2/21

1.6 Zuwendungen an Vereinsmitglieder

Gemäß § 55 Abs. 1 Nr. 1 AO dürfen Mitglieder keine Zuwendungen aus Mitteln des Vereins erhalten.

1 In der Praxis zeigt sich diesbezüglich ein erhebliches Risiko für die Gemeinnützigkeit. Überwiegend ist das Bewusstsein nicht dahingehend geschärft, dass es sich bei einer Zuwendung um eine schädliche Mittelfehlverwendung handeln könnte.

Zuwendungen sind nur dann unschädlich, sofern es sich hierbei um Annehmlichkeiten zur Betreuung von Mitgliedern handelt und die Zuwendungen nach allgemeiner Verkehrsauffassung als allgemein üblich und angemessen angesehen werden. Somit wäre immer eine Einzelfallbetrachtung vorzunehmen.

Der Gesetzgeber hat keine allgemeine beitragsmäßige Höchstgrenze festgelegt, bis zu der eine Zuwendung noch als angemessen anzusehen wäre. In der Praxis sollte sich die Körperschaft an der lohnsteuerrechtlichen Vorgabe für Aufmerksamkeiten orientieren. Diese liegt gemäß R 19.6 Lohnsteuer-Richtlinien bei 60 Euro pro Jahr. Hierzu hat das Finanzministerium Baden-Württemberg eine Mitteilung herausgegeben, in der diese Höchstgrenze nochmals ausdrücklich formuliert wurde.[26] Dieser Betrag ist demnach als Höchstbetrag pro Mitglied und Jahr zu verstehen.

Bei den Zuwendungen an Vereinsmitglieder ist gemäß den nachfolgenden Ausführungen auf den jeweiligen Anlass abzustellen.

1.6.1 Persönliche Anlässe

Erhält ein Mitglied eine Zuwendung aus einem besonderen persönlichen Anlass (z. B. Geburtstag, Hochzeit), beträgt die Höchstsumme 60 Euro pro Anlass. In begründeten Einzelfällen darf diese Summe auch überschritten werden.

1.6.2 Gesellige Veranstaltungen

Die geselligen Zusammenkünfte sind regelmäßig fester Bestandteil in Vereinen. Sie sind dann unschädlich für die Gemeinnützigkeit,

---

[26] FM Baden-Württemberg, Mitteilung vom 21.03.2019: https://fm.baden-wuerttemberg.de/de/service/presse-und-oeffentlichkeitsarbeit/pressemitteilung/pid/freigrenze-fuer-zuwendungen-an-vereinsmitglieder-auf-60-euro-erhoeht/ [Stand: 20.03.2026]

wenn sie im Vergleich zu den steuerbegünstigten Tätigkeiten von untergeordneter Bedeutung sind.[27]

Für eine korrekte steuerliche Zuordnung einer Veranstaltung kommt es auf die jeweiligen Umstände im Einzelfall an. Werden bei diesen Veranstaltungen Einnahmen erzielt (z. B. Eintrittsgelder, Unkostenbeiträge), sind diese dem steuerpflichtigen wirtschaftlichen Geschäftsbetrieb zuzuordnen. Trägt der Verein die Kosten für die Veranstaltung, ohne dabei Einnahmen zu erzielen, erfolgt die Kostenerfassung im ideellen Bereich. Da es sich in diesen Fällen um Zuwendungen an die Mitglieder in Form der Abgabe kostenloser Getränke und Speisen handelt, ist die Höchstgrenze von 60 Euro pro Jahr und Mitglied zu beachten.

1.6.3 Vereinsausflüge

Die vorstehend genannte Höchstgrenze gilt nicht bei Vereinsausflügen, die in Verbindung mit den steuerbegünstigten Zwecken des Vereins stehen. Hierbei ist beispielsweise an die Fahrt zu einem Wettkampf oder ins Trainingslager zu denken. Die Übernahme der Kosten durch den Verein ist somit unschädlich für die Gemeinnützigkeit.

Etwas anderes ergibt sich, wenn der Ausflug vom Charakter einer geselligen Veranstaltung geprägt ist. In derartigen Fällen gilt die unter 1.6 genannte Höchstgrenze.

1.6.4 Empfehlung für die Praxis

Um dem Risiko einer Mittelfehlverwendung präventiv entgegenzuwirken, sind die folgenden Maßnahmen empfehlenswert:

- keine Geldzuwendungen (immer eine Mittelfehlverwendung)
- Anwesenheitsliste bei geselligen Veranstaltungen
- Zuwendungen in den Stammdaten protokollieren
- für gesellige Veranstaltungen eine Umlage erheben

[27] AEAO zu § 58 Nr. 7, Tz. 15

1.7 Rücklagenbildung

Unter bestimmten Voraussetzungen können steuerbegünstigte Körperschaften ihre überschüssigen Mittel ganz oder teilweise einer Rücklage zuführen. Durch das Ehrenamtsstärkungsgesetz vom
1 21.03.2013 mit Wirkung zum 01.01.2014 wurden die bisherigen Regelungen des § 58 AO über die Bildung von Rücklagen sowie die Möglichkeiten zur Vermögensbildung in § 62 AO zusammenfassend geregelt.[28]

Über die Bildung einer Rücklage ist ein entsprechender Beschluss zu fassen. Abhängig von der jeweiligen Rechtsform bestehen hierzu unterschiedliche Vorgaben.

In einer gemeinnützigen GmbH entscheidet gemäß § 29 GmbHG die Gesellschafterversammlung über die Verwendung etwaiger Gewinne.

Eine analoge Regelung für Vereine besteht indes nicht. So findet sich weder im BGB noch in der Abgabenordnung eine Vorschrift zur Zuständigkeit für die Bildung von Rücklagen. In der Praxis wird diese Aufgabe regelmäßig vom Vorstand erledigt und kann als Teil der tatsächlichen Geschäftsführung angesehen werden.

Mangels gesetzlicher Regelung kann die Aufgabe per Satzungsregelung auch der Mitgliederversammlung zugewiesen werden. Auch im Gesellschaftsvertrag einer gemeinnützigen GmbH kann die Zuständigkeit abweichend geregelt werden und beispielsweise einem Aufsichtsgremium übertragen werden.

1.7.1 Zweckgebundene Rücklage

Nehmen wir einmal an, ein Verein plant ein größeres Bauvorhaben oder die Anschaffung eines neuen Fahrzeugs. In diesen Fällen kann eine zweckgebundene Rücklage gemäß § 62 Abs. 1 Nr. 1 AO gebildet werden. Wie der Name bereits impliziert, handelt es sich um ein konkret zu bezeichnendes Vorhaben. Die zu erwartenden Kosten sind mittels geeigneter Unterlagen (Angebote, Kostenvoranschläge usw.) nachzuweisen. In diesem Zusammenhang ist wichtig, dass die Rücklage gebildet wird, um die steuerbegünstigten und satzungsgemäßen Zwecke zu erfüllen.

---

[28] Ehrenamtsstärkungsgesetz vom 21.03.2013, BGBl. I 2013, S. 556

Zu beachten ist der Zeitraum, in dem das Projekt realisiert werden soll. Besteht noch keine konkrete Zeitvorstellung, sollte nach Auffassung der Finanzverwaltung ein Zeitraum von sechs Jahren nicht überschritten werden.[29] Eine begründete Verlängerung ist jedoch auf Antrag möglich.

Eine zweckgebundene Rücklage kann auch für periodisch wiederkehrende Ausgaben (z. B. Löhne, Gehälter, Pachten) gebildet werden (Betriebsmittelrücklage). Die Rücklage sichert die Liquidität für eine angemessene Zeitperiode. Welcher zeitliche Rahmen als angemessen anzusehen ist, ergibt sich nicht unmittelbar aus dem Gesetz und bestimmt sich nach den Verhältnissen des jeweiligen Einzelfalls.

Das Finanzministerium Sachsen-Anhalt definiert die Zeitspanne für eine Betriebsmittelrücklage auf höchstens ein Geschäftsjahr.[30]

Diese Form der Rücklage kommt primär bei Körperschaften mit unregelmäßigem Mittelaufkommen in Betracht. Zum Beispiel lässt sich bei einer hauptsächlich durch Spenden finanzierten Organisation nicht immer hervorsagen, wie sich das Spendenaufkommen zukünftig entwickeln wird.

Die zweckgebundenen Rücklagen im Sinne von § 62 Abs. 1 Nr. 1 AO können unabhängig vom Vorhandensein und der Höhe einer freien Rücklage nach § 62 Abs. 1 Nr. 3 AO gebildet werden. Demnach muss also nicht zuerst eine freie Rücklage aufgelöst werden, um das Vorhaben zu realisieren.

Es können alle vorhandenen Mittel und Überschüsse aus allen vier Einnahmebereichen ganz oder teilweise in die zweckgebundene Rücklage eingestellt werden.

1.7.2 Änderungen durch das Jahressteuergesetz 2024

Im Zuge des Jahressteuergesetzes 2024 wurde der Wortlaut des § 62 Abs. 1 Nr. 1 AO geändert. Eingefügt wurde die Formulierung „nach dem Stand der Planung zum Zeitpunkt der Rücklagenbildung“. Durch die Neufassung wurde mehr Rechts- und Planungssicherheit geschaffen, um insbesondere langfristige und mittelfristige gemeinnützige Vorhaben umsetzen zu können. Bei der Rücklagenbildung

---

29 OFD Frankfurt/M. vom 17.02.2014, Az. S 0181 A – 2 – St 53

30 Ministerium der Finanzen Sachsen-Anhalt, 18.02.2025, Az. 42 – S 0182 – 7

wird nunmehr auf die Planung der steuerbegünstigten Körperschaft aus der Ex-ante-Perspektive abgestellt werden.[31]

1.7.3 Rücklage zur Wiederbeschaffung

Zulässig sind zweckgebundene Rücklagen auch für die beabsichtigte Wiederbeschaffung von Wirtschaftsgütern (§ 62 Abs. 1 Nr. 2 AO). Die Höhe der Zuführung bemisst sich nach der Höhe der regulären Absetzung (AfA) des zu ersetzenden Wirtschaftsgutes. Soll eine höhere Zuführung erfolgen, sind die Voraussetzungen hierfür nachzuweisen. Eine höhere Zuführung kann in Betracht kommen, wenn die Zuführung in Höhe der Abschreibung nicht für die beabsichtigte Wiederbeschaffung ausreicht.

Hierzu ein Beispiel:

Beispiel:

Der Verein hat ein Sportgerät im Wert von 5.000 Euro angeschafft, welches über einen Zeitraum von fünf Jahren abgeschrieben wird. Die jährliche Abschreibung beträgt demnach 1.000 Euro und dieser Betrag kann in eine entsprechende Rücklage eingestellt werden.

1.7.4 Rücklage in der Vermögensverwaltung

Auch im Bereich der Vermögensverwaltung können Rücklagen gebildet werden. In § 62 AO wird diese Art der Rücklage nicht explizit genannt. Über den Anwendungserlass lässt die Finanzverwaltung sie jedoch zu.[32] Die Rücklage kann erforderlich sein, um konkrete Reparatur- oder Erhaltungsmaßnahmen durchführen zu können. Die Maßnahmen, für deren Durchführung die Rücklage gebildet wird, müssen notwendig sein, um den ordnungsgemäßen Zustand des Vermögensgegenstands zu erhalten, zum Beispiel die Erneuerung eines Dachs. Zu beachten ist weiterhin, dass die Maßnahme in einem angemessenen Zeitraum durchgeführt werden kann. Die Zuführung erfolgt aus den Überschüssen der Vermögensverwaltung.

---

31 JStG 2024, BGBl. 2024 I Nr. 387 vom 05.12.2024

32 AEAO zu § 55 Abs. 1 Nr. 1, Tz. 3

1.7.5 Rücklage im wirtschaftlichen Geschäftsbetrieb

Eine Rücklage im wirtschaftlichen Geschäftsbetrieb muss im Lichte einer vernünftigen kaufmännischen Betrachtung wirtschaftlich begründet sein und kann aus den Gewinnen der wirtschaftlichen Tätigkeit gebildet werden. Auch hier muss ein konkreter Anlass zur Bildung der Rücklage gegeben sein, der auch aus objektiv unternehmerischer Sicht die Bildung rechtfertigt. Aus Sicht des Vereins kommen als Anlass beispielsweise die Betriebsverlegung oder eine Ausweitung der Kapazitäten in Betracht. Mit Blick auf die Steuerbegünstigung kann der fast vollständige Gewinn nur dann einer Rücklage im wirtschaftlichen Bereich zugeführt werden, wenn die Körperschaft nachweist, dass die Mittelverwendung zur Sicherung der Existenz geboten war.[33]

1.7.6 Freie Rücklage

Die freie Rücklage im Sinne des § 62 Abs. 3 AO bietet die maximale Flexibilität mit Blick auf den Vermögensaufbau im Verein. Im Unterschied zu den zweckgebundenen Rücklagen ist zur Bildung der freien Rücklage kein konkretes Vorhaben zu benennen und nachzuweisen. Die Körperschaft ist auch nicht zur Auflösung der Rücklage innerhalb einer festgelegten Frist verpflichtet. Vielmehr kann die Rücklage bis zur Auflösung der Körperschaft bestehen bleiben. So kann bei Bedarf über die verfügbaren Mittel und deren Verwendung entschieden werden.

Um eine unzulässige Vermögensansammlung zu verhindern, hat der Gesetzgeber die freie Rücklage an bestimmte Bedingungen geknüpft. Demnach ist es nicht möglich, den gesamten Jahresüberschuss in diese durchaus charmante Rücklage einzustellen.

Die Begrenzung findet sich in § 62 Abs. 1 Nr. 3 AO. Gemäß der Vorschrift darf ein Drittel aus den Überschüssen der Vermögensverwaltung zugeführt werden. Darüber hinaus können maximal 10 Prozent der sonstigen zeitnah zu verwendenden Mittel in die freie Rücklage eingestellt werden. Unter den Begriff „Mittel" lassen sich die Bruttoeinnahmen aus dem ideellen Bereich und die Gewinne aus den wirtschaftlichen Geschäftsbetrieben subsumieren.

Nicht in die Berechnung einzubeziehen sind die nicht der zeitnahen Verwendung unterworfenen Mittel gemäß § 62 Abs. 3 AO

---

[33] BFH, Urteil vom 15.07.1998, Az. I R 156/94; AEAO zu § 62, Tz. 1

(siehe 1.5.1). Die Vorgehensweise soll mit folgendem Beispiel verdeutlicht werden:

1

Beispiel:

Ein Verein hat folgende Einnahmen:

- Mitgliedsbeiträge 70.000 Euro
- Spenden 35.000 Euro
- Erbschaft ohne vorgeschriebene Verwendung 40.000 Euro

Dem stehen folgende Ausgaben gegenüber:

- Verwendung für Satzungszwecke 21.000 Euro
- Verwaltung 5.000 Euro

Um die freie Rücklage zu bestimmen, sind lediglich die Bruttoeinnahmen relevant. Es wird also nicht der Überschuss durch Gegenüberstellung der Einnahmen mit den Ausgaben ermittelt.

Die Erbschaft ohne Auflage gehört gemäß § 62 Abs. 3 Nr. 1 AO nicht zu den zeitnah zu verwendenden Mitteln. Insofern sind nur die Einnahmen in Höhe von 70.000 Euro in Form von Mitgliedsbeiträgen und die vereinnahmten Spenden in Höhe von 35.000 Euro Grundlage zur Bestimmung der freien Rücklage.

Die zu bildende freie Rücklage beträgt somit 10.500 Euro (10 Prozent von 105.000 Euro).

1.7.7 Vortrag der freien Rücklage

Eine weitere Gestaltungsmöglichkeit besteht in der Nachholung der Rücklage.

Beispiel:

Nehmen wir einmal an, dass im Jahr 2025 20.000 Euro in die freie Rücklage hätten eingestellt werden können. Tatsächlich wurden aber nur 15.000 Euro zugeführt. Innerhalb der nächsten beiden Jahre kann der Überhang in Höhe von 5.000 Euro zusätzlich eingestellt werden – vorausgesetzt, es sind Mittel in ausreichender Höhe vorhanden.

Denn grundsätzlich gilt: Eine Rücklage kann nur aus tatsächlich vorhandenen Mitteln gebildet werden.

1.7.8 Rücklage zum Erwerb von Gesellschaftsrechten

Grundsätzlich ist das Ansammeln von Mitteln zum Erwerb von Rechten an einer Gesellschaft zulässig. Voraussetzung ist, dass es sich um eine Aufstockung der Beteiligungsquote einer bereits bestehenden Beteiligung handelt. Zum erstmaligen Erwerb von Gesellschaftsrechten können freie Rücklagen eingesetzt werden.

Die zu diesem Zweck eingestellte Rücklage mindert die freie Rücklage um den entsprechenden Betrag.

1.7.9 Wegfall des Grundes zur Rücklagenbildung

Die Rücklagenbildung nach § 62 Abs. 1 Nr. 1, 2 und 4 AO erfolgt auf der Grundlage, dass eine genaue Verwendung der Mittel bereits geplant ist und für diesen Zweck die Mittel angesammelt werden. Nun kann es vorkommen, dass der Grund für die Rücklagenbildung entfällt. Zum Beispiel wird ein neues Fahrzeug nicht mehr benötigt, da sich die Mannschaft aufgelöst hat.

In diesen Fällen sind die Rücklagen unverzüglich aufzulösen und die Mittel sind innerhalb der Frist des § 55 Abs. 1 Nr. 5 Satz 3 AO zu verwenden.

1.7.10 Rücklagenspiegel

Kategorie	**Stand: 01.01.**	**Zuführung**	**Auflösung**	**Stand: 31.12.**
Zweck				
Beschaffung				
Freie				
Beteiligung				
Summen				

Die Abbildung zeigt eine einfache Möglichkeit zur Darstellung der Rücklagen. Zu jeder Rücklage wird der Stand zum Jahresbeginn eingetragen. Werden Mittel in die jeweilige Rücklage eingestellt, wird die Zuführung in der nächsten Spalte eingetragen. Auflösungen werden in der darauffolgenden Spalte erfasst. In die letzte Spalte wird der Endsaldo zum 31.12. aufgeführt.

In der letzten Zeile werden die jeweiligen Gesamtsummen erfasst, um einen schnellen Überblick über die Gesamtsumme der Rücklagen zu erhalten.

1

1.7.11 Übung zur Rücklagenbildung

Ziel der Übung ist es, aus den Umsätzen des Vereins die maximal zu bildende freie Rücklage zu bestimmen. Die Auflösung findet sich im Anhang.

Ein Verein hat im Jahr 2026 folgende Einnahmen und Ausgaben:

Einnahmen	
Mitgliedsbeiträge	70.000 EUR
Spenden	30.000 EUR
Vermögensverwaltung	4.000 EUR
Zweckbetrieb	5.000 EUR
Wirtschaftsbetrieb	1.000 EUR

Ausgaben	
Vermögensverwaltung	1.000 EUR
Mitgliederverwaltung	4.000 EUR
Zweckbetrieb	2.000 EUR
Wirtschaftsbetrieb	500 EUR

1.7.12 Verstöße gegen das Mittelverwendungsgebot

Der überwiegende Teil der Funktionäre in einem Verein übt seine Tätigkeit im Rahmen des Ehrenamts aus. In der Geschäftsführung kann es daher ungewollt zu Verstößen gegen die Vorgaben des § 55 AO kommen.

Nicht jeder Verstoß führt direkt zum Entzug der Gemeinnützigkeit. So stellt das Verhältnismäßigkeitsprinzip und der ihm innewohnende Bagatellvorbehalt ein unverzichtbares Korrektiv dar, um in Einzelfällen die einschneidende Rechtsfolge des Verlusts der Gemeinnützigkeit auszuschließen.[34]

Demnach rechtfertigen geringfügige Verstöße gegen das Mittelverwendungsgebot des § 55 AO nicht den Entzug der Gemeinnützigkeit.

---

[34] Vgl. BFH, Urteil vom 12.03.2020, Az. V R 5/17

1.8 Verwaltungkosten

Die Verwaltungskosten können unter Umständen negative Auswirkungen auf die Gemeinnützigkeit haben. So kann eine Körperschaft nicht als steuerbegünstigt behandelt werden, wenn ihre Ausgaben für die allgemeine Verwaltung einschließlich der Spendenwerbung einen angemessenen Rahmen überschreiten.

Zur Beurteilung der Angemessenheit ist immer eine Einzelfallbetrachtung vorzunehmen. So kann eine schädliche Mittelfehlverwendung auch bei einem Kostenanteil für die Verwaltung von unter 50 Prozent vorliegen.

Während der Gründungsphase stehen einem Verein in der Regel Finanzmittel noch nicht in ausreichender Höhe zur Verfügung. Insofern hat der BFH eine Anlaufphase von vier Jahren definiert, in der höhere Verwaltungsausgaben und Kosten für die Spendenwerbung zulässig sind.[35] Vier Jahre sind als Obergrenze zu verstehen. In der Regel ist von einer kürzeren Anlaufphase auszugehen.

Ist zwar ein insgesamt ausgewogenes Verhältnis der Verwaltungsausgaben zu den Aufwendungen für die steuerbegünstigten Zwecke gegeben, ist die Steuerbegünstigung gemäß Anwendungserlass auch dann zu versagen, wenn eine einzelne Verwaltungsausgabe nicht als angemessen anzusehen ist. Das wäre beispielsweise bei einem überhöhten Gehalt des Geschäftsführers der Fall.

1.9 Ausschließlichkeit

Das Ausschließlichkeitsgebot des § 56 AO besagt, dass eine Körperschaft nicht steuerbegünstigt ist, wenn sie neben ihrer steuerbegünstigten Zielsetzung weitere Zwecke verfolgt und diese Zwecke nicht steuerbegünstigt sind.[36] Demnach wäre die Steuerbegünstigung zu versagen, wenn die Körperschaft eine Vermögensverwaltung und wirtschaftliche Geschäftsbetriebe, die keine Zweckbetriebe sind, unterhält und diese zum Selbstzweck werden und die Verfolgung der steuerbegünstigten Zwecke dahinter zurücktritt.

Etwas anderes ergibt sich nur dann, wenn die genannten Aktivitäten lediglich zur Beschaffung von Mitteln für den ideellen Bereich unterhalten werden.

---

35 BFH, Urteil vom 23.09.1998, Az. I B 82/98

36 AEAO zu § 56, Tz. 1

Es dürfen ausschließlich die in der Satzung festgelegten Zwecke verfolgt werden.

Beispiel:

Möchte ein Kulturverein fortan auch den Sport fördern, wäre hierzu eine Satzungsänderung erforderlich.

1.10 Unmittelbarkeit

Der Wortlaut des § 57 Abs. 1 Satz 1 AO stellt klar, dass die Körperschaft ihre gemeinnützigen Zwecke selbst verwirklichen muss, damit die Unmittelbarkeit im Sinne der Vorschrift gegeben ist. Hierunter ist ein eigenes Tätigwerden der Körperschaft zu verstehen.

1.10.1 Hilfspersonen

Unter Umständen kann es erforderlich sein, dass sich die Körperschaft einer Hilfsperson bedienen muss, um die Satzungszwecke verwirklichen zu können. Hilfspersonen können natürliche oder juristische Personen sein. Gemäß § 57 Abs. 1 Satz 2 AO muss das Wirken der Hilfsperson in der steuerbegünstigten Körperschaft wie eigenes Handeln anzusehen sein. Somit bedarf es eines konkreten Auftrags der Körperschaft an die Hilfsperson. Hiermit einhergeht eine im Innenverhältnis dem Inhalt und Umfang bestehende Weisungsgebundenheit der Hilfsperson. Die Körperschaft ist verpflichtet, entsprechende Nachweise vorzuhalten.

Es muss sichergestellt werden, dass die Tätigkeit der Hilfsperson den Satzungsbestimmungen der Körperschaft entspricht. Es besteht insoweit eine entsprechende Überwachungspflicht, die sich auch auf die weisungsgemäße Verwendung der Mittel erstreckt.

Beispiel:

Ein Beispiel für eine Hilfsperson ist eine externe Psychotherapeutin, die in einer gemeinnützigen Einrichtung zur Suchtberatung die Patienten behandelt.

Möchte eine Körperschaft ihre steuerbegünstigten Zwecke im Ausland durch eine Hilfsperson im Sinne des § 57 Abs. 1 Satz 2 AO unmittelbar verwirklichen, empfiehlt sich insbesondere der Abschluss eines schriftlichen Vertrags zwischen Hilfsperson und Körperschaft. Neben Inhalt und Umfang der Tätigkeit sollten die Rechenschaftspflichten der Hilfsperson detailliert festgelegt werden.[37]

1.10.2 Zusammenschluss von Körperschaften

Ein Zusammenschluss von zwei oder mehreren Körperschaften ist gegeben, wenn die Einrichtung ausschließlich allgemeine, aus der Tätigkeit und Aufgabenstellung der Mitgliederkörperschaften erwachsene Interessen wahrnimmt. Diese Konstrukte liegen regelmäßig bei Dachverbänden vor. Unter einem gemeinsamen Dach werden Mitgliedsvereine zusammengeführt. Der Dachverband wird einer Körperschaft gleichgestellt, die unmittelbar steuerbegünstigte Zwecke erfüllt.

Die unmittelbaren Mitglieder eines Dachverbands sind regelmäßig ausschließlich juristische Personen. Die einzelnen Vereinsmitglieder sind somit mittelbar Mitglied im Dachverband.

Vorausgesetzt wird, dass alle Mitgliedskörperschaften sämtliche Voraussetzungen zur Steuerbegünstigung erfüllen. Es finden sich in den Satzungen von Dachverbänden oftmals Regelungen, dass die Mitgliedschaft erlischt, sobald die Gemeinnützigkeit aberkannt wird.

Dachverbände sind jedoch nicht auf die reine Verbandstätigkeit reduziert. Sie können ebenfalls unmittelbar eigene steuerbegünstigte Zwecke verwirklichen und entsprechende Tätigkeiten entfalten. Unabhängig von den Vorgaben des § 57 Abs. 2 AO sind derartige Körperschaften aufgrund der Tätigkeiten als steuerbegünstigt anzuerkennen. Aus gemeinnützigkeitsrechtlicher Sicht ist in diesen Fällen die Mitgliedschaft einer nicht steuerbegünstigten Körperschaft unschädlich. Allerdings darf diese Körperschaft keinerlei Zuwendungen erhalten. Hierunter fällt auch unentgeltliche Beratung.

1.10.3 Planmäßiges Zusammenwirken

Im Zuge der Reform des Gemeinnützigkeitsrechts im Rahmen des Jahressteuergesetzes 2020 wurde § 57 AO um die Absätze 3 und 4 erweitert. Insbesondere ergeben sich hierdurch vereinfachte Möglichkeiten für die Zusammenarbeit von mehreren Körperschaften.

---

[37] Ministerium der Finanzen Sachsen-Anhalt, Schreiben vom 01.03.2022, Az. 42 – S 0170 – 220

Der AEAO beschreibt das planmäßige Zusammenwirken als das gemeinsame, inhaltlich aufeinander abgestimmte und koordinierte Wirken von mindestens zwei oder mehreren steuerbegünstigten Körperschaften, um einen ihrer steuerbegünstigten Satzungszwecke zu verwirklichen.[38]

Mit Zusammenwirken sind alle Tätigkeiten umfasst, die geeignet sind, die Verwirklichung der eigenen satzungsmäßigen Zwecke in Kooperation mit einer anderen Körperschaft zu erfüllen. Hierzu ein Beispiel:

Beispiel:

Ein planmäßiges Zusammenwirken liegt vor, wenn ein Krankenhaus eine zum Zweckbetrieb gemäß § 67 AO gehörende Wäscherei als eine GmbH ausgliedert und die Wäscherei weiterhin Leistungen für das Krankenhaus erbringt.

Leistungen, die in Verwirklichung des gemeinsamen Zwecks im Rahmen eines steuerpflichtigen wirtschaftlichen Geschäftsbetriebs erfolgen, sind dem Zweckbetrieb zuzuordnen, sofern die gesetzlichen Voraussetzungen der §§ 65 ff. AO erfüllt sind. Bei der Prüfung der Voraussetzungen des Zweckbetriebs im Sinne der §§ 65 ff. AO sind alle Tätigkeiten der am Zusammenwirken beteiligten Körperschaften in ihrer Gesamtheit zu beurteilen. Ist aufgrund des planmäßigen Zusammenwirkens ein Tatbestand der §§ 65 ff. AO erfüllt, ist diese zweckbetriebliche Beurteilung für alle beteiligten Körperschaften maßgeblich.[39]

Leistungen an steuerpflichtige Dritte begründen weiterhin einen steuerpflichtigen wirtschaftlichen Geschäftsbetrieb.

1.10.4 Doppeltes Satzungserfordernis

Die Finanzverwaltungen gehen regelmäßig davon aus, dass ein planmäßiges Zusammenwirken in den Satzungen aller beteiligten Körperschaften verankert werden muss. In den Satzungen sind gemäß dieser Ansicht die Kooperationspartner und die Art und Weise der Zweckverwirklichung anzugeben.

Das FG Hamburg vertritt hingegen eine abweichende Auffassung. Demnach ist gemäß dem Urteil kein doppeltes Satzungserfordernis

[38] AEAO zu § 57 Abs. 3, Tz. 5

[39] AEAO zu § 57 Abs. 3, Tz. 11

zwingend, sondern es kommt lediglich auf die Satzung der leistungserbringenden Körperschaft an. Eine strenge Auffassung, wie sie von der Finanzverwaltung vertreten wird, würde dem Sinn und Zweck des § 57 Abs. 3 AO entgegenwirken, da durch diese Vorschrift eine Vereinfachung des Gemeinnützigkeitsrechts und eine Möglichkeit geschaffen wurde, flexibel mit anderen Organisationen zusammenzuwirken.[40]

Das FG Hamburg hat aufgrund der erheblichen Tragweite dieser Thematik die Revision beim BFH zugelassen.

Der BFH nahm dies zum Anlass, dem EuGH Fragen zur Auslegung des Art. 107 und 108 AEUV vorzulegen und somit prüfen zu lassen, ob die Regelungen des § 57 Abs. 3 AO EU-rechtskonform sind.

Der BFH sieht die Regelungen des § 57 Abs. 3 AO als eine am Maßstab des Beihilferechts zu messende Norm an.

Dass der EuGH die Regelungen zur Kooperation in Gänze für nichtig erklärt, ist eher nicht anzunehmen. Problematisch könnte sich jedoch insbesondere die Frage der Umsatzsteuerermäßigung für Zweckbetriebe nach § 12 Abs. 2 Nr. 8a UStG darstellen.

Es bleibt somit abzuwarten, welche Entscheidung der EuGH hierzu trifft.[41]

1.10.5 Holdingstrukturen

Der neu hinzugekommene Absatz 4 des § 57 AO bringt Klarheit bezüglich des Haltens und Verwaltens von Anteilen an anderen steuerbegünstigten Körperschaften. Demnach ist eine Beteiligung, die nach § 57 Abs. 4 AO zur unmittelbaren Verfolgung der eigenen steuerbegünstigten Zwecke an einer steuerbegünstigten Kapitalgesellschaft gehalten und verwaltet wird, dem ideellen Bereich zuzuordnen. Voraussetzung ist, dass die steuerbegünstigten Zwecke der gehaltenen Beteiligungsgesellschaft in den eigenen steuerbegünstigten Zwecken enthalten sind.

Durch das Halten und Verwalten von Anteilen an steuerbegünstigten Kapitalgesellschaften wird der Grundsatz der Unmittelbarkeit erfüllt. Ausreichend ist die Beteiligung an nur einer steuerbegünstigten Körperschaft.

---

[40] FG Hamburg, Urteil vom 26.09.2023, Az. 5 K 11/23

[41] EuGH-Vorlage vom 22.05.2025, V R 22/23

Nicht ausgeschlossen ist zudem, dass eine solche steuerbegünstigte Holdinggesellschaft auch Anteile an steuerpflichtigen Kapitalgesellschaften halten kann. Die übrigen Voraussetzungen der §§ 51 ff. AO (insbesondere die Grundsätze der Selbstlosigkeit und der Ausschließlichkeit) müssen dennoch vorliegen.[42]

Die Regelung ermöglicht die einfache Ausgliederung von Zweckbetrieben, wie am folgenden Beispiel gezeigt wird:

Beispiel:

Ein Kulturverein hat in seiner Satzung die Förderung von Kunst, Kultur und Musik verankert und möchte die musikalische Ausbildung von Kindern, Jugendlichen und Erwachsenen fördern. Zu diesem Zweck gründet der Verein eine gGmbH. Zur Kapitalausstattung können im Unterschied zu den strengen Vorgaben des § 58 Nr. 3 AO alle zeitnah zu verwendenden Mittel eingesetzt werden. In der Buchhaltung wird der Geschäftsanteil im ideellen Bereich ausgewiesen.

Die Ausgliederung des Unterrichts auf die Musikschule in Form einer gGmbH hat den Vorteil, dass bei einer eintretenden Schieflage der GmbH nicht auch das Vermögen des Betreibervereins gefährdet wird.

1.11 Mildtätige Zwecke

Die Verfolgung mildtätiger Zwecke ist in § 53 AO geregelt. Unter mildtätigem Handeln ist die konkrete Hilfeleistung für in Not geratene Personen zu verstehen. Die Notlage kann gemäß der Vorschrift infolge des körperlichen, geistigen oder seelischen Zustands bestehen (§ 53 Nr. 1 AO).

Eine Notlage kann auch aufgrund wirtschaftlicher Schwierigkeiten der Person eingetreten sein (§ 53 Nr. 2 AO). Im Unterschied zur Förderung der Allgemeinheit geht es um die Unterstützung einzelner Personen und somit um einen vom Prinzip her geschlossenen Personenkreis.

---

[42] AEAO zu § 57 Abs. 4, Tz. 13

1.11.1 Voraussetzungen nach § 53 Nr. 1 AO

Es ist nicht erforderlich, dass bei hilfsbedürftigen Personen im Sinne von § 53 Nr. 1 AO auch gleichzeitig eine wirtschaftliche Hilfsbedürftigkeit besteht. Es kommt auch nicht darauf an, dass die Hilfsbedürftigkeit auf Dauer besteht. Demnach können Leistungen wie beispielsweise „Essen auf Rädern" steuerbegünstigt durchgeführt werden.

Der Nachweis der persönlichen Notlage nach § 53 Nr. 1 AO kann anhand unterschiedlicher Unterlagen nachgewiesen werden. Hierzu sind insbesondere geeignet:

- ärztliche Atteste
- Behindertenausweis
- Altersnachweis (Kleinkinder, Säuglinge)

Bei Personen, die das 75. Lebensjahr vollendet haben, kann eine körperliche Hilfsbedürftigkeit ohne weitere Nachweise angenommen werden.[43]

1.11.2 Voraussetzungen nach § 53 Nr. 2 AO

§ 53 Nr. 2 AO legt die Grenzen der wirtschaftlichen Hilfebedürftigkeit fest. Demnach können ohne Verlust der Steuerbegünstigung Personen unterstützt werden, deren Bezüge das Vierfache, bei Alleinstehenden oder Alleinerziehenden das Fünffache des Regelsatzes der Sozialhilfe nach § 28 SGB XII (jeweilige Regelbedarfsstufe) nicht übersteigen. Etwaige Mehrbedarfszuschläge zum Regelsatz sind nicht zu berücksichtigen. Leistungen für die Unterkunft werden nicht gesondert berücksichtigt. Für die Begriffe „Einkünfte" und „Bezüge" sind die Ausführungen in R 33a.1 Einkommensteuer-Richtlinien (EStR) maßgeblich.

Insofern ist eine wirtschaftliche Notlage beim Bezug folgender Leistungen anzunehmen:

- Sozialhilfe
- Bürgergeld
- Wohngeld
- Kindergeld
- Leistungen gemäß Bundesversorgungsgesetz

---

[43] BFH, Urteil vom 21.09.2016, Az. V R 50/15); AEAO zu § 53, Tz. 4

Die Liste ist grundsätzlich als abschließend anzusehen. Insofern kann beispielsweise eine Hilfe zur Erziehung im Sinne von §§ 27 SGB VIII ff. nicht analog unter die Vorschrift subsumiert werden.

Ein Vermögen mit dem gemeinen Wert (Verkehrswert) in Höhe von
1 mehr als 15.500 Euro ist zur nachhaltigen Verbesserung des Unter-
halts geeignet und dessen Verwendung hierfür kann der betreffen-
den Person zugemutet werden. Insofern entfällt in derartigen Fällen
die Annahme einer wirtschaftlichen Hilfsbedürftigkeit.

Bei der Vermögensprüfung bleiben Vermögensgegenstände, deren Veräußerung offensichtlich eine Verschleuderung bedeuten würde, ebenso außer Ansatz wie Gegenstände mit besonderem Erinnerungswert für die unterstützte Person wie auch zum Hausrat zugehörige Gegenstände.

Außer Ansatz bleibt auch ein angemessenes Hausgrundstück im Sinne des § 90 Abs. 2 Nr. 8 SGB XII, das die unterstützte Person allein oder zusammen mit Angehörigen, denen es nach dem Tod der unterstützten Person weiter als Wohnraum dienen soll, bewohnt.[44]

Die wirtschaftliche Hilfsbedürftigkeit muss während der gesamten Dauer der Unterstützung bestehen. Verbessert sich die wirtschaftliche Lage der unterstützten Person beispielsweise durch Aufnahme einer Beschäftigung, kann hierdurch die wirtschaftliche Hilfsbedürftigkeit entfallen. Gleiches gilt in den Fällen, in denen die betreffende Person eine Rente bezieht oder Vermögen im Rahmen einer Erbschaft erwirbt.

1.11.3 Nachweis im Sinne des § 53 Nr. 2 AO

Mildtätige Körperschaften sind gemäß § 53 Nr. 2 Satz 8 AO verpflichtet, sich von der wirtschaftlichen Hilfsbedürftigkeit zu überzeugen. Hierbei sind insbesondere Angaben über die Einkünfte und das Vermögen der betreffenden Person von Bedeutung. Eine Erklärung der Person, dass die Grenzen des § 53 Nr. 2 AO nicht überschritten werden, ist demnach nicht ausreichend.

Zum Nachweis des Bezugs der unter 1.11.2 aufgeführten Bezüge reicht es aus, einen entsprechenden Leistungsbescheid oder eine Bescheinigung des Sozialleistungsträgers vorzulegen. Wichtig ist, dass der Bezug der Leistungen für den Zeitraum der Inanspruchnahme der Hilfeleistungen besteht.

---

44 Vgl. AEAO zu § 53, Tz. 9

Das Abfragen der benötigten Informationen durch die Körperschaft mittels Fragebogen ist zulässig.[45]

1.11.4 Verzicht auf Nachweise

In besonderen Fällen kann auf einen Nachweis im Sinne des § 53 Nr. 2 AO verzichtet werden. Die Befreiung von der Nachweispflicht erfolgt gemäß § 53 Nr. 2 Satz 8 AO auf Antrag. Der Antrag ist immer dann angeraten, wenn sich bereits aus der Eigenart der Unterstützung erkennen lässt, dass ausschließlich Hilfsbedürftige im Sinne der Vorschrift als Leistungsempfänger in Betracht kommen. Das wäre der Fall bei:

- Suppenküchen
- Kleiderkammern
- Obdachlosenasylen
- Tafeln

Im Rahmen der Anforderungen an die tatsächliche Geschäftsführung im Sinne des § 63 AO sind Nachweise über die Hilfsbedürftigkeit entsprechend aufzubewahren.

1.11.5 BMF-Schreiben vom 17.03.2022

Im Zusammenhang mit dem Krieg in der Ukraine hat das BMF in seinem vorstehend genannten Schreiben Maßnahmen zur Unterstützung der vom Krieg geschädigten Personen aufgelistet. Der zeitliche Anwendungsbereich der Verwaltungs- und Vollzugserleichterungen war zunächst auf im Zeitraum vom 24.02.2022 bis zum 31.12.2022 durchgeführte Unterstützungsmaßnahmen beschränkt.

Mit Schreiben vom 04.12.2025 wurde der Anwendungsbereich bis auf das Jahr 2026 ausgeweitet.[46]

Gemäß dem Schreiben sind folgende Maßnahmen auch ohne eine entsprechende Satzungsregelung zulässig:

- vereinfachter Nachweis steuerbegünstigter Zuwendungen
- Spendenaufruf ohne Satzungszweck

---

[45] BFH, Urteil vom 21.09.2016, Az. V R 50/15

[46] BMF, Schreiben vom 04.12.2025, Az. IV D 5 – S 2223/00044/030/052, DOK COO.7005.100.4.13642405

1

- steuerunschädliche Verwendung von steuerbegünstigten Mitteln zur unmittelbaren Unterstützung
- vorübergehende Unterbringung von Kriegsflüchtlingen
- Anerkennung von Zuwendungen als Sponsoring und somit als Betriebsausgabe abziehbar
- Umsatzsteuerbefreiung für die Überlassung von Sachmitteln, Räumen und Personal
- Umsatzsteuerbefreiung für unentgeltliche Überlassung von Wohnraum

1.11.6 Hilfsbedürftigkeit im Katastrophenfall

Betrachtet man die Flutkatastrophen der letzten Jahre (insbesondere im Jahr 2021), steht außer Frage, dass die hiervon betroffenen Personen als hilfsbedürftig anzusehen sind.

Mit Blick auf die Regelungen des § 53 Nr. 2 Satz 3 AO sorgt eine Ergänzung im Anwendungserlass für Rechtssicherheit.

Die in 2024 hinzugekommene Teilziffer 13 stellt klar, dass besondere Gründe im Sinne der Vorschrift insbesondere Katastrophen sind, sofern diese durch Erlass des BMF oder einer der oberen Finanzbehörden der Länder festgestellt wurden.

Der Anwendungserlass bestimmt, dass die durch die Katastrophe entstandene Notlage sowie die Mehraufwendungen glaubhaft zu machen sind. Die genaue Art und Weise, wie die Glaubhaftmachung zu erfolgen hat, definiert der Erlass indes nicht.

Die Einkommens- und Vermögensobergrenzen des § 53 Nr. 2 Satz 1, 2 AO sind nur in den Fällen außer Acht zu lassen, in denen den durch die Katastrophe verursachten Mehraufwendungen keine Ansprüche auf Leistung dritter Seite gegenüberstehen. Das wäre bei staatlichen Ansprüchen oder Versicherungsleistungen der Fall.[47]

1.12 Steuerlich unschädliche Betätigungen

Satzungsfremde Aktivitäten führen regelmäßig zum Verlust der Gemeinnützigkeit. Ausnahmen finden sich in § 58 AO. Die Aufzählung

---

[47] AEAO zu § 53, Tz. 13; BMF, Schreiben vom 05.02.2024, Az. IV D 1 – S 0062/23/10003 :001, DOK 2023/1122582

nennt Betätigungen, die dem Grunde nach nicht mit den Vorgaben zur Selbstlosigkeit, Unmittelbarkeit und Ausschließlichkeit vereinbar sind. Die in der Vereinsarbeit relevanten Regelungen werden im folgenden Abschnitt erläutert.

1.12.1 Zulässige Mittelweitergabe

Durch das Jahressteuergesetz 2020 wurden die Möglichkeiten zur Weitergabe von Mitteln an andere steuerbegünstigte Körperschaften neu gefasst. Die Zweckidentität, wie sie in der bisherigen Regelung festgelegt war, entfällt. Somit kann ein Sportverein beispielsweise auch einem Kulturverein Mittel zuwenden. Mittel können teilweise oder vollständig weitergegeben werden.

Der Begriff „Mittel" umfasst neben Bar- oder Buchgeld auch alle anderen Vermögenswerte. Zudem lassen sich auch Warenlieferungen, Dienstleistungen und Nutzungsüberlassungen unter dem Begriff Mittel subsumieren.

Werden unentgeltlich oder lediglich gegen Kostenübernahme Nutzungen überlassen, Waren geliefert oder Dienstleistungen erbracht und diese beim Empfänger dem steuerbegünstigten Bereich zugeordnet, sind diese bei der Geberkörperschaft dem ideellen Bereich bzw. dem Zweckbetrieb zuzuordnen.

Werden Nutzungsüberlassungen, Warenlieferungen oder Dienstleistungen gegen einen die entstandenen Kosten übersteigenden Betrag erbracht, sind diese grundsätzlich dem steuerpflichtigen wirtschaftlichen Geschäftsbetrieb bzw. der Vermögensverwaltung zuzuordnen und können damit nicht aus zeitnah zu verwendenden Mitteln finanziert werden. In diesem Fall findet § 58 Nr. 1 AO keine Anwendung.[48]

Als Empfänger kommen in Betracht:

- inländische steuerbegünstigte Körperschaften
- In § 5 Abs. 2 Nr. 2 KStG aufgeführte Körperschaften (beschränkt steuerpflichtige Körperschaften aus EU-/EWR-Staaten)
- inländische und ausländische juristische Personen des öffentlichen Rechts

48 AEAO zu § 58 Nr. 1, Tz. 7

- ausländische Körperschaften, die nicht beschränkt steuerpflichtig sind, bei denen die spätere Verwendung der Mittel für steuerbegünstigte Zwecke ausreichend nachgewiesen wird
- beschränkt steuerpflichtige Körperschaften aus Nicht-EU-/EWR-Staaten, bei denen die spätere Verwendung der Mittel für steuerbegünstigte Zwecke ausreichend nachgewiesen wird

Bei der Mittelweitergabe im Sinne des § 58 Nr. 1 AO handelt es sich um eine Art der Zweckverwirklichung und nicht um einen eigenständigen steuerbegünstigten Zweck. Insofern ist in der Satzung weiterhin ein steuerbegünstigter Zweck anzugeben.

Sofern die Mittelweitergabe die einzige Art der Zweckverwirklichung ist, muss dies in der Satzung verankert werden. Diese Form ist regelmäßig bei klassischen Fördervereinen anzutreffen.

Fördervereine sind jedoch nicht auf die reine Mittelweitergabe beschränkt. Sie können gleichwohl auch selbst unmittelbar Aktivitäten entfalten. In derartigen Konstellationen ist die Nennung der Mittelweitergabe in der Satzung nicht erforderlich. Hierbei ist beispielsweise an eine Körperschaft zu denken, die den Sport unmittelbar fördert und auch Mittel an eine andere Körperschaft weitergibt.

Weitergegebene Mittel sind im Sinne des § 55 Abs. 1 Nr. 5 AO zu verwenden. Ein Verstoß stellt eine Mittelfehlverwendung aufseiten der Empfängerkörperschaft dar.

Mittel können auch an eine ausländische Körperschaft weitergegeben werden. Voraussetzung hierfür ist, dass die ausländische Körperschaft die Mittel für der Art nach steuerbegünstigte Zwecke verwendet und diese Verwendung durch geeignete Unterlagen ausreichend nachgewiesen wird. Die Zwecke der Geber- und Empfängerkörperschaft müssen nicht zwingend gleich sein (vgl. AEAO zu § 58 Nr. 1). Demnach ist es zulässig, wenn eine den Sport fördernde Körperschaft Mittel an eine kulturfördernde Körperschaft weitergibt.

Bei einem Auslandssachverhalt muss dem Finanzamt eine Prüfung der Mittelverwendung ermöglicht werden.

Als Nachweise der satzungsgemäßen Mittelverwendung im Ausland können beispielsweise folgende Unterlagen dienen:

- Im Zusammenhang mit der Mittelverwendung abgeschlossene Verträge und entsprechende Vorgänge,
- Belege über den Abfluss der Mittel in das Ausland und Bestätigung des Zahlungsempfängers über den Erhalt der Mittel,
- ausführliche Tätigkeitsbeschreibungen der im Ausland entfalteten Aktivitäten,
- Material über die getätigten Projekte, z. B. Prospekte, Presseveröffentlichungen,
- Gutachten eines Wirtschaftsprüfers o. Ä. bei größeren Projekten,
- Zuwendungsbescheide ausländischer Behörden, wenn die Maßnahmen dort durch Zuschüsse o. Ä. gefördert werden.[49]

Gegebenenfalls sind die Unterlagen ins Deutsche zu übersetzen.

1.12.2 Endowment

Mit Endowment ist die Kapitalausstattung einer anderen Körperschaft gemeint. § 58 Nr. 3 AO sieht hierfür strenge Grenzen vor. Dazu später mehr in Kapitel 2.4.5.

1.12.3 Überlassung von Arbeitskräften

Zunächst ist festzuhalten, dass steuerbegünstigte Körperschaften ihre Zwecke selbst unmittelbar verwirklichen müssen. Werden Arbeitskräfte anderen Personen, Unternehmen, Einrichtungen oder einer juristischen Person des öffentlichen Rechts für steuerbegünstigte Zwecke zur Verfügung gestellt, fehlt es an der Unmittelbarkeit. § 58 Nr. 4 AO enthält demnach eine Ausnahme und normiert das zur Verfügung stellen von Arbeitskräften als eine die Gemeinnützigkeit nicht gefährdende Tätigkeit.[50] Steuerunschädlich ist zudem, wenn zugleich Arbeitsmittel (z. B. Krankenwagen) zur Verfügung gestellt werden.

Auch im Bereich der Wohlfahrtspflege im Sinne des § 66 AO sind Personalüberlassungen zulässig. Werden neben Leistungen an die in § 53 AO genannten Personen noch andere Leistungen für einen Dritten erbracht, sind diese Leistungen, soweit sie nicht zur Organi-

---

[49] Ministerium der Finanzen Sachsen-Anhalt, Schreiben vom 01.03.2022, Az. 42 – S 0170 – 220

[50] BFH, Urteil vom 30.11.1995, Az. V R 29/91

sation des eigentlichen Zweckbetriebs gehören, nicht dem Zweckbetrieb nach § 66 AO zuzurechnen.

1

Wird also beispielsweise durch eine Körperschaft Personal zur Erfüllung der steuerbegünstigten Zwecke für einen Vertragspartner im Rahmen einer Pflegeeinrichtung zur Verfügung gestellt, so sind die bereitgestellten Pflegekräfte dem Zweckbetrieb nach § 66 AO zuzuordnen.

Erbringt das bereitgestellte Personal z. B. nur Verwaltungsdienstleistungen, sind diese nicht dem Zweckbetrieb nach § 66 AO zuzuordnen.[51]

Bei der Zurverfügungstellung von Arbeitskräften muss immer auch geprüft werden, ob die Überlassung nach dem Arbeitnehmerüberlassungsgesetz erlaubnispflichtig ist.

1.12.4 Überlassung von Räumen

§ 58 Nr. 5 AO stellt klar, dass die Überlassung von eigenen Räumen an eine andere, ebenfalls steuerbegünstigte Körperschaft oder eine juristische Person des öffentlichen Rechts unschädlich für die Gemeinnützigkeit ist.

Seitens der überlassenden Körperschaft ist dem Wortlaut der Vorschrift folgend darauf zu achten, dass die Räume auch tatsächlich für steuerbegünstigte Zwecke genutzt werden. Dies wäre beispielsweise der Fall, wenn ein Sportverein seine Halle für eine Veranstaltung eines Kulturvereins zur Verfügung stellt.

Zu den „Räumen" im Sinne der Vorschrift gehören beispielsweise auch Sportstätten, Sportanlagen und Freibäder.

Die Überlassung an nicht steuerbegünstigte Dritte muss gegen ein fremdübliches Entgelt erfolgen, um eine Mittelfehlverwendung zu vermeiden. Es ist ferner darauf zu achten, dass auch eine Überlassung an Mitglieder (beispielsweise für eine private Geburtstagsfeier) nur zu fremdüblichen Konditionen erfolgt, um eine steuerschädliche Begünstigung auszuschließen.

---

[51] AEAO zu § 66, Tz. 3

1.12.5 Förderung des bezahlten Sports

Gemäß § 56 AO darf eine Körperschaft ausschließlich die in der Satzung verankerten Zwecke verfolgen. Dem Wortlaut des § 58 Nr. 8 AO folgend ist eine Förderung des bezahlten Sports nur dann unschädlich für die Gemeinnützigkeit, wenn sie dem Amateursport als Nebenzweck untergeordnet ist.

1.12.6 Betrieb von Photovoltaikanlagen

Mit Wirkung zum 01.01.2026 gehört zu den unschädlichen Betätigungen nunmehr die Errichtung und der Betrieb von Photovoltaikanlagen und anderen Anlagen nach dem Erneuerbare-Energien-Gesetz.

Dem Willen des Gesetzgebers folgend kann die Installation von Photovoltaikanlagen zur Beschleunigung der Energiewende und des Ausbaus der erneuerbaren Energien einen erheblichen Beitrag leisten. Aus diesem Grund muss die Anschaffung und der Betrieb solcher Anlagen möglichst geringen bürokratischen Hürden begegnen.

Die Einspeisung von nicht selbst verbrauchtem Strom begründet unter den allgemeinen Voraussetzungen einen steuerpflichtigen wirtschaftlichen Geschäftsbetrieb, wenn die Einnahmen aus allen steuerpflichtigen Tätigkeiten die Besteuerungsgrenze nach § 64 Abs. 3 AO übersteigen. Der Betrieb der Photovoltaikanlage darf ausdrücklich nicht den Hauptzweck der Körperschaft darstellen.

Durch die Neuregelung ist sowohl der Einsatz von Mitteln zum Bau und Betrieb als auch zur Abdeckung der möglicherweise unvermeidbaren Dauerverluste unschädlich für die Gemeinnützigkeit. Dies rechtfertigt sich daraus, dass die Anlagen regelmäßig überwiegend der Produktion von selbstverbrauchtem Strom dienen und die Einspeisung von Reststrom in das öffentliche Netz unvermeidlich und umweltpolitisch gewollt ist (§ 1 EEG 2023).[52]

[52] BMF, Entwurf eines Steueränderungsgesetzes 2025, S. 36

Vier Sphären

2.1 Aufteilung der Finanzströme

Für gemeinnützige Körperschaften gelten besondere finanzrechtliche Vorgaben. Aufgrund der durch die Gemeinnützigkeit bestehenden Steuerbegünstigungen wird verlangt, dass die Körperschaft ihre Einnahmen und Ausgaben in der Art und Weise aufzeichnet, dass die Finanzverwaltung die Einhaltung der Voraussetzungen gemäß §§ 51–68 AO ohne großen Zeitaufwand prüfen kann.

2 Hierzu gehört insbesondere die Aufteilung der Finanzströme in die sogenannten vier Sphären. Es gibt demnach vier unterschiedliche Bereiche, in denen die Umsätze und Ausgaben zu erfassen sind.

Überblick über die vier Sphären

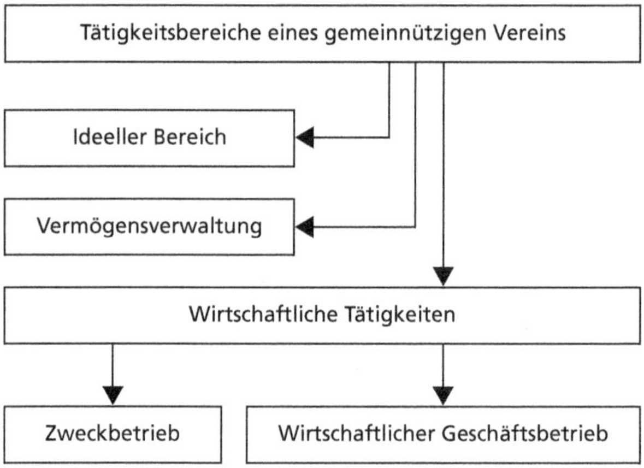

Mit Wirkung zum 01.01.2026 wurde Absatz 3 des § 64 AO neu gefasst. Zum einen wurde die Besteuerungsgrenze für steuerpflichtige wirtschaftliche Geschäftsbetriebe auf nunmehr 50.000 Euro angehoben. Besonderes Augenmerk verdient der neu hinzugefügte Satz 2.

Demnach entfällt eine Aufteilung in Zweckbetrieb und steuerpflichtigen wirtschaftlichen Geschäftsbetrieb, sofern die Einnahmen aus sämtlichen wirtschaftlichen Geschäftsbetrieben die Grenze von 50.000 Euro nicht überschreiten und insgesamt ein Gewinn erzielt wird. Dem Wortlaut der Norm folgend sind die Ergebnisse der

Zweckbetriebe und steuerpflichtigen wirtschaftlichen Geschäftsbetriebe insgesamt zu betrachten.[53]

Die Neuregelung führt zur Einführung einer gesetzlichen Fiktion, wonach aus Sicht der Ertragsteuer bei Vorliegen der Tatbestandsmerkmale alle wirtschaftlichen Tätigkeiten als Zweckbetriebe zu behandeln sind. Ein ähnliches Prinzip liegt den Regelungen des § 67a Abs. 1 AO zugrunde.

Hierbei gilt es jedoch zu beachten, dass der Verzicht auf die Sphärentrennung in der Praxis nur für die Vereine praktikabel ist, die nicht umsatzsteuerpflichtig sind. Denn aufgrund der unterschiedlichen Steuersätze im steuerpflichtigen wirtschaftlichen Geschäftsbetrieb und dem Zweckbetrieb ist nach wie vor eine entsprechende Aufteilung der Umsätze erforderlich.

Bei Verlusten im steuerpflichtigen wirtschaftlichen Geschäftsbetrieb ist gemäß Gesetzesbegründung auch durch die Neufassung der Vorschrift zu beachten, dass weiterhin nach dem allgemeinen Grundsatz der Selbstlosigkeit gemäß § 55 AO keine Mittel der steuerbegünstigten Sphäre zum Ausgleich verwendet werden dürfen.[54]

Der Gesetzgeber bezieht sich in dieser Aussage ausdrücklich auf Mittel des ideellen Bereichs (zum Begriff „Mittel“ siehe Kapitel 1.5).[55]

Faktisch ist demnach bei Vorliegen der Voraussetzungen ein Verlustausgleich von Defiziten im steuerpflichtigen wirtschaftlichen Geschäftsbetrieb mit Überschüssen aus Zweckbetrieben zulässig. Gemäß Anwendungserlass läge in derartigen Fällen eine Mittelfehlverwendung vor (AEAO zu § 55 Abs. 1 Nr. 1, Tz. 4, Stand März 2026; siehe Kapitel 2.9.4).

Es ist davon auszugehen, dass der Anwendungserlass entsprechend angepasst wird.

Weiter heißt es in der Gesetzesbegründung, dass für Zwecke der Zuordnungsvereinfachung im Sinne der Neuregelung Verluste im wirtschaftlichen Geschäftsbetrieb (§ 14 AO) bei Einnahmen unter 50.000 Euro grundsätzlich unschädlich sind, es sei denn, dass diese Verluste klar erkennbar nicht im Zweckbetrieb angefallen sind.

---

53 Vgl. BT-Drs. 21/3104, S. 40
54 BT-Drs. 21/1974, S. 39, Entwurf eines Steueränderungsgesetzes 2025
55 BT-Drs. 21/2470, S. 22

Fraglich ist, wie aus der Buchhaltung klar erkennbar abgeleitet werden soll, dass derartige Verluste nicht im Zweckbetrieb angefallen sind, wenn keine getrennte Erfassung der wirtschaftlichen Betätigungen erfolgt. Im Wortlaut des § 64 Abs. 3 Satz 2 AO ist diese Rückausnahme zudem nicht angelegt, was unter Umständen zu Problemen in der Praxis führen könnte.

Insofern bedarf es hierzu einer Klarstellung seitens des BMF.

Die Neuregelung soll gemäß dem Willen des Gesetzgebers gemeinnützige Körperschaften von Bürokratie entlasten. Das ist grundsätzlich zu begrüßen und wünschenswert. Der bürokratische Aufwand, eine Einnahme entweder im Zweckbetrieb oder im steuerpflichtigen wirtschaftlichen Geschäftsbetrieb zu verbuchen hält sich jedoch in Grenzen. Denn es bleibt auch durch die Neuregelung bei einem zu erfassenden Buchungsvorgang.

Eine Vereinfachung ergibt sich jedoch bei der Verbuchung der Einnahmen aus Veranstaltungen, die sowohl dem Zweckbetrieb als auch dem steuerpflichtigen wirtschaftlichen Geschäftsbetrieb zuzuordnen sind. Hier ist nunmehr ein Auseinanderrechnen nicht mehr erforderlich.

Hierzu ein Beispiel:

Beispiel:

Eine Körperschaft zur Förderung von Kunst und Kultur führt eine Theaterveranstaltung durch. Auf der Veranstaltung werden Speisen und Getränke verkauft.

Die Einnahmen aus dem Speisen- und Getränkeverkauf müssen nicht separat im steuerpflichtigen wirtschaftlichen Geschäftsbetrieb erfasst werden.

Auch wenn die Neuregelung eine Aufteilung der Einnahmen aus wirtschaftlichen Betätigungen in Zweckbetrieb und steuerpflichtigen wirtschaftlichen Geschäftsbetrieb bei Vorliegen der Voraussetzungen entfallen lässt, erscheint die Trennung auch weiterhin durchaus sinnvoll. So kann die Vereinsführung die Einnahmen im Rahmen der Rechenschaftspflicht gegenüber den Mitgliedern (im Zweifel auch gegenüber dem Finanzamt) transparent und detailliert darstellen. Auch für Zwecke der GuV und EÜR wird eine Abgrenzung mit Blick auf die Kontierung nach wie vor notwendig sein.

Zudem ist zu beachten, dass die Neuregelung die Vereinsführung nicht von den Anforderungen des § 63 AO befreit und diese weiterhin uneingeschränkt zu erfüllen sind (siehe Kapitel 1.2.4). Weiterhin dürfen Spendenmittel im Sinne des § 10b EStG ausschließlich zur Förderung steuerbegünstigter Zwecke (ideeller Bereich, Zweckbetrieb) verwendet werden, was entsprechend nachzuweisen ist (zur Spendenhaftung siehe Kapitel 5.5).

Die Regelungen des Absatzes 3 der Vorschrift sind erstmals für den Veranlagungszeitraum 2026 anzuwenden.

2.2 Ideeller Bereich

Der ideelle Bereich stellt den zentralen Bereich der Vereinsarbeit dar. In dieser Sphäre entfalten Vereine regelmäßig den überwiegenden Teil ihrer Aktivitäten. Insbesondere findet in diesem Bereich kein Leistungsaustausch statt. Den vereinnahmten Umsätzen stehen demnach keine Gegenleistungen gegenüber. Somit ist der ideelle Bereich ertrag- und umsatzsteuerfrei.

Die wichtigsten Einnahmen im ideellen Bereich sind unter anderem:

- Mitgliedsbeiträge
- Spenden
- Zuschüsse (z. B. Landessportbund, Kommune)
- Zuweisungen von Geldauflagen

Bei Zuschüssen ist immer zu prüfen, ob es sich um einen echten Zuschuss handelt oder ob ein umsatzsteuerpflichtiger Leistungsaustausch vorliegt.

Gemäß 10.2 UStAE können Zahlungen unter der Bezeichnung „Zuschuss, Zuwendung, Beihilfe, Prämie, Ausgleichsbetrag u. Ä." entweder

- Entgelt für eine Leistung an den Zuschussgeber;
- (zusätzliches) Entgelt eines Dritten oder
- echter Zuschuss

sein.

Die Abgrenzung zwischen einem Entgelt für eine Leistung an den Zahlenden und einem nicht steuerbaren echten Zuschuss ist vor allem nach der Person des Zuschussempfängers und dem Förderungsziel vorzunehmen.

Insofern liegt ein echter Zuschuss vor, wenn die Zahlung nicht aufgrund eines Leistungsaustauschverhältnisses erbracht wird.[56] Dies ist in den Fällen anzunehmen, wenn der Zuschuss nicht an bestimmte Umsätze anzuknüpfen ist, sondern unabhängig von einer bestimm-
2 ten Leistung gewährt wird.

Beispiel:

Dem Verein V wird nach einem mit der Gemeinde G geschlossenen Nutzungsvertrag eine Sportanlage zur langfristigen Eigennutzung unentgeltlich zur Verfügung gestellt. V hat gegenüber G keine konkreten Betreiberleistungen wie z. B. die Vorhaltung bestimmter Sportangebote zu erbringen. V erhält von G eine pauschale Kostenerstattung für die Bewirtschaftung.

Im vorliegenden Fall stellen die Zahlungen von G einen echten nicht steuerbaren Zuschuss dar. G verfolgt mit diesen Zahlungen den Zweck, die Tätigkeit des Vereins zu fördern und ihn in die Lage zu versetzen, seine gemeinnützige Tätigkeit auszuüben.[57]

Ein unechter und somit steuerbarer Zuschuss liegt beispielsweise vor, wenn eine Gemeinde einem eingetragenen Verein Mittel zur vertragsgemäßen Durchführung einer Werbeveranstaltung zuwendet.

Unter Umständen kann ein Zuschuss als (steuerbares) zusätzliches Entgelt eines Dritten im Sinne des § 10 Abs. 1 Satz 2 UStG anzusehen sein. Hierbei handelt es sich um Zahlungen, die der leistende Unternehmer (Zuschussempfänger) von einem anderen als dem Leistungsempfänger für die Lieferung oder sonstige Leistung erhält.

---

56 Vgl. BFH, Urteil vom 28.07.1994, Az. V R 19/92

57 Vgl. BFH, Urteil vom 18.11.2021, Az. V R 17/20

Beispiel:

Ein Bundesland gewährt einem Studentenwerk einen Zuschuss zum Bau eines Studentenwohnheims. Der Zuschuss wird unmittelbar dem Bauunternehmer ausgezahlt.

Vorliegend liegt ein Entgelt von dritter Seite für die Leistung des Bauunternehmers an das Studentenwerk vor.

Liegt einem Zuschuss ein zur gegenseitigen Leistung verpflichtender privatrechtlicher Vertrag zugrunde, liegt immer ein Leistungsaustausch und somit ein „unechter" Zuschuss vor.

2.2.1 Sonderfall: Mitgliedsbeiträge

Den Mitgliedsbeiträgen kommt mit Blick auf die Umsatzsteuer eine besondere Bedeutung zu. Die Finanzverwaltung unterscheidet zwischen den sogenannten „echten Mitgliedsbeiträgen" und „unechten Mitgliedsbeiträgen".

2.2.2 Auffassung der Finanzverwaltung

Bei den echten Mitgliedsbeiträgen fehlt es gemäß der Auffassung der Finanzverwaltung an einem Leistungsaustausch. Demnach steht dem Mitgliedsbeitrag kein Leistungsanspruch gegenüber. Vielmehr dienen die Beiträge dazu, die satzungsgemäßen Zwecke des Vereins zu fördern. Somit wäre auch eine Unterwerfung der Mitgliedsbeiträge unter die Umsatzsteuer nicht möglich.[58] Werden zusätzliche Beträge für Sonderleistungen erhoben, sind diese nicht mehr als echte Mitgliedsbeiträge zu verstehen.

Hierzu ein Beispiel:

Beispiel:

Der Musterstadt e. V. hat seine Mitgliedschaft in „regulär" und „premium" gestaffelt. Premiummitglieder erhalten gegen Zahlung eines 50 Prozent höheren Beitrags die Möglichkeit, das eigene Unternehmen auf der Vereinshomepage zu bewerben.

Um hier eine saubere Trennung innerhalb der vier Sphären vornehmen zu können, ist der auf die Premiumleistungen entfallende

58 UStAE Abschnitt 1.4

Anteil gesondert auszuweisen. Nur so ist auch eine Zuordnung in den umsatzsteuerbaren und umsatzsteuerfreien Anteil möglich.

2 Erbringen Idealvereine für ihre Mitglieder für sich gesehen unentgeltliche, aber durch den Mitgliedsbeitrag abgedeckte Leistungen, die auch am Markt gegen Entgelt angeboten werden, können sie wettbewerbsrechtlich als Unternehmen anzusehen sein. Für die Annahme einer entgeltlichen, also auf Erzielung einer Gegenleistung gerichteten Tätigkeit ist die rechtliche Gestaltung unerheblich, sodass das Entgelt auch in der Zahlung von Mitgliedsbeiträgen bestehen kann.[59]

2.2.3 Auffassung des BFH

Der BFH teilt diese Auffassung nicht und sieht Angebote von Sportvereinen an ihre Mitglieder gegen Zahlung von Mitgliedsbeiträgen grundsätzlich als steuerbar an. Diese gegenteilige Auffassung von Finanzverwaltung und BFH kann nur durch den Gesetzgeber aufgelöst werden. Um eine generelle Befreiung von der Umsatzsteuer zu erreichen, wäre eine Änderung des Umsatzsteuergesetzes erforderlich.[60]

In einem aktuellen Urteil stellt der BFH nochmal klar, dass die bisherige Verwaltungspraxis zur Nichtsteuerbarkeit der von Sportvereinen gegenüber seinen Mitgliedern erbrachten Leistungen der ständigen Rechtsprechung des Bundesfinanzhofs und dem Unionsrecht widerspricht.[61]

Ob es aufgrund der erneuten Klarstellung des BFH zu einer Änderung der Verwaltungspraxis kommt, bleibt abzuwarten.

2.2.4 Preisgelder als Einnahme

Nimmt ein Sportverein an einem Turnier teil und erhält hierfür Zahlungen, richtet sich die Einordnung in nicht umsatzsteuerbare oder steuerbare Einnahmen danach, ob es sich um ein platzierungsabhängiges oder platzierungsunabhängiges Preisgeld handelt.

Platzierungsabhängige Preisgelder

Gemäß BFH liegt bei einem platzierungsabhängigen Preisgeld keine Leistung im Rahmen eines Leistungsaustausches „gegen Entgelt"

[59] BGH, Urteil vom 02.05.2024, Az. I ZR 12/23
[60] BFH, Urteil vom 21.04.2022, Az. V R 48/20
[61] BFH, Urteil vom 13.11.2025, Az. V R 4/23

im Sinne des § 1 Abs. 1 Nr. 1 Satz 1 UStG vor. Zwischen der bloßen Teilnahme am Turnier und dem im Erfolgsfall erhaltenen Preisgeld fehlt der für den Leistungsaustausch erforderliche unmittelbare Zusammenhang.[62]

Diese Auffassung des BFH bezieht sich unmittelbar auf die Rechtsprechung des EuGH.[63] Im Zuge dessen wurde der UStAE entsprechend angepasst.

Hierzu ein Beispiel:

Beispiel:

Der Musterstadt e. V. hat sich für das Endspiel einer Pokalrunde qualifiziert und erhält hierfür eine Prämie in Höhe von 20.000 Euro. Vorliegend handelt es sich um ein platzierungsabhängiges Preisgeld, welches nicht umsatzsteuerbar ist.

Wettbewerbe im Sinne der Vorschrift sind:

- Pferderennen
- Pokerturniere
- sportliche Wettbewerbe
- Schönheitskonkurrenzen
- Ausscheidungsspiele
- und Ähnliche

Die vorstehenden Ausführungen gelten auch in den Fällen, in denen die Zahlung des Preisgeldes oder eines Anteils dessen nicht vom Veranstalter selbst, sondern durch einen Dritten erfolgt, denn auch hierbei erfolgt die Zahlung für das Wettbewerbsergebnis und stellt kein Entgelt für andere Leistungen des Leistenden dar.[64]

Platzierungsunabhängige Preisgelder

Erhält der Verein ein platzierungsunabhängiges Preisgeld für die bloße Teilnahme, liegt ein Leistungsaustausch und somit eine umsatzsteuerbare Leistung vor. Die vom Veranstalter geleistete Zahlung ist die tatsächliche Gegenleistung für die Teilnahme am Wettbewerb und nicht für das Erreichen einer bestimmten Platzierung.

62 BFH, Urteil vom 02.08.2018, Az. V R 21/16

63 EuGH, Urteil vom 10.11.2016, Az. C-432/15

64 BMF, Schreiben vom 03.11.2025, Az. III C 2 – S 7100/00097/005/182

Hierzu ein Beispiel:

Beispiel:

Der Musterstadt e. V. erhält für seine Teilnahme an einem Pokalturnier ein Antrittsgeld in Höhe von 8.000 Euro. Das Antrittsgeld wird jedem teilnehmenden Verein gezahlt. Somit liegt ein platzierungsunabhängiges Preisgeld vor, welches der Umsatzsteuer zu unterwerfen ist.

2.2.5 Ausgaben im ideellen Bereich

Den vorstehend genannten Einnahmen stehen entsprechende Ausgaben gegenüber. Ausgaben im ideellen Bereich dienen dazu, die in der Satzung festgeschriebenen Zwecke des Vereins zu fördern. Unter anderem fallen die nachfolgend genannten Kosten in den ideellen Bereich:

- Kosten der Mitgliederverwaltung
- Software für die Verwaltung
- Kosten des ideellen Sportbetriebs
- Aufwandsentschädigungen
- Kosten für die Mitgliederbetreuung

2.3 Vereinskleidung

In Vereinen wird regelmäßig Kleidung angeschafft und den Mitgliedern kostenlos zur Verfügung gestellt. Hierbei handelt es sich beispielsweise um Sportbekleidung oder Kostüme (Karneval, Theater usw.). Für eine korrekte steuerliche Zuordnung ist entscheidend, wo die Kleidung verwendet wird. Werden beispielsweise Trikots ausschließlich im Verein während der sportlichen Betätigung verwendet, sind die Kosten für die Anschaffung im ideellen Bereich zu erfassen. Tragen die Mitglieder die überlassene Kleidung hauptsächlich im privaten Bereich, liegt eine Mittelfehlverwendung im Sinne des § 55 Abs. 1 Nr. 1 AO vor, da es sich bei der Überlassung der Kleidung um eine unzulässige Zuwendung aus Mitteln des Vereins an Mitglieder handelt.

Verwenden die Mitglieder die kostenlos überlassene Kleidung ausschließlich während der sportlichen Betätigung im Rahmen einer sportlichen Veranstaltung im Sinne des § 67a AO, erfolgt die Erfassung der Anschaffungskosten im Zweckbetrieb.

Häufig erfolgt der Einkauf der Kleidung zentral durch den Verein. Hierdurch lassen sich aufgrund der Menge attraktive Rabatte erzielen. Im Nachgang erfolgt dann ein Abverkauf an die Mitglieder. Hierdurch entsteht ein Leistungsaustausch zwischen Verein und Mitglied und die Leistung wäre grundsätzlich steuerbar.

Durch den Leistungsaustausch liegen dem Grunde nach Einnahmen im wirtschaftlichen Geschäftsbetrieb vor. Eine Zuordnung zum Zweckbetrieb wäre unter Umständen dann möglich, wenn es sich um Kleidung handelt, die nur über den Verein erhältlich ist. Hier ist beispielsweise an speziell angefertigte Kostüme für Theateraufführungen zu denken. Zu bedenken ist auch das Wettbewerbsverbot des § 65 Nr. 3 AO. Verkauft der Verein lediglich „handelsübliche" Sportbekleidung, tritt er in einem größeren Umfang in Wettbewerb zu gewerblichen Händlern, als es zur Erfüllung der Satzungszwecke erforderlich wäre. Zudem fehlt es in solchen Fällen auch an der unbedingten Notwendigkeit des Verkaufs im Sinne des § 65 Nr. 2 AO.

2.4 Vermögensverwaltung

Der Gesetzgeber definiert die Vermögensverwaltung in § 14 Satz 3 AO. Demnach liegt sie in der Regel dann vor, wenn Kapitalvermögen verzinslich angelegt oder unbewegliches Vermögen vermietet oder verpachtet wird. Dem Wortlaut „in der Regel" nach ist diese Aufzählung als nicht abschließend zu betrachten.

Die Verwaltung von Vermögen ist gemäß BFH grundsätzlich keine gemeinnützige Tätigkeit.[65] So kommt diesem Einnahmebereich mit Blick auf die steuerliche Behandlung eine Sonderstellung zu.

Zunächst handelt es sich bei der Vermögensverwaltung nicht um eine Aufgabe und Tätigkeit, die mit den Satzungswecken in Einklang zu bringen wäre. Dennoch bleiben Überschüsse aus diesem Bereich von der Körperschafts- und Gewerbesteuer befreit. Die Umsätze im Bereich der Vermögensverwaltung sind grundsätzlich umsatzsteuerbar. Regelmäßig greift jedoch eine Umsatzsteuerbefreiung nach § 4 Nr. 8 bzw. Nr. 12 UStG. Besteht Umsatzsteuerpflicht,

---

65 BFH, Urteil vom 10.11.1998, Az. I R 96/97

kommt der ermäßigte Steuersatz in Höhe von sieben Prozent zur Anwendung (§ 12 Abs. 2 Nr. 8 Buchst. a Satz 1 UStG).

Die Verwaltung von Vermögen ist nur unter bestimmten Voraussetzungen unschädlich für die Gemeinnützigkeit.

Demnach wird verlangt, dass die Körperschaft nicht das primäre Ziel verfolgt, mit der Vermögensverwaltung die Mehrung ihres Vermögens zu forcieren.[66]

Ein dauerhafter Verlust in der Vermögensverwaltung hätte negative Konsequenzen für die Gemeinnützigkeit zur Folge, da durch den Verlust die Mittel dauerhaft der satzungsgemäßen Verwendung entzogen werden.

Für den Verlustausgleich finden gemäß AEAO zu § 55 Abs. 1, Tz. 9 die Regelungen für Verluste im wirtschaftlichen Geschäftsbetrieb Anwendung (siehe hierzu Abschnitt 2.9.4).

Die folgende Auflistung bietet einen Überblick über die überwiegend vorkommenden Einnahmen im Bereich der Vermögensverwaltung:

- langfristige Vermietung und Verpachtung
- Zinserträge
- Erträge aus dem Wertpapierhandel
- Einnahmen aus der Verpachtung von Werberechten
- Erlöse aus dem Verkauf von Grundstücken
- Erträge aus der Übertragung von Anzeigengeschäfte

Tipp:
Vereine unterhalten regelmäßig nur ein Konto, auf dem sich alle Mittel ansammeln und so unverzinst „liegen bleiben". Vorhandenes Guthaben kann auf einem Tagesgeldkonto verzinslich angelegt werden.

[66] AEAO zu § 55 Abs. 1 Nr. 1, Tz. 1

Die langfristige Vermietung und Verpachtung (länger als sechs Monate) findet sich häufig in Form der Nutzungsüberlassung einer vorhandenen Vereinsgaststätte. Die Verpachtung an einen Wirt bringt für den Verein Planungssicherheit bezüglich der Einnahmen. Gleichzeitig wird der Verein entlastet, da kein eigenes Personal zur Bewirtschaftung eingesetzt werden muss.

Von der langfristigen Vermietung von Sportanlagen ist die Vermietung auf kurze Dauer (stundenweise) zu unterscheiden. Erfolgt die Vermietung an eigene Mitglieder, sind die Umsätze dem Zweckbetrieb zuzuordnen. Erfolgt eine Vermietung stundenweise an Dritte, liegt regelmäßig ein wirtschaftlicher Geschäftsbetrieb vor.[67] Weiteres hierzu im Abschnitt 2.6.5.

In der Regel sehen Vereinbarungen über die Nutzungsüberlassung von Sportanlagen auch Zusatzleistungen wie zum Beispiel die Nutzung einer Sauna und der Ruheräume vor. In derartigen Fällen handelt es sich nicht um eine gemäß § 4 Nr. 12 Buchst. a UStG steuerfreie Grundstücksüberlassung, sondern um eine einheitliche steuerpflichtige Leistung, die dadurch geprägt ist, dass die Kunden die Möglichkeit haben, das gesamte Angebot der Einrichtung zu nutzen.

2.4.1 Ausgaben in der Vermögensverwaltung

Den vorstehend genannten Einnahmen stehen entsprechende Ausgaben gegenüber. Insbesondere fallen folgende Ausgaben in diesem Bereich an:

- Depotgebühren
- Grundbesitzabgaben
- Erhaltungsaufwendungen
- Zinsen zur Immobilienfinanzierung
- Bankgebühren

2.4.2 Vermietung von Nebenräumen

Vereine verfügen regelmäßig über Nebenräume, die nicht ständig für die satzungsgemäßen Zwecke genutzt werden. So liegt es aus Sicht der Körperschaften nahe, diese Räume zu vermieten, um eine

[67] BMF, Schreiben vom 17.04.2003, Az. IV B 7 – S 7100 – 77/03

bessere Auslastung zu erreichen. Die Räume werden häufig für private Feiern an Mitglieder und Nichtmitglieder vermietet. Um die Gemeinnützigkeit nicht zu gefährden, ist darauf zu achten, dass die Überlassung zu fremdüblichen Konditionen erfolgt (siehe auch Kapitel 1.5 ff.).

Der BFH hat derartige Vermietungen dem Bereich der Vermögensverwaltung zugeordnet. Ein entscheidendes Kriterium bei der Urteilsfindung war, dass der Verein die Räume überwiegend für die gemeinnützigen Zwecke benötigt.[68] Dies kann gemäß BFH angenommen werden, wenn für nicht mehr als 150 Tage im Jahr eine Fremdnutzung erfolgt.

2.4.3 Vermietung von Infoständen

Die Vermietung von Messe- und Ausstellungsständen ist abhängig von den Gesamtumständen der umsatzsteuerfreien und ertragsteuerfreien Vermögensverwaltung oder dem steuerpflichtigen wirtschaftlichen Geschäftsbetrieb zuzuordnen.

Gemäß UStAE zu § 3a, Tz. 3a.4. handelt es sich bei der Überlassung von Standflächen auf Messen und Ausstellungen an die Aussteller um sonstige Leistungen im Zusammenhang mit einem Grundstück. Die Überlassung erfolgt im Rahmen eines Vertrages besonderer Art und ist gemäß § 4 Nr. 12 Buchst. a UStG umsatzsteuerfrei.

Die Befreiung gilt auch für die im unmittelbaren Zusammenhang stehenden üblichen Nebenleistungen. Hierzu zählen beispielsweise die Lieferung von Wärme, die Versorgung mit Wasser, die Flur- und Treppenreinigung, die Lieferung von Strom und Internet.

Entscheidend für die Zuordnung zur Vermögensverwaltung und die Umsatzsteuerfreiheit ist, dass die Überlassung vorrangig durch die Vermietung geprägt wird.

Das Finanzgericht Münster hat die Abgrenzung zum steuerpflichtigen wirtschaftlichen Geschäftsbetrieb präzisiert.

Im zugrundeliegenden Fall vermietete ein gemeinnütziger Verein im Zusammenhang mit einem selbst veranstalteten Kongress Ausstellungsflächen an unterschiedliche Unternehmen aus der Pharmabranche. Hierdurch wurde ein steuerpflichtiger wirtschaftlicher Geschäftsbetrieb im Sinne des § 14 AO begründet.

---

[68] BFH, Urteil vom 17.12.1957, Az. I 182/55 U

Gemäß dem Beschluss erschöpfte sich die Leistung des Vereins nicht in der Zurverfügungstellung der Flächen, und die Vermögensverwaltung wurde demnach überschritten.

Ausweislich der vom Verein abgeschlossenen Ausstellerverträge war Vertragsinhalt, dass der Verein den Kongress mit der avisierten Teilnehmerzahl durchführte. Ohne die Durchführung des Kongresses wäre die Überlassung der Flächen für die Aussteller sinnlos. Die relativ hohen Entgelte aus der Vermietung konnte der Verein nur deshalb erzielen, weil die Aussteller von der Anwesenheit potenzieller Kunden und entsprechender Kontaktmöglichkeiten ausgingen.

Zudem wurde vertraglich der Abdruck von bis zu zwei Werbeanzeigen in der Programmbroschüre vereinbart.

Somit ging die vom Verein vertraglich vereinbarte Gesamtleistung wesentlich über die Nutzung des Vermögens im Sinne einer Fruchtziehung hinaus.[69]

Für die Beurteilung, ob eine bestimmte Vereinbarung als „Vermietung" im Sinne des § 4 Nr. 12 Buchst. a UStG anzusehen ist, sind alle Umstände des Einzelfalls, vor allem der tatsächlich verwirklichte Sachverhalt zu berücksichtigen.

2.4.4 Beteiligungen an Kapitalgesellschaften

Regelmäßig beteiligen sich gemeinnützige Körperschaften an Kapitalgesellschaften (z. B. GmbHs). Diese Beteiligungen sind grundsätzlich in der Vermögensverwaltung zu erfassen.[70] Ein wirtschaftlicher Geschäftsbetrieb wäre nur in den Fällen gegeben, wenn mit der Beteiligung tatsächlich ein entscheidender Einfluss auf die Geschäftsführung einhergeht oder ein Fall von Betriebsaufspaltung vorliegt. Besteht hingegen eine Beteiligung an einer ausschließlich vermögensverwaltenden Kapitalgesellschaft, liegt auch bei einer Einflussnahme auf die Geschäftsführung kein wirtschaftlicher Geschäftsbetrieb vor.

2.4.5 Kapitalausstattung

Zu den steuerlich unschädlichen Betätigungen gehört gemäß § 58 Nr. 3 AO die Vermögensausstattung einer anderen steuerbegünstigten Körperschaft oder einer juristischen Person des öffentlichen

69 FG Münster, Urteil vom 22.03.2017, Az. 9 K 518/14 K

70 AEAO zu § 64 Abs. 1, Tz. 3

Rechts. Die Regelungen stehen in einem gewissen Spannungsverhältnis zu den Vorschriften des § 57 Abs. 4 AO.

Gemäß § 58 Nr. 3 AO dürfen zur Vermögensausstattung die Überschüsse aus der Vermögensverwaltung, die Gewinne aus wirtschaftlichen Geschäftsbetrieben und maximal 15 Prozent der sonstigen zeitnah zu verwendenden Mittel eingesetzt werden.

Zudem müssen folgende Voraussetzungen erfüllt sein:

- Die Empfängerkörperschaft ist eine steuerbegünstigte Körperschaft oder juristische Person des öffentlichen Rechts.
- Die aus den Vermögenserträgen zu verwirklichenden steuerbegünstigten Zwecke von Empfänger- und Geberkörperschaft sind identisch.
- Die zugewandten Mittel und Erträge dürfen nicht für weitere Mittelweitergaben im Sinne von § 58 Nr. 3 AO zur Vermögensausstattung verwendet werden.
- Die zugewandten Mittel und Erträge unterliegen bei der Empfängerkörperschaft der steuerbegünstigten Mittelverwendungspflicht. Erfolgt eine Verwendung für andere Zwecke, liegt eine Mittelfehlverwendung vor.

In diesem Sinne ist bei Zweckidentität auch die Vermögensausstattung einer steuerbegünstigten Kapitalgesellschaft (z. B. gGmbH) durch die Hingabe von Kapital zulässig. Dies gilt jedoch nur in Fällen der Neugründung oder im Rahmen der Kapitalerhöhung, nicht aber für den Erwerb von Anteilen an einer bereits bestehenden Körperschaft.[71]

Demgegenüber stehen die Regelungen des § 57 Abs. 4 AO i. V. m. AEAO zu § 57 Abs. 4, Tz. 13 ff., wonach eine Beteiligung an einer steuerbegünstigten Kapitalgesellschaft zur unmittelbaren Verfolgung der eigenen Satzungszwecke dem ideellen Bereich zuzuordnen ist, sofern die eigenen Zwecke in der Satzung der Beteiligungsgesellschaft enthalten sind. Somit handelt es sich bei den Anteilen um nutzungsgebundenes Vermögen (§ 55 Abs. 1 Nr. 5 Satz 2 AO) und der Einsatz zeitnah zu verwendender Mittel ist ohne Beschränkungen zulässig. Im Anwendungserlass wird ausdrücklich die Ausgliederung von Zweckbetrieben auf eine steuerbegünstigte Kapitalgesellschaft genannt.

---

[71] Vgl. AEAO zu § 58 Nr. 3, Tz. 8

Mangels ausdrücklicher Verwaltungsvorgaben ist das Verhältnis von § 57 Abs. 4 AO zu § 58 Nr. 3 AO bislang ungeklärt. Die teleologische Auslegung des § 57 Abs. 4 AO legt jedoch nahe, die dort eröffnete Möglichkeit der Beteiligungsbegründung von den restriktiven Vorgaben des § 58 Nr. 3 AO abzugrenzen. Letztere dürften nur einschlägig sein, soweit die Kapitalüberlassung nicht zur Erlangung einer Beteiligung führt, wie dies typischerweise bei der Vermögensausstattung einer Stiftung der Fall ist.

Zu den Regelungen des § 57 AO bezüglich des planmäßigen Zusammenwirkens und von Holdingstrukturen siehe Abschnitte 1.10.3. und 1.10.5.

2.4.6 Beteiligungen an Personengesellschaften

Für gemeinnützige Körperschaften stellt sich oftmals die Frage, ob eine Beteiligung an einer gewerblichen Personengesellschaft zulässig ist und wie eine derartige Beteiligung in der Buchhaltung zuzuordnen ist. Eine Beteiligung kommt insbesondere bei folgenden Personengesellschaften in Betracht.

- Gesellschaft bürgerlichen Rechts (GbR)
- Kommanditgesellschaft (KG)
- Offene Handelsgesellschaft (OHG)

Eine Beteiligung ist grundsätzlich zulässig und gemäß geltender Rechtsprechung dem steuerpflichtigen wirtschaftlichen Geschäftsbetrieb zuzuordnen. Wird ein Gewinn aus der Beteiligung erwirtschaftet, stellt dieser Einkünfte aus Gewerbebetrieb dar.[72]

Beteiligt sich eine steuerbegünstigte Körperschaft an einer gewerblich geprägten vermögensverwaltenden Personengesellschaft, liegt auch dann kein wirtschaftlicher Geschäftsbetrieb vor, wenn die Personengesellschaft zuvor originär gewerblich tätig war.[73] Die Zuordnung erfolgt demnach in der Vermögensverwaltung.

2.4.7 Beteiligung als Zweckbetrieb

Stellen wir uns einmal eine große internationale Sportveranstaltung vor. Hier ist ein einzelner Verein unter Umständen mit der Organisation und Durchführung überfordert. Zu diesem Zweck schließt

72 BFH, Urteil vom 25.05.2011, Az. I R 60/10
73 BFH, Urteil vom 18.02.2016, Az. V R 60/13

sich der Verein mit anderen Vereinen zusammen, um gemeinsam die Veranstaltung zu organisieren und durchzuführen. Regelmäßig entsteht hierdurch eine GbR. Etwaige Einnahmen sind hinsichtlich der Zweckbetriebsgrenze (§ 67a Abs. 1 AO) auf die einzelnen Vereine zu verteilen.

Ob die Einnahmen dem Zweckbetrieb oder aber dem steuerpflichtigen wirtschaftlichen Geschäftsbetrieb zuzuordnen sind, entscheidet das für den Verein zuständige Finanzamt.[74]

2.4.8 Gewerbliche Personengesellschaften

Der BFH hat festgestellt, dass bei gewerblichen Einkünften die Vermögensverwaltung regelmäßig überschritten ist, weil sich Einkünfte aus Gewerbebetrieb und Vermögensverwaltung grundsätzlich ausschließen.[75] Die einzelnen Gesellschafter (Vereine) gelten als Mitunternehmer und erzielen bei einer gewerblich geprägten Personengesellschaft gewerbliche Einkünfte. Mehrere Beteiligungen werden gemäß § 64 Abs. 2 AO als einheitlicher wirtschaftlicher Geschäftsbetrieb behandelt. Somit wäre die Gemeinnützigkeit gefährdet, wenn die steuerpflichtigen wirtschaftlichen Geschäftsbetriebe insgesamt Verluste erwirtschaften.[76]

2.5 Der Zweckbetrieb

2.5.1 Definition

Der Zweckbetrieb wird zunächst dem wirtschaftlichen Tätigkeitsbereich des Vereins zugeordnet. Der Verein entfaltet somit im Zweckbetrieb wirtschaftliche Aktivitäten. Die Besonderheit begründet sich in dem direkten Zusammenhang der Tätigkeit mit den Satzungszwecken des Vereins. Die Aktivitäten dienen also der tatsächlichen und unmittelbaren Verwirklichung der in der Satzung festgelegten Zwecke. Eine mittelbare Verwirklichung der Satzungszwecke, z. B. durch lediglich Abführen der Erträge, ist indes nicht zulässig.[77] Unzulässig wäre auch eine Förderung von gemeinnützigen Zwecken, die nicht zu den satzungsgemäßen Zwecken der tragenden Körperschaft gehören. Das wäre beispielsweise der Fall, wenn ein

---

[74] AEAO zu § 67a Abs. 1, Tz. 20
[75] BFH, Urteil vom 25.05.2012, Az. I R 60/10
[76] AEAO zu § 64 Abs. 2, Tz. 17
[77] BFH, Urteil vom 21.08.1985, Az. I R 60/80

Sportverein ohne eine entsprechende Satzungsregelung ein Theater als Zweckbetrieb betreiben möchte.

Der Zweckbetrieb muss also gemäß § 65 Nr. 1 AO in seiner Gesamtrichtung mit den ihn begründenden Tätigkeiten den steuerbegünstigten Zwecken des Vereins dienen.

Überschüsse im Zweckbetrieb sind ertragsteuerfrei und grundsätzlich umsatzsteuerbar, sofern keine Befreiung gemäß § 4 Nr. 8 ff. UStG greift. Bei Umsatzsteuerpflicht ist die Anwendung des ermäßigten USt-Satzes im Sinne von § 12 Abs. 2 Nr. 8 Buchst. a Satz 3 UStG möglich.

Hinsichtlich der Anwendung des ermäßigten Steuersatzes auf Zweckbetriebe nach § 65 AO folgt der BFH einer eng gefassten Auslegung und lehnt dessen Gewährung regelmäßig auch bei Vorliegen der Tatbestandsvoraussetzungen des § 65 AO ab.

So z. B. im Fall einer gemeinnützigen Körperschaft, deren Zweck in der Förderung des Verbraucherschutzes liegt. Der Zweck wird insbesondere durch vergleichende Untersuchungen an Waren und Leistungen sowie durch Veröffentlichung der Ergebnisse verwirklicht. Die Körperschaft erstellte in diesem Zusammenhang mit dem Vergleich von Versicherungsunternehmen Finanzanalysen, die anschließend von Verbrauchern gegen Entgelt erworben werden konnten.

Das Finanzamt kam im Rahmen einer Außenprüfung zu dem Schluss, es handele sich nicht um einen Zweckbetrieb, sondern vielmehr um einen steuerpflichtigen wirtschaftlichen Geschäftsbetrieb, auf dessen Umsätze der Regelsteuersatz zur Umsatzsteuer anzuwenden sei.

Hiergegen richtete sich die Klage der gemeinnützigen Organisation. Im Ergebnis hatte die Klage nur teilweise Erfolg. Der BFH bestätigte die Auffassung des Klägers, dass die individuelle Verbraucherberatung gegen Entgelt im Rahmen eines steuerbegünstigten Zweckbetriebs gemäß § 65 AO erfolgen kann.

Dennoch ist der ermäßigte Umsatzsteuersatz – entgegen der Verwaltungsauffassung in Abschnitt 12.9. Abs. 9 UStAE – bei allgemeinen Zweckbetrieben (§ 65 AO) nur unter den Voraussetzungen des § 12 Abs. 2 Nr. 8 Buchst. a Satz 3 Alt. 1 UStG anwendbar.

Aus Sicht des BFH diente der Zweckbetrieb der zusätzlichen Erzielung von Einnahmen. Dies liegt bereits dann vor, wenn es sich um den einzigen Tätigkeitsgegenstand des jeweiligen Zweckbetriebs (vorliegend entgeltliche Finanzanalysen) handelt. Gemäß dem Beschluss erfordert die Anwendung des ermäßigten Steuersatzes, dass die Einrichtung auch für wohltätige Zwecke und im Bereich der sozialen Sicherheit tätig ist.

Somit besteht auch bei Vorliegen eines Zweckbetriebs im Sinne des § 65 AO kein Automatismus dergestalt, dass der ermäßigte Umsatzsteuersatz zur Anwendung kommt.[78]

2

2.5.2 Anforderungen gemäß Abgabenordnung

Der Gesetzgeber definiert in § 65 AO weitere grundlegende Voraussetzungen, damit eine dem Grundsatz nach wirtschaftliche Tätigkeit als steuerbegünstigter Zweckbetrieb anzusehen ist.

Gemäß § 65 Nr. 2 AO wird verlangt, dass die gemeinnützigen Zwecke des Vereins nur durch die Einrichtung des Zweckbetriebs erreicht werden können. Der Zweckbetrieb wird also unmittelbar und unbedingt benötigt. Hierzu ein Beispiel:

Beispiel:

Ein Kulturverein hat in seiner Satzung die Förderung von Kunst, Kultur und Musik verankert. Laut Satzung werden diese Zwecke durch kulturelle Darbietungen und Veranstaltungen verwirklicht. Zu diesem Zweck richtet der Kulturverein ein Theater ein, welches dann als Zweckbetrieb anzusehen ist.

Davon abzugrenzen wäre beispielsweise die Einrichtung einer zentralen Beschaffungsstelle für Sportausrüstung. Hier würde es an der unbedingten Notwendigkeit fehlen, da der Verein auch ohne den zentral organisierten Einkauf seiner Ausrüstungsgegenstände Sport treiben könnte und demnach ein Zentraleinkauf weder unentbehrlich noch das einzige Mittel zur Erreichung der steuerbegünstigten Zwecke ist.

Die beiden Merkmale „unbedingt und unmittelbar benötigen“ werden von der Finanzverwaltung teilweise dergestalt ausgelegt, dass bei der Prüfung der Zweckbetriebseigenschaft im Sinne des § 65 AO angeführt wird, es gäbe auch noch zahlreiche alternative Möglichkeiten, die Satzungszwecke zu verwirklichen.[79] Würde man dieser Ansicht folgen, wäre von einer Verfehlung des Regelungszwecks

[78] BFH, Urteil vom 26.08.2021, Az. V R 5/19
[79] BFH, Urteil vom 26.08.2021, Az. V R 5/19

auszugehen, da es regelmäßig immer Alternativen zur zu prüfenden Tätigkeit gibt und im Ergebnis faktisch kein allgemeiner Zweckbetrieb im Sinne der Norm möglich wäre.

So ist doch eher die von der Rechtsprechung vorgenommene weniger restriktive Auslegung der Begrifflichkeiten als tauglich anzusehen. In unterschiedlichen Fällen wurden Zweckbetriebe im Sinne des § 65 AO anerkannt. Hierzu zwei Beispiele:

- Organisation und Durchführung der Jägerprüfung durch einen Naturschutzverein[80]
- Individuelle Verbraucherberatung[81]

2.5.3 Wettbewerb zu anderen Betrieben

Da es sich bei einem Zweckbetrieb um einen steuerbegünstigten Einnahmebereich des Vereins handelt, verlangt der Gesetzgeber in § 65 Nr. 3 AO, dass der Wettbewerb mit nicht begünstigten Betrieben derselben oder ähnlicher Art begrenzt wird. Ein Wettbewerb ist demnach nur in dem Maß zulässig, wie es zur Erfüllung der satzungsgemäßen Zwecke unvermeidbar notwendig ist.

Beispiel:

Ein Schießsportverein verkauft an seine Mitglieder ohne eigene Erwerbsberechtigung Munition für den sofortigen Verbrauch im Training. Würde der Verein die Munition auch an Dritte veräußern, würde ein nicht unerheblicher Wettbewerbsvorteil schon allein durch den reduzierten Umsatzsteuersatz von 7 Prozent vorliegen.

Der Wettbewerbsschutz der Norm umfasst auch den potenziellen Wettbewerb. Gemäß Verwaltungsvorschrift ist ein Zweckbetrieb – entgegen dem BFH-Urteil vom 30.02.2000, Az. V R 30/99, BStBl II S. 705 bereits dann nicht gegeben, wenn ein Wettbewerb mit steuerpflichtigen Unternehmen lediglich möglich wäre, ohne dass es auf die tatsächliche Wettbewerbssituation vor Ort ankommt.

[80] BFH, Urteil vom 21.04.2022, Az. V R 26/20
[81] BFH, Urteil vom 26.08.2021, Az. V R 5/19

Unschädlich ist dagegen der uneingeschränkte Wettbewerb zwischen Zweckbetrieben, die demselben steuerbegünstigten Zweck dienen und ihn in der gleichen oder ähnlichen Form verwirklichen.[82]

Um einen Zweckbetrieb im Sinne des § 65 AO anzunehmen, sind grundsätzlich die Umstände im jeweiligen Einzelfall entscheidend. Zudem müssen alle Voraussetzungen der Norm gleichzeitig vorliegen.

Somit ist festzuhalten, dass eine Anerkennung eines Zweckbetriebs im Sinne der Vorschrift durch das Finanzamt in der Praxis regelmäßig mit Schwierigkeiten verbunden ist.

2.5.4 Katalogzweckbetriebe

Die Regelungen der §§ 66–68 AO gehen als spezielle Vorschrift (lex specialis) den allgemeinen Bestimmungen des § 65 AO vor. Die genannten Normen regeln die Besonderheiten zu speziellen Zweckbetrieben. Insofern entfällt die Prüfung der strengen Kriterien des § 65 AO bei Vorliegen eines solchen Zweckbetriebs.

Zu den Katalogzweckbetrieben gehören z. B.:

- Einrichtungen der Wohlfahrtspflege (§ 66 AO)
- Krankenhäuser (§ 67 AO)
- sportliche Veranstaltungen (§ 67a AO)

Zu den Zweckbetrieben im Sinne des § 68 AO gehören unter anderem:

- Alten-, Altenwohn- und Pflegeheime
- Kindergärten, Kinder-, Jugend- und Studentenheime
- Einrichtungen zur Versorgung von Flüchtlingen
- Einrichtungen über Tag und Nacht (Heimerziehung) oder sonstige betreute Wohnformen
- kulturelle Einrichtungen wie Museen, Theater und kulturelle Veranstaltungen wie Konzerte, Kunstausstellungen

Die Eigenschaft als Zweckbetrieb der in § 66 AO genannten Einrichtungen ist an festgelegte Voraussetzungen geknüpft. So wird beispielsweise für eine Einrichtung der Wohlfahrtspflege verlangt,

---

[82] AEAO zu § 65, Tz. 4

dass mindestens zwei Drittel ihrer Leistung den in § 53 AO genannten Personen zugute kommt.

Die sportliche Veranstaltung ist für Vereine regelmäßig von besonderer Bedeutung und soll im Folgenden detailliert betrachtet werden.

Die wesentlichen Kriterien für die Einordnung einer sportlichen Veranstaltung als Zweckbetrieb sind in § 67a AO geregelt. Für die speziell geregelten Zweckbetriebe entfaltet beispielsweise die strenge Vorgabe zum Wettbewerbsverbot des § 65 Nr. 3 AO keine Wirkung.

2.6 Definition: Sportliche Veranstaltung

Unter einer sportlichen Veranstaltung sind die organisatorischen Maßnahmen eines Sportvereins zu verstehen, die es aktiven Sportlern ermöglicht, Sport zu treiben.[83] Es ist hierbei nicht erforderlich, dass die Sportler Mitglied des veranstaltenden Vereins sind.

Die Hürde zur Einordnung als sportliche Veranstaltung ist niederschwellig angesetzt. So reicht es beispielsweise aus, dass ein Schießsportverein Aufsichtspersonal für ein Training stellt. Nicht vorausgesetzt wird die Anwesenheit von Publikum.

Demnach ist es erforderlich, dass der Sportverein aufgrund der von ihm getroffenen organisatorischen Maßnahmen als Veranstalter anzusehen ist.[84]

Eine sportliche Veranstaltung liegt auch dann vor, wenn ein Sportverein in Erfüllung seiner Satzungszwecke im Rahmen einer Veranstaltung einer anderen Person oder Körperschaft eine sportliche Darbietung erbringt. Hierbei ist beispielweise an eine Aufführung eines Tanzsportvereins zu denken, die im Rahmen eines Turniers dargeboten wird.

Die Veranstaltung, bei der die sportliche Darbietung präsentiert wird, braucht keine steuerbegünstigte Veranstaltung zu sein.[85]

Beispiel:

Die Jugendabteilung eines Kampfsportvereins führt gegen Entgelt Schaukämpfe auf einer Messe auf.

[83] BFH, Urteil vom 25.07.1996, Az. V R 7/95
[84] BFH, Urteil vom 13.11.2025, Az. V R 4/23
[85] BFH, Urteil vom 04.05.1994, Az. XI R 109/90

Die unterste Grenze der sportlichen Veranstaltung ist gemäß BFH erst unterschritten, wenn sich die organisatorischen Maßnahmen auf Sonderleistungen für einzelne Personen beschränkt. Dies liegt vor, wenn lediglich eine Nutzungsüberlassung von Sportgegenständen bzw. -anlagen vorliegt. Gleiches gilt für individuelles Einzeltraining oder die Beförderung der Teilnehmer zum Ort der sportlichen Betätigung.[86]

2.6.1 Sportreisen

Sportreisen, die gegen Entgelt durchgeführt werden, können ebenso als sportliche Veranstaltung im Sinne der Vorschrift angesehen werden. Hierzu ist es zwingend erforderlich, dass die sportliche Betätigung wesentlicher und notwendiger Bestandteil der Reise ist.

Beispiel:

Eine Jugendmannschaft reist zu einem Trainingslager nach Mallorca. Hier wäre zu prüfen, wie sich der dortige Aufenthalt gestaltet. Befinden sich die Jugendlichen an fünf von sieben Tagen in der Trainingsanlage, überwiegt eindeutig der sportliche Charakter der Reise. Bei einem Verhältnis von fünf Tagen Aufenthalt am Strand und zwei Tagen in der Trainingshalle kann nicht mehr von einer sportlich geprägten Reise ausgegangen werden.

2.6.2 Ligabetrieb

Zahlreiche Vereine nehmen am Ligabetrieb in der jeweiligen Sportart teil. § 67a Abs. 4 AO enthält eine spezielle Regelung für die Organisationsleistungen von Sportdachverbänden, die die sportlichen Veranstaltungen ihrer Mitgliedsvereine organisatorisch ermöglicht. Hierunter fällt insbesondere die Organisation des Ligaspielbetriebs. Die Regelung ist zum 01.01.2021 in Kraft getreten.

Entscheidend für die Einordnung als sportliche Veranstaltung im Sinne des § 67a Abs. 1 AO ist der Anteil der teilnehmenden Amateursportler. Der Zweckbetrieb liegt somit dann vor, wenn der Anteil der teilnehmenden Amateure mehr als 50 Prozent beträgt. Richten sich die organisatorischen Maßnahmen überwiegend an Lizenzspieler,

[86] BFH, a. a. O.

ist die Veranstaltung dem steuerpflichtigen wirtschaftlichen Geschäftsbetrieb zuzuordnen.

Unberührt von der steuerbegünstigten Einstufung des Ligabetriebs auf Verbandsebene bleibt die steuerliche Behandlung der einzelnen Ligaspiele als sportliche Veranstaltung auf Ebene der beteiligten Sportvereine. Diese richtet sich nach § 67a Abs. 1 oder Abs. 3 AO (AEAO zu § 67a Abs. 4, Tz. 41).

2.6.3 Kurse

Sportvereine bieten regelmäßig Kurse in den unterschiedlichsten Bereichen an. Denn zu den wesentlichen und typischen Tätigkeiten eines Sportvereins gehört die Aus- und Fortbildung, um die sportlichen Fähigkeiten zu erlernen und zu verbessern. Es ist zunächst unerheblich, an wen sich das Kursangebot richtet. Somit sind Sportkurse und Sportlehrgänge von Sportvereinen für Mitglieder und Nichtmitglieder als sportliche Veranstaltung im Sinne der Abgabenordnung zu beurteilen. Das strenge Wettbewerbsverbot des § 65 AO spielt hierbei keine Rolle, da die Vorschriften des § 67a AO als speziellere Vorschrift vorgeht. Hierbei ist insbesondere an gewerbliche Reitlehrer, Skilehrer, Tennislehrer usw. zu denken.

Zu beachten ist, dass individuelles Einzeltraining keine sportliche Veranstaltung darstellt. Mit dieser Art Training wird ein wirtschaftlicher Geschäftsbetrieb begründet.[87]

Umsatzsteuerliche Einordnung von Kursen

Mit Blick auf die umsatzsteuerliche Zuordnung von Kursen, die durch gemeinnützige Organisationen durchgeführt werden, ist insbesondere § 4 Nr. 22 UStG einschlägig. Betrachten wir zunächst Buchst. a der Norm.

Die Vorschrift befreit Vorträge, Kurse und Veranstaltungen wissenschaftlicher und belehrender Art, die von juristischen Personen des öffentlichen Rechts, von Verwaltungs- und Wirtschaftsakademien, von Volkshochschulen oder von gemeinnützigen Einrichtungen oder Berufsverbänden durchgeführt werden von der Umsatzsteuer, sofern die Einnahmen überwiegend (mehr als 50 Prozent) zur Kostendeckung verwendet werden.

[87] FG Niedersachsen, Urteil vom 03.01.2008, Az. 16 K 76/06 (Golfeinzeltraining)

In einem aktuellen Infoblatt präzisiert das BMF die Anwendung der Umsatzsteuerbefreiung nach § 4 Nr. 22 Buchst. a UStG.

Maßgebliche Kriterien für eine Befreiung sind:

- Inhalt der Veranstaltung
- Zielsetzung der Veranstaltung
- objektive Eignung der Lehrkraft

2 Die drei Voraussetzungen werden im BMF-Infoblatt detailliert aufgegliedert und beschrieben.

Besonderes Augenmerk gilt dabei der Zielsetzung der Veranstaltung. Der Schwerpunkt der Veranstaltung liegt hierbei auf einer Wissens- und Kompetenzvermittlung, z. B. einem Sprachkurs, und initiiert somit einen Lernprozess. Organisatorische Maßnahmen für eine Gelegenheit zur bloßen Freizeitgestaltung (animierte Tanzabende, Töpfern einer Vase, Basteln eines Adventskranzes) oder das bloße Ausüben einer Tätigkeit (Kochen, Kalligraphieren) sind nicht von der Umsatzsteuer befreit.

Insbesondere wird darauf hingewiesen, dass für eine Umsatzsteuerbefreiung im Sinne der Vorschrift bei einer Veranstaltung nicht lediglich die Möglichkeit im Vordergrund steht, gemeinsam mit anderen Sport zu treiben.[88]

Werden demnach Sportkurse von gemeinnützigen Vereinen durchgeführt, die nicht Sportvereine mit entsprechendem Satzungszweck sind, gelten die strengen Anforderungen des BMF.

Buchst. b der Vorschrift befreit andere kulturelle und sportliche Veranstaltungen, die von den in Buchst. a genannten Unternehmen durchgeführt werden, von der Umsatzsteuer, soweit das Entgelt in Teilnehmergebühren besteht.

Als andere kulturelle Veranstaltungen kommen beispielsweise Musikwettbewerbe und Trachtenfeste in Betracht.

Teilnehmergebühren im Sinne der Vorschrift sind Entgelte, die gezahlt werden, um an den Veranstaltungen aktiv teilzunehmen. Hierunter fallen beispielsweise Start- und Meldegelder. Auf das von den Zuschauern gezahlte Eintrittsgeld findet die Vorschrift

---

[88] BMF, Informationsblatt zum Vorliegen begünstigter Leistungen nach § 4 Nr. 22 Buchst. a UStG, 24.10.2025, GZ. III C 3 – S 7180/00032/001/065, DOK COO.7005.100.2.13169781

indes keine Anwendung und eine Umsatzsteuerbefreiung scheidet diesbezüglich aus.[89]

Insofern sind Sporttraining, Sportkurse und Sportlehrgänge, die von Sportvereinen als sportliche Veranstaltung im Sinne des § 67a AO (siehe Kapitel 2.6 ff.) durchgeführt werden, unter den Voraussetzungen des § 4 Nr. 22 Buchst. b UStG umsatzsteuerfrei. Ein bestimmter Stunden- und Stoffplan sowie eine von den Teilnehmern abzulegende Prüfung sind gemäß Anwendungserlass nicht erforderlich.

Die Steuerbefreiung gilt unabhängig davon, ob der Sportunterricht Mitgliedern des Vereins oder anderen Personen erteilt wird.[90]

2.6.4 Zweckbetriebsgrenze nach § 67a Abs. 1 AO

Zunächst wird bestimmt, dass die Eigenschaft als Zweckbetrieb an eine jährliche Umsatzhöchstgrenze geknüpft ist. Demnach wird eine sportliche Veranstaltung als Zweckbetrieb angesehen, wenn die Einnahmen einschließlich Umsatzsteuer aus allen sportlichen Veranstaltungen des Vereins die Grenze von 50.000 Euro im Jahr nicht übersteigen. Um zu prüfen, ob diese Grenze überschritten wird, werden alle Einnahmen aus den vom Sportverein durchgeführten Veranstaltungen eines Jahres zusammengerechnet. Zu diesen Einnahmen gehören insbesondere:

- Eintrittsgelder
- Startgelder
- Zahlungen für Übertragungsrechte
- Lehrgangsgebühren
- Ablösezahlungen
- Verkauf von Programmheften

2.6.5 Vermietung von Sportstätten

Regelmäßig vermieten Sportvereine ihre Anlagen, um so finanzielle Mittel zu generieren oder eine höhere Frequenz auf der Anlage zu erreichen. Hierbei ist zwischen Vermietung auf kurze Dauer und langfristiger Vermietung zu unterscheiden. Unter kurzer Dauer ist beispielsweise die stundenweise Nutzung zu verstehen.

[89] UStAE 4.22.2., Abs. 5
[90] UStAE 4.22.1., Abs. 4

2.6.6 Vermietung auf kurze Dauer

Vermietet der Verein seine Anlagen stundenweise, handelt es sich hierbei nicht um eine sportliche Veranstaltung im Sinne der Abgabenordnung. Mit der Zurverfügungstellung der Sportanlagen werden lediglich die Voraussetzungen geschaffen, um eine sportliche Veranstaltung durchführen zu können. Die eigentliche sportliche Betätigung führt der Mieter, zum Beispiel ein Nachbarverein, durch, der ein kleines Turnier auf der Anlage ausrichtet.

Die Vermietung auf kurze Dauer an eigene Mitglieder ist als Zweckbetrieb nach § 65 AO anzusehen. Vermietet der Verein hingegen an Nichtmitglieder, tritt er in größerem Umfang in Wettbewerb zu nicht begünstigten Vermietern, als es bei der Erfüllung seiner steuerbegünstigten Zwecke unvermeidbar wäre.[91] Somit sind die Einnahmen aus diesen Mietverhältnissen dem steuerpflichtigen wirtschaftlichen Geschäftsbetrieb zuzuordnen.

2.6.7 Langfristige Vermietung

Nicht alle Sportvereine verfügen über eigene Sportanlagen, um ihren Mitgliedern die Möglichkeit zur Sportausübung zu eröffnen. Ist keine eigene Anlage vorhanden, wird regelmäßig die Infrastruktur von Dritten angemietet. Wenn ein Verein Anlagen an Dritte langfristig (über sechs Monate) vermietet, sind diese Einnahmen der steuerfreien Vermögensverwaltung zuzuordnen.

Beispiel:

Ein Tennisplatz wird an den Nachbarverein für ein ganzes Jahr an zwei Tagen in der Woche zur Nutzung vermietet.

2.6.8 Vermietung von beweglichen Gegenständen

Sofern Körperschaften neben ihren Sportanlagen auch gleich das passende Equipment (z. B. Tennisschläger, Golfschläger) zur Verfügung stellen und hierfür ein Entgelt berechnen, handelt es sich um ein sogenanntes Hilfsgeschäft. Diese Einnahmen teilen das „Schicksal" der Hauptleistung.[92] Somit werden auch diese Einnahmen in der Art steuerlich zugeordnet wie die jeweiligen Mieteinnahmen.

---

91 § 65 AO, vgl. AEAO zu § 67a, Tz. 12

92 BFH, Urteil vom 30.03.2000, Az., V R 30/99, BStBl. II, S. 705

Werden ausschließlich Sportgeräte überlassen, ist zu prüfen, ob eine Überlassung an Mitglieder oder Nichtmitglieder erfolgt. Die Einnahmen aus der Vermietung an Nichtmitglieder sind dem steuerpflichtigen, wirtschaftlichen Geschäftsbetrieb zuzuordnen.

2.6.9 Verkauf von Speisen und Getränken

In der Regel gehört zu einer sportlichen Veranstaltung immer auch ein Angebot an Speisen und Getränken. Die Verkaufserlöse aus diesem Bereich werden im wirtschaftlichen Geschäftsbetrieb erfasst. Der Verein ist insoweit also partiell steuerpflichtig.

2.6.10 Verzicht auf die 50.000-Euro-Grenze

Gemäß § 67a Abs. 3 AO besteht für Sportvereine die Möglichkeit, auf die Anwendung der Umsatzgrenze zu verzichten.

Verzichtet der Verein auf die Anwendung der Zweckbetriebsgrenze, sind sportliche Veranstaltungen ein Zweckbetrieb, wenn

- kein Sportler des Vereins teilnimmt, der vom Verein oder einem Dritten für seine sportliche Betätigung oder zu Werbezwecken Vergütungen oder andere Vorteile erhält.
- kein anderer Sportler für die Teilnahme vom Verein selbst oder einem Dritten im Zusammenwirken mit dem Verein eine Vergütung oder andere Vorteile erhält.

Die Vorschrift unterscheidet somit zwischen vereinseigenen und vereinsfremden (anderen) Sportlern.

Die jeweils gezahlte Vergütung muss in beiden Fällen den reinen Aufwandsersatz übersteigen.

Bei vereinseigenen Sportlern kommt es nicht darauf an, ob die gezahlten Vergütungen oder anderen Vorteile für die sportliche Betätigung innerhalb des Vereins gewährt werden.

Hierzu ein Beispiel:

Beispiel:

Das Mitglied eines Rudervereins ist in seiner Freizeit begeisterter Hobbyrennfahrer. Durch die hierbei erzielten Erfolge kommt es zu einer Zusammenarbeit mit einem Sponsor. Für die Vermarktung seiner Person erhält das Mitglied vom Sponsor Werbeeinnahmen.

Hierdurch gilt das Mitglied als bezahlter Sportler im Sinne des § 67a Abs. 3 Nr. 1 AO und alle Veranstaltungen eines Jahres, an denen der Sportler teilgenommen hat, sind als steuerpflichtiger wirtschaftlicher Geschäftsbetrieb einzuordnen (siehe auch 2.6.14).

2.6.11 Definition: Vereinssportler

Zunächst ist die Eigenschaft als Vereinssportler im Sinne des § 67a Abs. 3 Satz 1 Nr. 1 AO nicht an die Vereinsmitgliedschaft gebunden. Erfasst sind vielmehr auch die Sportler, die für den Verein auftreten und starten, zum Beispiel in einer Mannschaft des Vereins mitwirken.

2.6.12 Definition: Amateursportler

Einem eigenen Vereinssportler kann ein pauschaler Aufwandsersatz bezahlt werden. Das bedeutet, es wird bis zur Höhe von maximal 520 Euro monatlich kein Einzelnachweis der tatsächlich entstandenen Aufwendungen verlangt. [93]

Wird eine Pauschale oberhalb der 520-Euro-Grenze gezahlt, sind entsprechende Aufzeichnungen zu führen, aus denen sich die tatsächlich angefallenen Aufwendungen ableiten lassen. Denn der Aufwandsentschädigung in diesem Sinne ist immanent, dass sie nur einen tatsächlichen Aufwand entschädigen soll und somit nicht darüber hinausgehen darf. [94]

Können keine Nachweise in der vom Verein gezahlten Höhe der Pauschale erbracht werden, ist die Zahlung als Vergütung zu werten und eine Behandlung der betreffenden Veranstaltung als Zweckbetrieb bei Teilnahme des betreffenden Sportlers scheidet aus.

Beispiel:

Ein Verein zahlte seinen Sportlern eine monatliche Aufwandspauschale in Höhe von 1.000 Euro mit dem Hinweis, dass es sich um weite Fahrten zu vier oder fünf Trainingseinheiten pro Woche handelt. Einen Nachweis hierüber konnte der Verein nicht führen.

---

93 AEAO zu § 67a Abs. 3, Tz. 27

94 BFH, Urteil vom 03.08.2022, Az. XI R 11/19

Das genügte dem BFH nicht und der Senat kam zu dem Schluss, dass mangels Nachweises alle Zahlungen über die im Anwendungserlass genannte Grenze als Vergütung anzusehen sind.[95]

Achtung: Diese Zahlungen beziehen sich ausschließlich auf die Beurteilung, ob ein Sportler als bezahlt oder unbezahlt anzusehen ist und somit die Veranstaltung als Zweckbetrieb eingeordnet werden kann. Es ist unbedingt zu prüfen, ob eventuell eine Beschäftigung vorliegt und es sich bei der pauschalen Zahlung um Arbeitsentgelt handelt.

Nichtzugriffsgrenze

Pauschale Zahlungen an Sportler, die oberhalb der Nichtzugriffsgrenze von 250 Euro monatlich liegen, unterliegen der Sozialversicherungs- und Lohnsteuerpflicht. Die Nichtzugriffsgrenze ist vom Betrag an die Regelungen zur Übungsleiterpauschale im Sinne des § 3 Nr. 26 EStG angelehnt. Durch die Anhebung der Übungsleiterpauschale zum 01.01.2026 ist davon auszugehen, dass die Nichtzugriffsgrenze auf 275 Euro monatlich angehoben wird. Zum Bearbeitungsstand (März 2026) lag noch kein entsprechender Beschluss vor.

Zu beachten ist, dass es aus Sicht der Einkommensteuer keine gesonderte Befreiungsregel zur Nichtzugriffsgrenze gibt. Demnach sind Zahlungen innerhalb der Regelung entsprechend zu versteuern.

Führt die entgeltliche Tätigkeit eines Sportlers nicht zur Annahme einer sozialversicherungspflichtigen Beschäftigung, werden Einkünfte aus Gewerbebetrieb gemäß § 15 EStG erzielt. Bei einem selbstständigen Sportler entfällt für den Verein die Pflicht zur Abführung der Beiträge in den Zweigen der Sozialversicherung und zur Abführung der Lohnsteuer.

Bleiben die Zahlungen betragsmäßig unterhalb der Grenze, wird ein Beschäftigungsverhältnis verneint, wenn

- keine gesonderte schriftliche Vereinbarung besteht,
- die Sportler allein aufgrund ihrer mitgliedschaftlichen Bindung tätig werden und
- über die sportlichen Aktivitäten hinaus keine intensive Mitarbeit nach Anordnung des Vereins erfolgt.

---

95 BFH, Urteil vom 03.08.2022, Az. XI R 11/19

Bei der Berechnung der Nichtzugriffsgrenze sind Zuwendungen für besondere Leistungserfolge (Prämien etc.) vorausschauend einzurechnen.

In begründeten Einzelfällen führt auch eine höhere Zahlung nicht zur Annahme einer Beschäftigung. Ein Beispiel wären hohe Reise- und Transportkosten.

Gleichzeitig kann auch bei Zahlungen unterhalb der Grenze ein Beschäftigungsverhältnis vorliegen, wenn die Zahlung aufgrund eines wirtschaftlichen Interesses des Sportlers erfolgt und nicht lediglich die sportliche Motivation oder die Vereinsbindung im Vordergrund steht.[96]

Die vorstehend genannte Regelung gilt nicht für vereinsfremde Sportler. Hier führt jede Zahlung, die über die Erstattung von tatsächlich entstandenen Aufwendungen hinausgeht, zum Verlust der Zweckbetriebseigenschaft.

2.6.13 Zahlung von Preisgeldern

Zunächst ist es für die Beurteilung der Zweckbetriebseigenschaft nach § 67a Abs. 3 AO unerheblich, ob ein Sportler Vergütungen oder andere Vorteile für die Teilnahme an sich oder aber für eine erfolgreiche Teilnahme erhält. Entscheidend ist demnach nur, dass der Sportler aufgrund seiner Teilnahme Vorteile erlangt, die er ohne seine Teilnahme nicht erhalten hätte.

Ein besonderes Augenmerk muss auf die Auszahlung von Preisgeldern gerichtet werden. Geht die Höhe des Preisgeldes über eine Aufwandsentschädigung hinaus, wird ein steuerpflichtiger wirtschaftlicher Geschäftsbetrieb begründet.

Außerhalb des Gemeinnützigkeitsrechts hat der Gesetzgeber mit Einführung des § 3 Nr. 73 EStG eine Steuerbefreiung für Deutschlands Athleten beschlossen.[97] Demnach sind Medaillenprämien der Stiftung Deutsche Sporthilfe für Erfolge bei den Olympischen oder Paralympischen Spielen künftig steuerfrei. Mit der Steuerbefreiung setzt der Gesetzgeber ein deutliches Zeichen für die Wertschätzung der Sportler.

---

[96] Vgl. www.deutsche-rentenversicherung.de/DRV/DE/Experten/Arbeitgeber-und-Steuerberater/summa-summarum/Lexikon/A/amateursportler.html [Stand: 20.03.2026]

[97] Steueränderungsgesetz 2025, BGBl. 2025 I Nr. 363 vom 23.12.2025

Zudem hat die Sporthilfe die Erhöhung der Medaillenprämien beschlossen. Es gelten fortan folgende Beträge:

- Gold 30.000 Euro
- Silber 20.000 Euro
- Bronze 10.000 Euro

2.6.14 Regelmäßige Prüfung erforderlich

Der Verein muss regelmäßig überprüfen, ob sich die Situation der vereinseigenen Sportler im laufenden Jahr bezüglich der Bezahlung eventuell geändert hat.

Beispiel:

Ein Sportler hat bis zum August keine Zahlung oberhalb des Aufwandsersatzes für seine sportliche Betätigung erhalten. Seit September fließen dem Athleten regelmäßig Werbeeinnahmen zu. In diesem Fall sind alle im Kalenderjahr durchgeführten sportlichen Veranstaltungen, an denen der betreffende Sportler teilgenommen hat, ein wirtschaftlicher Geschäftsbetrieb.

Um diesem Risiko entgegenzuwirken, empfiehlt sich eine schriftliche Vereinbarung. Der folgende Text kann hierzu als Muster herangezogen werden:

Ich, Max Mustermann, werde den Verein umgehend über Änderungen bezüglich meiner wirtschaftlichen Situation als Athlet informieren. Dies gilt insbesondere, sofern ich Zahlungen für meine Eigenschaft als Sportler erhalte (Sponsorengelder, Vergütungen usw.).

2.6.15 Gestaltungsmöglichkeiten des 67a Abs. 3 AO

Insbesondere für Vereine, die regelmäßig die jährliche Zweckbetriebsgrenze in Höhe von 50.000 Euro überschreiten oder die häufig bezahlte Sportler einsetzen, bietet die Option im Sinne der Vorschrift einige Möglichkeiten zur steuerlichen Gestaltung, die wir einmal genauer betrachten wollen.

Möglichkeit zur Verlustverrechnung

Beispiel 1:

Ein Verein liegt mit den Jahreseinnahmen aus sportlichen Veranstaltungen unter der Grenze von 50.000 Euro und hat ausschließlich Veranstaltungen mit bezahlten Sportlern durchgeführt.

Als Konsequenz werden alle Veranstaltungen als steuerpflichtiger wirtschaftlicher Geschäftsbetrieb behandelt. Bei Überschreitung der Besteuerungsgrenze unterliegen die Gewinne somit der Körperschaft- und Gewerbesteuer. Wird ein weiterer wirtschaftlicher Geschäftsbetrieb unterhalten, der defizitär gewirtschaftet hat, wäre eine Verlustverrechnung mit den Gewinnen aus den sportlichen Veranstaltungen möglich.

Wurden mit den sportlichen Veranstaltungen Verluste erwirtschaftet, ist eine Abdeckung mit gemeinnützigkeitsrechtlichen Mitteln unzulässig. Gleiches gilt für die Bezahlung der Sportler aus diesen Mitteln.

Aufteilung der Veranstaltungen

Beispiel 2:

Auch hier liegen die Jahreseinnahmen unter der Grenze von 50.000 Euro. Im Unterschied zu Beispiel 1 wurden jedoch Veranstaltungen mit bezahlten Sportlern und Veranstaltungen mit unbezahlten Sportlern durchgeführt.

Steuerrechtlich erfolgt eine Aufteilung. Die Veranstaltungen mit bezahlten Sportlern sind dem steuerpflichtigen wirtschaftlichen Geschäftsbetrieb zuzuordnen. Die Veranstaltungen mit unbezahlten Sportlern sind Zweckbetriebe.

Beispiel 3:

Ein Verein hat Jahreseinnahmen von mehr als 50.000 Euro. An allen Veranstaltungen waren ausschließlich unbezahlte Sportler beteiligt.

Alle Veranstaltungen werden als Zweckbetrieb angesehen. Somit erfolgt auch keine Besteuerung der erwirtschafteten Gewinne. Eine Verlustverrechnung mit anderen wirtschaftlichen Geschäftsbetrieben ist nicht möglich. Allerdings wäre eine Verlustabdeckung mit gemeinnützigkeitsrechtlich gebundenen Mitteln zulässig und würde nicht zu einer Mittelfehlverwendung führen.

Beispielrechnung

Ein Sportverein, der auf die Anwendung der Zweckbetriebsgrenze im Sinne von § 67a Abs. 1 Satz 1 AO verzichtet, erzielt im Jahr 2026 folgende Einnahmen aus wirtschaftlichen Geschäftsbetrieben:

Sportliche Veranstaltung, kein bezahlter Sportler	52.000 EUR
Sportliche Veranstaltung, Teilnahme bezahlter Sportler des Vereins	20.000 EUR
Verkauf von Speisen und Getränken	5.000 EUR

Die Einnahmen aus wirtschaftlichen Geschäftsbetrieben, die keine Zweckbetriebe sind, betragen insgesamt 25.000 Euro. Die Besteuerungsgrenze wird somit nicht überschritten. Durch Anwendung der Option nach § 67a Abs. 3 AO wird also jede Veranstaltung gesondert dahingehend betrachtet, ob die Voraussetzungen der Vorschrift erfüllt wurden. Auf die Gesamthöhe der Einnahmen kommt es nicht an.

Ohne Option wäre die jährliche Einnahmengrenze von 50.000 Euro bereits mit der ersten Veranstaltung überschritten und die Gewinne aus allen Veranstaltungen wären der Besteuerung zu unterwerfen.

Wenn sich der Verein für den Verzicht auf die Anwendung der 50.000-Euro-Grenze entscheidet, ist er hieran für mindestens fünf Veranlagungszeiträume gebunden.

2.7 Karnevalsveranstaltung als Zweckbetrieb

Für Karnevalsvereine ergeben sich bestimmte Besonderheiten mit Blick auf den Zweckbetrieb.

Zunächst sind Karneval, Fasching und Fastnacht gemäß § 52 Abs. 2 Nr. 23 AO der Brauchtumspflege zuzuordnen und somit als Zweck zur Förderung der Allgemeinheit anerkannt.

2.7.1 Karnevalsveranstaltungen

Für die korrekte steuerliche Zuordnung kommt es darauf an, ob die Veranstaltung überwiegend dazu dient, den Karneval zu fördern, oder ob es sich bei Betrachtung um eine vom geselligen Charakter geprägte Veranstaltung handelt.[98]

Gemäß der OFD Frankfurt am Main sind Karnevalssitzungen wegen der durch Büttenreden sowie tänzerische und musikalische Darbietungen karnevalistischer Art zum Ausdruck kommenden Brauchtumspflege als steuerbegünstigte Zweckbetrieb zu behandeln. Etwaige Honorare für die Übertragung einer Karnevalssitzung gehören zu den Einnahmen im Zweckbetrieb.[99]

2.7.2 Kostümfeste und Tanzveranstaltungen

Nicht jede Tanzveranstaltung mit kostümierten Teilnehmern ist automatisch dem Zweckbetrieb zuzuordnen. Voraussetzung ist immer die Brauchtumspflege, nicht die Förderung kommerzieller Ziele. Erforderlich ist vielmehr, dass die Veranstaltung selbst durch Elemente des Karnevals in seiner traditionellen Form geprägt ist. Hierfür reicht die Darbietung von Stimmungsmusik und Stimmungsbeiträgen ohne Karnevalsbezug nicht aus.[100]

Gemäß dem Beschluss des BFH (a. a. O.) scheitert die Zuordnung zum Zweckbetrieb auch an dem erforderlichen Wettbewerbsverbot im Sinne des § 65 Nr. 3 AO.

2.7.3 Verkauf von Karnevalsorden

Mit Blick auf die Abgabe von Karnevalsorden hat das FG Köln geurteilt, dass ein Verkauf der Orden im Unterschied zu deren kosten-

[98] FG Rheinland-Pfalz, Urteil vom 27.05.2010, Az. 6 K 1104/09

[99] OFD Frankfurt/Main, Schreiben vom 07.08.1991, Az. S 0184 A – 9 St II 12

[100] BFH, Urteil vom 30.11.2016, Az. VR 53/15

loser Abgabe regelmäßig einen steuerpflichtigen wirtschaftlichen Geschäftsbetrieb begründen. Dem Verkauf fehle es nach Ansicht des Gerichts an der mit der Verleihung verbundenen Auszeichnung.[101]

2.7.4 Werbung

Ein Karnevalsumzug ohne „Kamelle“ wäre sicherlich nicht denkbar. Unter Kamelle sind insbesondere Bonbons und Süßwaren zu verstehen, die während des Karnevalsumzugs von den Wagen geworfen werden. Regelmäßig finden sich auf den verteilten Süßigkeiten Aufdrucke und Logos der Firmen, von denen die Kosten für die Bonbons getragen werden.

Durch das Verteilen erbringt der Verein eine Gegenleistung in Form einer Werbeleistung. Somit handelt es sich bei der Abgabe der Süßigkeiten an den Verein nicht um eine Spende. Durch den Leistungsaustausch liegt ein klassischer Fall des Sponsorings vor.

2.8 Lotterien und Tombolas

Das Veranstalten von Lotterien und Ausspielungen ist ein probates Mittel, um die öffentliche Wahrnehmung des Vereins zu steigern und die Vereinskasse aufzubessern.

Während bei einer Lotterie ausschließlich Geldgewinne ausgeschüttet werden, erhalten Gewinner bei einer Ausspielung Sachgewinne oder geldwerte Vorteile. Bei einer Ausspielung ist auch eine Kombination beider Gewinnarten möglich.

Beide Varianten sind Glücksspiele, die dadurch gekennzeichnet sind, dass einer Mehrzahl von Personen die Möglichkeit eröffnet wird, nach einem bestimmten Plan gegen ein bestimmtes Entgelt eine Gewinnchance zu haben.[102] Die Entscheidung über den Gewinn hängt in jedem Fall vom Zufall ab.

2.8.1 Einordnung als Zweckbetrieb

Die Einordnung eines Glückspiels als Zweckbetrieb ist an bestimmte Voraussetzungen geknüpft. Demnach ist ein Zweckbetrieb in den Fällen anzunehmen, wenn

---

101 FG Köln, Urteil vom 18.04.2012, Az. 13 K 1075/08

102 § 22 Abs. 1 RennwLottDV

- die Lotterien und Ausspielungen von der zuständigen Behörde genehmigt sind.
- sie nach den jeweiligen landesrechtlichen Bestimmungen wegen des geringen Umfangs per Verwaltungserlass pauschal als genehmigt gelten.
- die Veranstaltung von einer steuerbegünstigten Körperschaft durchgeführt wird.[103]

2 In welchem Umfang die genannten Glücksspiele veranstaltet werden dürfen, lässt sich nicht aus dem Gesetz entnehmen. Insofern gilt hierbei insbesondere die Unzulässigkeit eines Lotteriebetriebs, hinter den die steuerbegünstigten Zwecke zurücktreten würden.

Bei einer reinen Förderkörperschaft nach § 58 Abs. 1 Satz 1 AO ist ein steuerbegünstigter Zweckbetrieb im Rahmen einer Gesamtbetrachtung selbst dann anzunehmen, wenn die Körperschaft die Mittel hauptsächlich aus einer jährlich organisierten Tombola erzielt.

Werden die Voraussetzungen des § 68 Nr. 6 AO nicht erfüllt, liegt ein wirtschaftlicher Geschäftsbetrieb vor.

2.8.2 Lotteriesteuer

Unter bestimmten Voraussetzungen sind Lotterien und Ausspielungen von der Lotteriesteuer befreit. Die Befreiung greift bei genehmigten Veranstaltungen gemäß § 28 RennwLottG, wenn

- der Gesamtbetrag der geleisteten Teilnahmeentgelte den Wert von 1.000 Euro nicht übersteigt oder
- der Gesamtbetrag der geleisteten Teilnahmeentgelte einer öffentlichen Lotterie oder Ausspielung zu ausschließlich gemeinnützigen, mildtätigen oder kirchlichen Zwecken den Wert von 40.000 Euro nicht übersteigt und der Reinertrag für die genannten Zwecke verwendet wird.

Bei der Ermittlung des Reinertrags dürfen den Einnahmen aus der Lotterieveranstaltung oder Ausspielung nur die unmittelbar damit zusammenhängenden Ausgaben gegenübergestellt werden.[104]

Ein öffentliches Glücksspiel liegt vor, wenn die Teilnahmemöglichkeit für einen größeren, nicht geschlossenen Personenkreis besteht.

---

103 AEAO zu § 68 Nr. 6, Tz. 11

104 Ebd.

Öffentlich im Sinne der Vorschrift liegt auch bei gewohnheitsmäßig veranstalteten Glücksspielen in Vereinen oder sonstigen geschlossenen Gesellschaften vor.[105]

2.8.3 Umsatzsteuer

Veranstalten Vereine Lotterien oder Ausspielungen, ist das primäre Ziel nicht das Erzielen von Umsätzen, wodurch sie in unmittelbaren Wettbewerb mit dem allgemeinen Steuersatz unterliegenden Leistungen anderer Unternehmen treten würden. Die obersten Finanzbehörden des Bundes und der Länder haben sich darauf verständigt, dass bei im Rahmen eines Zweckbetriebs gemäß § 68a Nr. 6 AO von steuerbegünstigten Körperschaften durchgeführte Lotterien der ermäßigte Steuersatz zur Anwendung kommt.[106]

Gemäß Abschnitt 12.9 Abs. 14 UStAE kann aus Vereinfachungsgründen auch bei Überschreiten der Besteuerungsgrenze des § 64 Abs. 3 AO davon ausgegangen werden, dass der Zweckbetrieb nicht in erster Linie der Erzielung zusätzlicher Einnahmen dient, wenn der Gesamtpreis der Lose je genehmigter Lotterie und Ausspielung zu ausschließlich gemeinnützigen, mildtätigen oder kirchlichen Zwecken 40.000 Euro nicht überschreitet. Hierbei wird Bezug auf die Befreiungsvorschriften des § 28 RennwLottG genommen.

Das FG Rheinland-Pfalz kommt zu dem Schluss, dass die Anwendung des ermäßigten Steuersatzes von 7 Prozent nicht davon abhängt, ob der Losverkauf als solcher unmittelbar der Verwirklichung des steuerbegünstigten Satzungszwecks dient. Entscheidend ist vielmehr, dass der durch den Lotterieverkauf erzielte Reinertrag (zeitlich) unmittelbar zur Förderung von mildtätigen, kirchlichen oder gemeinnützigen Zwecken verwendet wird.[107]

Gemäß dem Beschluss sind auch Lotterien und Ausspielungen begünstigt, bei denen der genannte Höchstbetrag überschritten wird, da zur Beurteilung nicht lediglich die Einnahmen isoliert betrachtet werden dürfen. Entscheidend ist vielmehr, dass mit dem Glücksspiel nicht in erster Linie wettbewerbsrelevante Umsätze gegenüber nicht begünstigten Unternehmen angestrebt werden.

---

105 § 3 Abs. 2 Staatsvertrag zum Lotteriewesen

106 OFD Frankfurt/Main, Schreiben vom 20.03.2009, Az. S 7242a A – 13 – St 112

107 FG Rheinland-Pfalz, Urteil vom 23.02.2012, Az. 6 K 1868/10

2.9 Wirtschaftlicher Geschäftsbetrieb

Gemäß § 14 AO ist ein wirtschaftlicher Geschäftsbetrieb eine selbstständige nachhaltige Tätigkeit, durch die Einnahmen oder andere wirtschaftliche Vorteile erzielt werden und die über den Rahmen der Vermögensverwaltung hinausgeht. Nachhaltig bedeutet in diesem Zusammenhang, dass die Tätigkeit auf Wiederholung angelegt ist.

In einem Verein sind unterschiedliche wirtschaftliche Geschäftsbetriebe denkbar. Ein prominentes Beispiel stellt die selbstbewirtschaftete Vereinsgaststätte dar. Zu diesen Betrieben zählen auch Fanshops oder gesellige Veranstaltungen.

Zur Einrichtung eines wirtschaftlichen Geschäftsbetriebs dürfen keine zeitnah zu verwendenden Mittel genutzt werden. Zulässig wären freie Rücklagen. Etwas anderes ergibt sich, wenn die zur Einrichtung verwendeten Mittel unverzüglich wieder dem steuerbegünstigten Bereich zugeführt werden. Hierbei ist beispielsweise an die Ausstattung eines Imbisswagens mit für den Verkauf bestimmten Speisen und Getränken zu denken.

Die Gesetzgebungshistorie zeigt, dass der Gesetzgeber den gemeinnützigen Verein als einen Regelfall eines Idealvereins angesehen hat, der nicht auf einen wirtschaftlichen Geschäftsbetrieb ausgerichtet ist. Als Gegenstück zum Idealverein hat der Gesetzgeber die Gesellschaften (AG, GmbH etc.) vorgesehen, deren Gesellschaftsinteresse auf Geschäftsgewinn und den wirtschaftlichen Vorteil des Einzelnen abzielt.[108]

Die Tätigkeiten im Rahmen eines steuerpflichtigen wirtschaftlichen Geschäftsbetriebs sind von den Steuerbegünstigungen ausgenommen. Somit ist die Körperschaft mit derartigen Aktivitäten partiell steuerpflichtig.

Übersteigt die Summe der Einnahmen aus sämtlichen steuerpflichtigen wirtschaftlichen Geschäftsbetrieben inklusive Umsatzsteuer die in § 64 Abs. 3 AO genannte Grenze von 50.000 Euro, ist der Gewinn gemäß den allgemeinen Regeln zur Gewinnermittlung zu bestimmen und der Körperschaftsteuer bzw. der Gewerbesteuer zu unterwerfen.

---

[108] BGH, Beschluss vom 16.05.2017, Az. II ZB 7/16

Bei Ausgaben, die sowohl mit dem ideellen Bereich als auch den steuerpflichtigen wirtschaftlichen Geschäftsbetrieb im Zusammenhang stehen, ist gemäß BFH der primäre Anlass ihrer Entstehung für die Zuordnung als Betriebskosten maßgeblich (gemischt veranlasste Kosten).[109]

Der Primäranlass liegt im Zweifel meist beim ideellen Bereich oder im Zweckbetrieb, da hier die Satzungszwecke des Vereins verwirklicht werden. Ein steuerpflichtiger wirtschaftlicher Geschäftsbetrieb ist jedoch nur dann zulässig, wenn es sich um eine untergeordnete Nebentätigkeit handelt, die hinter den steuerbegünstigten Zwecken zurücktritt (hierzu auch Kapitel 2.9.2).[110]

Eine Aufteilung der gemischt veranlassten Kosten in den ideellen Bereich und dem steuerpflichtigen wirtschaftlichen Geschäftsbetrieb ist gemäß BFH möglich, wenn objektivierbare zeitliche oder quantitative Abgrenzungskriterien vorhanden sind.

Sind die ideellen und gewerblichen Beweggründe für die Aufwendungen mangels der vorgenannten. Abgrenzungskriterien untrennbar ineinander verwoben, muss es demgegenüber zur Vermeidung willkürlicher Schätzungen bei der Berücksichtigung nur des primären Veranlasserzusammenhangs verbleiben.[111]

Hierzu ein Beispiel:

Beispiel:

Werden beispielsweise Werbemaßnahmen bei sportlichen oder kulturellen Veranstaltungen durchgeführt, sind die Veranstaltungskosten, soweit sie auch ohne Werbung entstanden wären, keine Betriebsausgaben des steuerpflichtigen wirtschaftlichen Geschäftsbetriebs „Werbung".[112]

Eine Steuerlast ergibt sich jedoch nur dann, wenn die jeweiligen Freibeträge in Höhe von 5.000 Euro überschritten werden (§ 24 KStG, § 11 Abs. 1 Nr. 2 GewStG).

Sofern ein wirtschaftlicher Geschäftsbetrieb im Sinne des § 14 AO vorliegt, liegt regelmäßig ein meldepflichtiger Betrieb im Sinne des

---

109 BFH, Urteil vom 27.03.1991, Az. I R 31/89, BStBl 1992 II S. 103

110 Bayrisches Landesamt für Steuern, Kurzinformation zur Durchführung von Festveranstaltungen, Az. S 0183.2.1-4/19 St31, Stand Januar 2025

111 BFH, Urteil vom 15.01.2015, Az. I R 48/13

112 BFH, Urteil vom 27.03.1991, Az. I R 31/89

Gewerberechts vor. Eine gewerbliche Tätigkeit ist jede erlaubte, auf Gewinnerzielung gerichtete und auf Dauer angelegte selbstständige Tätigkeit.[113]

Für Vereine gilt es, die Tätigkeit insbesondere auf die Merkmale „auf Dauer angelegt" und „Gewinnerzielung" zu prüfen. Dass ein Verein selbstständig tätig ist, ist hingegen nicht strittig.

Betrachtet man einen vom Verein betriebenen Fanshop, ist dieser Betrieb ohne Zweifel auf eine längere Dauer und Regelmäßigkeit angelegt. Das Veranstalten eines Sommerfestes führt als einzelne Veranstaltung, auf der Kuchen und Getränke verkauft werden, jedoch nicht zu einer Meldepflicht im Sinne des § 14 GewO.

Betrachten wir den im vorstehend genannten Beispiel aufgeführten Kuchenverkauf mit Blick auf die Gewinnerzielungsabsicht. Erfolgt der Verkauf lediglich kostendeckend, fehlt es an der Absicht, Gewinne zu erzielen. Etwas anderes ergibt sich im Falle des Fanshops. Hier ist zu unterstellen, dass die angebotenen Artikel nicht lediglich kostendeckend, sondern mit einem entsprechenden Aufschlag verkauft werden.

Ob tatsächlich ein Gewinn aus der Tätigkeit entstanden ist, ist für die Annahme einer Gewinnerzielungsabsicht unerheblich. Denn insbesondere in der Anlaufphase einer wirtschaftlichen Tätigkeit entstehen zunächst Verluste. Diese führen jedoch nicht dazu, dass eine Anmeldung nach Gewerberecht entfällt.

Wichtig ist, dass auch ein Zweckbetrieb einen Betrieb im Sinne der Gewerbeordnung darstellen kann. Denn es gibt für Zweckbetriebe kein gesetzliches Verbot, Gewinne zu erzielen.

Eine unterlassene Anmeldung eines Betriebs im Sinne der Gewerbeordnung kann gemäß § 146 Abs. 2 Nr. 2, Abs. 3 GewO als Ordnungswidrigkeit mit einem Bußgeld von bis zu 1.000 Euro geahndet werden.

2.9.1 Einnahmen im wirtschaftlichen Geschäftsbetrieb

Im Unterschied zum ideellen Bereich findet im wirtschaftlichen Bereich grundsätzlich ein Leistungsaustausch statt. Unter anderem

[113] https://www.bundeswirtschaftsministerium.de/Redaktion/DE/Textsammlungen/Mittelstand/gewerberecht.html [Stand: 20.03.2026]

sind die folgenden Einnahmen dem wirtschaftlichen Bereich zuzuordnen:

- Einnahmen aus Verkauf von Speisen und Getränken
- erhaltene Anzahlungen
- Einnahmen aus sportlichen Veranstaltungen, die kein Zweckbetrieb sind
- Werbeinnahmen
- Sponsoringeinnahmen
- Einnahmen aus dem Verkauf von Fanartikeln
- Einnahmen aus geselligen Veranstaltungen

Nicht zu den Einnahmen gehören gemäß § 64 Abs. 3 AO:

- Erlöse aus dem Verkauf von Anlagevermögen
- Betriebskostenzuschüsse
- Investitionszulagen
- erstattete Betriebsausgaben (Steuern etc.)
- Versicherungsleistungen (nicht Ersatz für leistungsbezogene Einnahmen)
- Auflösung von Rücklagen
- Zufluss von Darlehen

2.9.2 Nebenzweck

Insbesondere herrscht in der Vereinslandschaft die Meinung, dass sich eine gemeinnützige Körperschaft nicht wirtschaftlich betätigen darf. Hierdurch wird teilweise auf die Entfaltung von Potential verzichtet, welches zur Stärkung der Finanzkraft beitragen könnte.

Die Unterhaltung eines wirtschaftlichen Geschäftsbetriebs ist immer dann zulässig, wenn der Betrieb zum Erreichen des Hauptzwecks erforderlich ist. Das ist der Fall, wenn der Betrieb zur Beschaffung von Mitteln für den ideellen Bereich dient. Gleichzeitig ist zu verlangen, dass die wirtschaftliche Betätigung nicht Hauptzweck der Körperschaft ist und die steuerbegünstigten Zwecke nicht dahinter zurücktreten (AEAO zu § 56, Tz. 1). Allein aus dem Umfang der wirtschaftlichen Betätigung lässt sich kein Rückschluss auf eine Gefährdung der Gemeinnützigkeit ziehen.[114]

Demnach ist auch der Betrieb von insgesamt neun Kindertagesstätten durch einen Verein mit lediglich elf Mitgliedern unschädlich für den gemeinnützigkeitsrechtlichen Status des Vereins. Insbesondere entstehen auch keine größeren Gefahren für den Rechtsverkehr, wenn durch den Unterhalt des Geschäftsbetriebs die erforderlichen Mittel zur Erreichung des ideellen Zwecks erwirtschaftet werden. Hinzukommt, dass es sich bei den §§ 21, 22 BGB weder um unmittelbare wettbewerbsregelnde Normen noch um Vorschriften, die der Wahrung besonders wichtiger Rechtsgüter und Gemeinschaftsinteressen dienen, handelt. Demnach ist die Konkurrenz zu anderen Anbietern unerheblich (BGH, a. a. O.).

2.9.3 Verluste im wirtschaftlichen Geschäftsbetrieb

Um die Gefahr eines Verlusts zu reduzieren, werden mehrere wirtschaftliche Geschäftsbetriebe (Sommerfest, Vereinsrestaurant, Fanshop usw.) gemäß § 64 Abs. 2 AO zu einem einheitlichen wirtschaftlichen Geschäftsbetrieb zusammengefasst. Die Gemeinnützigkeit wäre demnach gefährdet, wenn die steuerpflichtigen wirtschaftlichen Geschäftsbetriebe insgesamt ein negatives Ergebnis aufweisen und Verluste erwirtschaften.

Allerdings befreit § 64 Abs. 2 AO nicht von den Anforderungen in § 56 und § 55 Abs. 1 Nr. 1 Satz 1 AO, sodass ein Dauerverlust die Steuerbegünstigung auch dann gefährdet, wenn seine Verluste dauerhaft durch die Gewinne anderer wirtschaftlicher Geschäftsbetriebe ausgeglichen werden kann.[115]

Insofern muss darauf geachtet werden, dass z. B. ein jährlich veranstaltetes Sommerfest im Rahmen eines wirtschaftlichen Geschäftsbetriebs nicht dauerhaft defizitär ist. Andernfalls kann es wegen Mittelfehlverwendung zur Versagung der Gemeinnützigkeit kommen.

2.9.4 Verlustausgleich

Ein Ausgleich von derartigen Verlusten mit den Mitteln des ideellen Bereichs stellt grundsätzlich eine Mittelfehlverwendung dar. Der Ausgleich wäre zulässig, wenn

[114] BFH, Beschluss vom 16.05.2017, Az. II ZB 7/16
[115] BFH, Urteil vom 14.12.2023, Az. V R 28/21

- der Verlust auf einer Fehlkalkulation beruht,
- die Körperschaft innerhalb von zwölf Monaten nach Ende des Wirtschaftsjahres, in dem der Verlust entstanden ist, dem ideellen Bereich Mittel in entsprechender Höhe zuführt und
- die zugeführten Mittel nicht aus Zweckbetrieben, der Vermögensverwaltung oder Mitteln aus dem ideellen Bereich stammen.

Demnach können diese Verluste nur durch die Zuführung von Gewinnen aus dem einheitlichen wirtschaftlichen Geschäftsbetrieb ausgeglichen werden, die im auf das Verlustjahr folgende Wirtschaftsjahr erwirtschaftet wurden. Zudem ist ein Ausgleich der Verluste mit Umlagen und Zuschüssen zulässig, sofern diese speziell hierfür bestimmt sind.[116] Steuerbegünstigte Spenden dürfen nicht zum Ausgleich verwendet werden. Zu beachten ist, dass eine Umlage nur bei einer entsprechenden Satzungsregelung erhoben werden kann.

Durch die Neuregelung des § 64 Abs. 3 AO ist bei Vorliegen der Voraussetzungen ein Verlustausgleich mit Mitteln aus Zweckbetrieben zulässig (hierzu ausführlich Kapitel 2.1).

Unschädlich für die Gemeinnützigkeit ist ebenso die Aufnahme eines betrieblichen Darlehens, um hiermit die Mittel für einen Verlustausgleich zu erhalten. Voraussetzung ist jedoch, dass Tilgung und Zinsen für das Darlehen ausschließlich aus Mitteln des steuerpflichtigen wirtschaftlichen Geschäftsbetriebs stammen.

Wird im Zusammenhang mit dem Darlehen das Vermögen des ideellen Bereichs mit einer Sicherheit belastet, liegt noch keine Mittelfehlverwendung vor. Allein die Eintragung einer Grundschuld begründet keine Verwendung der Mittel.

Anlaufverluste während der Gründungsphase eines steuerpflichtigen wirtschaftlichen Geschäftsbetriebs führen nicht unmittelbar zu einer Mittelfehlverwendung. In diesen Fällen muss die Körperschaft in der Regel innerhalb von drei Jahren nach dem Ende des Entstehungsjahres des Verlustes dem ideellen Bereich Mittel, die gemeinnützigkeitsunschädlich dafür verwendet werden dürfen, in entsprechender Höhe zuführen.

---

[116] AEAO zu § 55 Abs. 1 Nr. 4, Tz. 6

Eine Verwendung von Mitteln des ideellen Bereichs für den Ausgleich des Verlustes eines einzelnen wirtschaftlichen Geschäftsbetriebs liegt nicht vor, soweit der Verlust bereits im Entstehungsjahr mit Gewinnen der sechs vorangegangenen Jahre anderer steuerpflichtiger wirtschaftlicher Geschäftsbetriebe verrechnet werden kann.

Beispiel:

Ein Verein veranstaltet im Jahr 1 ein Sommerfest. Aufgrund der guten Wetterlage ergibt sich aus der Veranstaltung ein Gewinn in Höhe von 10.000 Euro. Zudem betreibt der Verein einen Fanshop, der im Jahr 2 einen Gewinn in Höhe von 5.000 Euro erwirtschaftet. Im Jahr 3 veranstaltet der Verein erneut ein Sommerfest in der Annahme, das Fest würde ähnlich gut laufen wie im Jahr 1.

Aufgrund eines Unwetters fallen die Besucherzahlen jedoch sehr spärlich aus und mit der Veranstaltung entsteht ein Verlust in Höhe von 14.000 Euro.

Vorliegend kann der Verlust aus dem Jahr 3 mit den Gewinnen aus den Jahren 1 und 2 verrechnet werden.

2.9.5 Werbung durch Vereine

Grundsätzlich findet in einem Werbegeschäft ein Leistungsaustausch zwischen den Vertragsparteien statt. Demnach sind die Einnahmen regelmäßig dem steuerpflichtigen wirtschaftlichen Geschäftsbetrieb zuzuordnen. Zu den typischen Werbeleistungen eines Vereins zählen insbesondere:

- Werbung auf Trikots
- Werbung auf Ausrüstungsgegenständen
- Bandenwerbung
- Lautsprecherdurchsagen
- Anzeigenwerbung
- Werbung auf der Homepage

Für die Zuordnung zum wirtschaftlichen Geschäftsbetrieb ist es entscheidend, dass der Verein mit einer eigenen Tätigkeit nachhaltig am wirtschaftlichen Verkehr teilnimmt, also aktiv eine Werbeleistung erbringt.[117]

Etwas anderes ergibt sich, wenn die Körperschaft das Anzeigengeschäft in Vereinszeitschriften, Festschriften oder Programmheften an einen Verlag überträgt. Mangels eigener Aktivität sind die Einnahmen aus der Übertragung der Werberechte in der Vermögensverwaltung zu erfassen (BFH, a. a. O.).

Verpachtung von Werbeflächen und Lautsprecherdurchsagen

Verfügt der Verein über Banden und verpachtet jede einzeln an unterschiedliche Werbepartner, liegt ein wirtschaftlicher Geschäftsbetrieb vor. Wird das Recht zur Nutzung der Werbeflächen (z. B. Banden) in vereinseigenen oder gemieteten Sportstätten sowie Lautsprecheranlagen[118] als Ganzes gegen Entgelt an eine Werbeagentur übertragen, werden die Einnahmen der Vermögensverwaltung zugeordnet.

Die Zuordnung gilt auch in den Fällen, in denen der Verein vertraglich geregelt Einfluss auf die Werbetexte, die farbliche Gestaltung, die Wahl des Untergrunds oder die Art der Befestigung der Werbeträger nimmt.[119] Derartige Regelungen sind lediglich Begrenzungen in der Ausübung der Werberechte durch den Pächter, aber keine Teilnahme am eigentlichen Werbegeschäft.

Die entgeltliche Übertragung des Rechts zur Nutzung von Werbeflächen auf der Sportbekleidung (Trikots, Helme, Sportschuhe usw.) und auf Sportgeräten ist stets als steuerpflichtiger wirtschaftlicher Geschäftsbetrieb zu behandeln (vgl. AEAO zu § 67a, Tz. 9).

Bei der Verpachtung der Werberechte ist es erforderlich, dass dem Pächter ein angemessener Gewinn aus dem Geschäft verbleibt. Welcher Gewinnanteil als angemessen im Sinne der Vorschrift anzusehen ist, ist durch den Gesetzgeber nicht näher definiert. In der Literatur und auch in der Verwaltungspraxis der Finanzverwaltung wird ein Gewinn in Höhe von 10 Prozent als angemessen angesehen.

---

117 BFH, Urteil vom 08.03.1967, Az. I 145/64

118 Zur Lautsprecherdurchsage siehe auch FM NRW, Erlass vom 17.10.1983, Az. S 0171 – 8 – V B 4

119 FM Baden-Württemberg, Schreiben vom 14.01.1992, Az. S 0183/3

Fraglich bleibt jedoch, wie sich die Körperschaft bei Abschluss eines entsprechenden Vertrags davon überzeugen soll, dass dem Werbeunternehmen dieser Gewinn auch tatsächlich bleibt.

Werbung auf Fahrzeugen

Regelmäßig finden sich auf Vereinsfahrzeugen (Pkw, Busse usw.) Logos unterschiedlicher Unternehmen. Für die korrekte steuerliche Einordnung sind die Umstände im Einzelfall entscheidend.

2

Werden dem Verein Fahrzeuge von einem Autohaus oder einer Werbeagentur überlassen (sogenannte Werbemobile), auf denen Werbeaufkleber angebracht sind, und der Verein verpflichtet sich dazu, diese Fahrzeuge über einen vereinbarten Zeitraum über den zu eigenen Zwecken hinausgehenden Umfang einzusetzen, liegt ein wirtschaftlicher Geschäftsbetrieb vor.[120] Die Nutzung der Fahrzeuge begründet eine eigene Werbeleistung des Vereins.

Sofern der Verein auf seinen eigenen Fahrzeugen lediglich Werbeaufkleber anbringt und nicht dazu verpflichtet ist, das Fahrzeug werbewirksam einzusetzen, liegt kein wirtschaftlicher Geschäftsbetrieb vor.[121] Es mangelt demnach an einem Leistungsaustausch und es liegt eine nicht steuerbare Leistung vor.[122]

Logos auf der Vereinshomepage

Platziert der Verein Logos von Unternehmen auf der eigenen Webseite, kommt es darauf an, wie die Platzierung ausgestaltet ist. Findet sich auf der Seite lediglich ein Hinweis auf das unterstützende Unternehmen, wird kein wirtschaftlicher Geschäftsbetrieb begründet. Ist mit der Präsentation des Logos ein Link verbunden, der zur Produkt- oder Unternehmensseite weiterleitet, liegt eine aktive Werbeleistung des Vereins vor.

In diesem Zusammenhang ist zu beachten, dass ein aktiver Link zu einem Unternehmen auf der Homepage des Vereins immer dann eine Mittelfehlverwendung darstellt, wenn hierfür keine Gegenleistung des verlinkten Unternehmens erfolgt.

Kein Leistungsaustausch liegt vor, wenn der Verein auf Plakaten, in Veranstaltungshinweisen oder in Ausstellungskatalogen lediglich

---

[120] FG Hamburg, Urteil vom 10.03.2006, Az. VII 266/4

[121] OFD Frankfurt/Main, Verfügung vom 23.02.2000, Az. S 7119 A – 5 – St IV 10

[122] Hierzu auch BMF, Schreiben vom 13.11.2012, Az. IV D 2 – S 7100/08/10007 :003

auf die Unterstützung durch den Sponsor hinweist (passives Sponsoring). Hier liegt lediglich eine Danksagung vor und es wird kein wirtschaftlicher Geschäftsbetrieb begründet.[123]

Etwas anderes ergibt sich, wenn dem Sponsor seitens der gemeinnützigen Organisation ausdrücklich das Recht eingeräumt wird, die Sponsoringaktivitäten im Rahmen eigener Werbung zu vermarkten.

Umsatzsteuerliche Behandlung

Erbringt der Verein eine aktive Werbeleistung, ist hierfür der Regelsteuersatz von 19 Prozent anzuwenden. Bei steuerbegünstigten Körperschaften kommt eine Steuerermäßigung gemäß § 12 Abs. 2 Nr. 8 UStG für die Leistungen in Betracht, die nicht im Rahmen eines wirtschaftlichen Geschäftsbetriebs erbracht werden.

Gemäß § 12 Abs. 2 Nr. 7 Buchst. c UStG kommt die Anwendung des ermäßigten Steuersatzes in den Fällen in Betracht, in denen der Verein dem Sponsor Rechte im Sinne des UrhG einräumt. Hierbei ist an Konstellationen zu denken, in denen der Sponsor an prominenter Stelle im Zusammenhang mit eigenen Werbeaktivitäten das Logo der steuerbegünstigten Organisation verwendet oder sich als „offizieller Ausrüster" bezeichnet und hierbei das Logo der NPO verwendet.

Tauschähnlicher Umsatz

Gängige Praxis ist das kostenlose Überlassen von mit Werbeaufdruck versehenen Sachmitteln (Trikots, Fahrzeuge etc.) durch den Sponsor an den Verein. In derartigen Fällen liegt regelmäßig ein tauschähnlicher Umsatz im Sinne des § 3 Abs. 12 Satz 2 UStG vor. Durch die Verwendung der Sachmittel im Spielbetrieb erbringt der Verein eine steuerbare Werbeleistung.

Die Werbeleistung des Vereins bemisst sich gemäß § 10 Abs. 2 Satz 2 UStG nach dem gemeinen Wert. In der Praxis wird regelmäßig in Ermangelung anderweitiger Anhaltspunkte die Werbeleistung mit dem Wert (netto) der erhaltenen Sachmittel beziffert. Kosten die Trikots beispielsweise 1.500 Euro netto, ist eine Rechnung über eine erbrachte Werbeleistung in gleicher Höhe auszustellen. Durch die Zuordnung zum wirtschaftlichen Geschäftsbetrieb ist der Regelsteuersatz anzuwenden.

---

123 BMF, Schreiben vom 18.02.1998, Az. IV B 2 – S 2144-40/98/IV B 7-S 0183 – 62/98

Durch den in gleicher Höhe vorzunehmenden Vorsteuerabzug entsteht keine Belastung der Liquidität.

2.9.6 Pauschale Gewinnermittlung bei Werbeeinnahmen

2 Mit der Gewinnpauschalierung des § 64 Abs. 6 Nr. 1 AO hat der Gesetzgeber die Benachteiligung von steuerbegünstigten Körperschaften gegenüber Wirtschaftsunternehmen mit Blick auf die Einnahmen aus Werbegeschäften entschärft.

Gemäß der Vorschrift kann eine gemeinnützige Organisation, die Werbung für Unternehmen betreibt (beispielsweise Trikot- oder Bandenwerbung), die im Zusammenhang mit der steuerbegünstigten Tätigkeit einschließlich Zweckbetrieben steht, den hieraus entstandenen Gewinn pauschal mit 15 Prozent der Einnahmen ansetzen.

Durch diese Regelung wird berücksichtigt, dass den Werbeeinnahmen regelmäßig keine oder nur geringe direkt mit der wirtschaftlichen Tätigkeit im Zusammenhang stehenden Kosten gegenüberstehen. Denn die Ausgaben für die Veranstaltungen von Sportvereinen haben ihre Veranlassung primär im ideellen Bereich oder im Zweckbetrieb.

Es stehen also regelmäßig hohe Einnahmen geringen Kosten gegenüber, woraus sich dann ein entsprechend hoher Gewinn ergibt.

Die Anwendung der Regelung erfolgt auf Antrag und gilt für alle gleichartigen Tätigkeiten in dem betreffenden Veranlagungszeitraum. Somit entfaltet der Antrag keine Bindungswirkung für zukünftige Veranlagungszeiträume.[124]

Hierzu ein Beispiel:

Beispiel:

Im Beispiel nehmen wir an, dass der Verein mit seinen sämtlichen wirtschaftlichen Tätigkeiten die Besteuerungsgrenze in Höhe von 50.000 Euro überschreitet und somit mit etwaigen Gewinnen der Körperschaft- und Gewerbesteuer unterliegt.

Der Musterstadt e. V. veranstaltet ein großes Turnier und hat hieraus Einnahmen aus Sponsoring in Höhe von 40.000 Euro.

[124] AEAO zu § 64 Abs. 6, Tz. 32

Dem Verein entstehen durch die Veranstaltung abzugsfähige Kosten in Höhe von 5.000 Euro.

Somit liegt ein Gewinn in Höhe von 35.000 Euro vor.

Da der Gewinn im Rahmen eines Zweckbetriebs im Sinne des § 67a AO angefallen ist, kann die Pauschalierung zur Anwendung kommen. Demnach sind lediglich 15 Prozent der Einnahmen aus dem Sponsoring und somit nur 6.000 Euro der Besteuerung zu unterwerfen (Freibeträge siehe Kapitel 2.9).

Durch die Anwendung der pauschalen Gewinnbesteuerung lassen sich so schnell einige tausend Euro einsparen.

Eine Anwendung der Pauschalierung ist bei Werbeeinnahmen im Zusammenhang mit einem steuerpflichtigen wirtschaftlichen Geschäftsbetrieb ausgeschlossen. Demnach kommt eine Anwendung auch nicht für die sportlichen Veranstaltungen in Betracht, die aufgrund der Überschreitung der Zweckbetriebsgrenze des § 67a Abs. 1 AO oder wegen des Einsatzes bezahlter Sportler als steuerpflichtige wirtschaftliche Geschäftsbetriebe einzustufen sind (zu § 67a AO siehe vertiefend Kapitel 2.6 ff.).

2.9.7 Benefizveranstaltungen

Für zahlreiche Vereine sind Benefizveranstaltungen ein erprobtes Mittel, um Geld in die Vereinskasse zu spülen. Derartige Veranstaltungen sind regelmäßig wirtschaftliche Geschäftsbetriebe, deren Umsätze im Rahmen eines Leistungsaustausches stattfinden.

Zu den häufigsten Einnahmen gehören:

- Verkauf von Speisen und Getränken
- Verkauf von Waren (z. B. bei Basaren)
- Eintrittsgelder zur Veranstaltung

In diesem Zusammenhang ist darauf zu achten, dass mit der Veranstaltung kein Verlust erwirtschaftet wird.

Abhängig vom jeweiligen Satzungszweck kann eine Benefizveranstaltung auch ein Zweckbetrieb sein, z. B. ein Benefizlauf eines Sportvereins, der zur Spendensammlung durchgeführt wird. Führt der Sportverein hingegen eine Theateraufführung durch, wäre diese satzungsfremd und nicht im Rahmen eines Zweckbetriebs zu verorten.

Hierbei ist darauf zu achten, dass die Veranstaltung nicht zur finanziellen Unterstützung einer natürlichen Person durchgeführt wird, um für diese Person Spenden einzuwerben. In derartigen Fällen liegt eine Mittelfehlverwendung vor.

Zulässig wäre eine solche Veranstaltung, um Mittel zu generieren, die im Rahmen des § 58 Nr. 1 AO im Nachgang an eine andere steuerbegünstigte Körperschaft weitergeleitet werden können, die dann wiederum im Rahmen ihrer Satzungszwecke hilfsbedürftige Personen unterstützen kann, sofern die Voraussetzungen dafür vorliegen.

2.10 Übung: Vier Sphären

Die folgende Übung soll ein besseres Gefühl im Umgang mit der steuerlichen Zuordnung von Einnahmen vermitteln. Die Beispiele sind an in Vereinen häufig vorkommenden Umsätzen angelehnt. Die Auflösung findet sich im Anhang in Kapitel 16.

Ordnen Sie die folgenden Einnahmen den vier Sphären zu:

1. Mitgliedsbeiträge
2. Spenden
3. Einnahmen Verkauf von Speisen und Getränken
4. Teilnahmegebühren
5. Mieteinnahmen (langfristig)
6. Sponsoringeinnahmen
7. Fördermittel
8. Einnahmen Straßenfest
9. Verkaufserlös Programmheft Turnier
10. Schenkungen
11. Zinseinnahmen Tagesgeldkonto
12. Eintrittsgeld aus geselliger Veranstaltung

Buchführung

3.1 Grundsätze

Die Buchführung wird in zahlreichen Vereinen oftmals vernachlässigt und entsprechend nicht ordnungsgemäß geführt. Das liegt zum Teil daran, dass aus Gewohnheit keine ordentliche Buchführung vorgehalten oder aber angenommen wird, dass eine Buchführung nicht erforderlich sei.

Im folgenden Kapitel betrachten wir die wesentlichen Grundlagen und Begriffe zur Buchführung.

3.1.1 Zweck

Eine gut geführte Buchhaltung bietet zahlreiche Vorteile im Zusammenhang mit der Vereinsführung. Sie stellt regelmäßig die Grundlage für eine zielsichere Finanzplanung dar. Demnach lässt sich aus den aufbereiteten Zahlen eine genaue Übersicht über das Vermögen und die Verbindlichkeiten ableiten.

Die Zahlen lassen auch erkennen, ob der Verein erfolgreich gewirtschaftet hat. Zudem lassen sich aufkommende Finanzprobleme rechtzeitig feststellen. So bleibt ausreichend Zeit, entsprechend entgegenzuwirken.

Die Buchführung dient insbesondere dazu, die Unterlagen zur Besteuerung zu erstellen. Auf Tastendruck lassen sich alle benötigten Zahlen extrahieren, um die von der Finanzverwaltung angeforderten Informationen bereitzustellen.

Wird für ein größeres Vorhaben ein Darlehen benötigt, bietet die Buchführung den Nachweis der Liquidität. Banken werden sich in der Regel nicht auf eine bloße Zusage verlassen, dass der Verein solvent genug ist, um eine Darlehensverpflichtung bedienen zu können.

Nicht zuletzt kann mithilfe der Zahlen Rechenschaft gegenüber den Mitgliedern abgelegt werden. Alle Finanzbewegungen können im Rahmen der Mitgliederversammlung transparent und übersichtlich erläutert werden.

3.1.2 Gewinneinkünfte

Das Einkommensteuergesetz nennt in § 2 Abs. 1 EStG zunächst sieben unterschiedliche Arten von Einkommen:

1. Einkünfte aus Land- und Forstwirtschaft
2. Einkünfte aus Gewerbebetrieb
3. Einkünfte aus selbstständiger Arbeit
4. Einkünfte aus nichtselbstständiger Arbeit
5. Einkünfte aus Kapitalvermögen
6. Einkünfte aus Vermietung und Verpachtung
7. Sonstige Einkünfte nach § 22 EStG

§ 2 Abs. 2 EStG unterteilt diese sieben Einkunftsarten wiederum in Gewinn- und Überschusseinkünfte. Danach gehören zu den Gewinneinkünften:

1. Einkünfte aus Land- und Forstwirtschaft
2. Einkünfte aus Gewerbebetrieb
3. Einkünfte aus selbstständiger Arbeit

In einem Verein liegen Gewinneinkünfte im Zweckbetrieb und im steuerpflichtigen wirtschaftlichen Geschäftsbetrieb vor.

Im Bereich der Vermögensverwaltung sind demnach Überschusseinkünfte zu verzeichnen.

3.1.3 Einfache Buchführung

Welche konkreten Anforderungen an die Rechnungslegung von Vereinen und anderen gemeinnützigen Körperschaften zu stellen sind, richtet sich zunächst nach der Rechtsform. So ist beispielsweise eine gemeinnützige GmbH aus dem Handelsrecht gemäß §§ 238 ff. HGB zur kaufmännischen Buchführung verpflichtet.

Vereine unterliegen der handelsrechtlichen Buchführungspflicht, sofern ein steuerpflichtiger wirtschaftlicher Geschäftsbetrieb unterhalten wird, der gemäß § 1 Abs. 2 HGB nach Art und Umfang einem in kaufmännischer Weise eingerichteten Geschäftsbetrieb entspricht. Zudem bedarf es einer Überschreitung der in § 241a HGB festgelegten Schwellenwerte (siehe 3.1.4).

Als Nicht-Formkaufleute unterliegen Vereine einer steuerlichen Buchführungspflicht ausschließlich unter den Voraussetzungen des § 141 AO. Diese wird ausgelöst, wenn im Rahmen eines wirtschaftlichen Geschäftsbetriebs entweder Umsätze von mehr als 800.000 Euro oder ein Gewinn von mehr als 80.000 Euro erzielt werden. Den dort normierten Größenmerkmalen kommt im Bereich gemeinnütziger Vereine lediglich eine eingeschränkte Relevanz zu, da diese die Grenzwerte typischerweise nicht erreichen. Wird die Buchführungspflicht durch Überschreitung der Grenzwerte ausgelöst, erstreckt sie sich in ihrem sachlichen Anwendungsbereich nach ausschließlich auf den wirtschaftlichen Geschäftsbetrieb und erfasst nicht die übrigen, steuerbegünstigten Sphären des Vereins. Zudem muss die Finanzbehörde auf den Beginn der Buchführungspflicht hingewiesen haben. Diese Mitteilung soll gemäß Anwendungserlass mindestens einen Monat vor Beginn des Wirtschaftsjahres bekannt gegeben werden, von dessen Beginn ab die Buchführungspflicht zu erfüllen ist (AEAO, zu § 141, Tz. 4).

So bleibt es letztlich bei den nur elementar konturierten Vorgaben aus § 666 i. V. m. §§ 259, 260 BGB. Demnach ist ein geordneter Nachweis über die Einnahmen und Ausgaben zu führen und ein Bestandsverzeichnis vorzulegen. In diesem Zusammenhang wird auch von einer Jahresrechnung gesprochen. Um die Einhaltung der gemeinnützigkeitsrechtlichen Vorgaben gegenüber der Finanzverwaltung nachweisen zu können, bestehen über die Regelungen des BGB hinaus Aufzeichnungspflichten aus der Abgabenordnung. Hierzu ausführlich Kapitel 9.

Das Institut der Wirtschaftsprüfer (IDW) konkretisiert die vorzulegende Einnahmen-/Ausgabenrechnung und legt als Basis die Kapitalflussrechnung nach DRS Nr. 2 – Kapitalflussrechnung vom 29.10.1999 zugrunde.[125] Durch Verabschiedung des DRS 21 – Kapitalflussrechnung am 04.02.2014 wurde der DRS Nr. 2 für Wirtschaftsjahre nach dem 31.12.2014 außer Kraft gesetzt und durch den DRS 21 ersetzt.[126]

Hierbei wird jeder Zahlungseingang als Einnahme und jede Zahlung als Ausgabe erfasst. Somit würde auch ein Darlehen als Einnahme aufgezeichnet und die Ausgabe für ein Sportgerät als Ausgabe vermerkt. Diese Art der Aufzeichnung stößt mit Blick auf die Aussagekraft schnell an ihre Grenzen. So empfiehlt das IDW, eine Gliederung innerhalb der Rechnung vorzunehmen:

---

125 Vgl. IDW RS HFA 14 Rn. 45; so auch IDW RS FAB 5, Tz. 91

126 https://www.drsc.de/projekte/kapitalflussrechnung-drs-21/?utm_ [Stand: 20.03.2026]

- Einnahmen und Ausgaben aus laufender Tätigkeit
- Einnahmen aus Abgängen von Gegenständen des Anlagevermögens, Ausgaben für Investitionen in das Anlagevermögen
- Einnahmen und Ausgaben aus der Finanzierungstätigkeit

Die Umsätze und die Ausgaben aus der laufenden Tätigkeit sollen gemäß IDW nochmals unterteilt werden (Umsätze, Spenden, sonstige Einnahmen usw.).

Einnahmenüberschussrechnung nach § 4 Abs. 3 EStG

Die einfache Buchführung in Form einer Einnahmenüberschussrechnung (EÜR) im Sinne des § 4 Abs. 3 EStG stellt auf das Zu- und Abflussprinzip ab und ist eine gängige Form der Rechnungslegung. Der Gewinn ist der Überschuss der Betriebseinnahmen über die Betriebsausgaben.

Im Vergleich zur oben dargestellten Kapitalflussrechnung bietet die EÜR einen genaueren Überblick über die finanzielle Situation des Vereins, da beispielsweise ein Zufluss von Darlehen neutral erfasst wird und lediglich die Zinsen als Aufwand verbucht werden. Bei der Anschaffung eines Wirtschaftsguts führt nicht der Abfluss der Kaufsumme zu einem Aufwand, sondern die Wertminderung in Form der Abschreibung.

Eine grundsätzliche Pflicht zur Erstellung einer EÜR im Sinne des § 4 Abs. 3 EStG besteht indes nicht. Die Satzung kann jedoch Regelungen über Art und Umfang der Rechnungslegung festlegen.

Die EÜR ist immer dann vorgeschrieben, wenn die Körperschaft einen steuerpflichtigen wirtschaftlichen Geschäftsbetrieb unterhält und in diesem Bereich Einnahmen von mehr als 50.000 Euro erzielt (ab Veranlagungszeitraum 2026).

Bis zum Veranlagungszeitraum 2025 lag diese Grenze gemäß Schreiben des BMF zur standardisierten Einnahmenüberschussrechnung nach § 60 Abs. 4 EStDV Anleitung zur Anlage EÜR bei 45.000 Euro.[127] Es ist davon auszugehen, dass durch die Anpassungen des § 64 Abs. 3 AO ein entsprechendes Schreiben des BMF mit dem nunmehr geltenden Betrag folgt.

[127] BMF, Schreiben vom 29.08.2025, Az. IV C 6 – S 2142/00023/010/001, DOK COO.7005.100.2.12649485

Im Unterschied zur doppelten Buchführung ist die Rechnungslegung mittels EÜR auch ohne tiefgreifende Kenntnisse im Rechnungswesen gut zu bewältigen. Die EÜR ist nicht zuletzt auch in der Finanzverwaltung ein erprobtes und bekanntes Mittel zur Darstellung der finanziellen Situation in Vereinen. Insofern bietet sich diese Form der Rechnungslegung auch dann an, wenn hierzu keine gesetzliche Verpflichtung besteht.

Nachfolgend ein Beispiel einer vereinfachten EÜR ohne Zuordnung zu den vier Sphären und Umsatzsteuer:

3

Beispiel:

Einnahmen	
Mitgliedsbeiträge	1.200 EUR
Zuschüsse	800 EUR
Einnahmen Sportfest	2.400 EUR
Ausgaben	
Ausgaben Sportfest	2.100 EUR
Versicherungen	600 EUR
Kosten Vereinsheim	900 EUR
Ergebnis	**+ 800 EUR**

3.1.4 Doppelte Buchführung

Die doppelte Buchführung (Doppik) erfasst in Abgrenzung zur einfachen Buchführung alle Geschäftsvorfälle und bietet einen genaueren Überblick über die finanzielle Situation des Vereins. Jeder Geschäftsvorfall wird auf zwei Konten erfasst. Hierbei gilt die Buchungsregel: Soll an Haben. Diese Form der Aufzeichnung wird auch als kaufmännische Buchführung bezeichnet.

Gemäß § 140 AO gilt eine Buchführungspflicht aus anderen Gesetzen (z. B. Handels-, Gesellschafts- und Genossenschaftsrecht) auch für steuerliche Zwecke. Insofern sind Kapitalgesellschaften auch im Rahmen des § 63 Abs. 3 AO zur kaufmännischen Buchführung verpflichtet.

Sofern sich eine Buchführungspflicht nicht bereits aus anderen Gesetzen ergibt, besteht aus § 141 AO eine Pflicht zur Führung von Büchern, wenn

- eine wirtschaftliche Betätigung (steuerpflichtiger wirtschaftlicher Geschäftsbetrieb) vorliegt,
- der Umsatz aus dieser Tätigkeit 800.000 Euro übersteigt
- oder der Gewinn mehr als 80.000 Euro beträgt
- und das Finanzamt auf die Buchführungspflicht hingewiesen hat.

Die in der Abgabenordnung normierten Schwellenwerte stehen inhaltlich im Einklang mit denjenigen des § 241a HGB und sind für Vereine – wie unter Ziffer 3.1.3 dargestellt – nur von untergeordneter praktischer Bedeutung.

Grundlage der doppelten Buchführung ist die Bilanz. Sie ist aufgeteilt in eine Aktiv- und Passivseite und gibt detailliert Auskunft über das Kapital und Vermögen eines Unternehmens.

Auf der Aktivseite (linke Seite der Bilanz) wird das Anlage- und Umlaufvermögen ausgewiesen. Hieraus ist die Mittelverwendung zu erkennen.

Die rechte Seite der Bilanz (Passivseite) listet das Fremd- und Eigenkapital auf. Hier finden sich Angaben über die Herkunft der Mittel.

Aktivkonten mehren sich im Soll und vermindern sich im Haben. Bei den Passivkonten erfolgt die Buchung genau umgekehrt.

Die Systematik soll am folgenden vereinfachten Beispiel ohne Umsatzsteuer dargestellt werden:

Beispiel:

Ein Verein kauft Sportartikel auf Rechnung. Der Buchungssatz hierzu lautet:

Wareneingang (S) an Verbindlichkeiten (H)

Somit wäre im ersten Schritt der Geschäftsvorfall erfasst und in der Buchführung ist die noch nicht beglichene Rechnung als Verbindlichkeit dargestellt.

Wird die Rechnung einige Tage später vom Verein beglichen, lautet der Buchungssatz:

Verbindlichkeiten (S) an Bank (H)

An dem Beispiel wird der Unterschied zur EÜR deutlich. Denn bei der EÜR würde der Rechnungseingang nicht als Verbindlichkeit erfasst, sondern es würde nur der Kapitalabfluss gemäß dem Zufluss-/Abflussprinzip nach erfolgter Zahlung dargestellt.

Aus der EÜR lässt sich demnach die finanzielle Situation eines Vereins nicht so präzise ableiten, wie es bei der Bilanz der Fall wäre. Hat der Verein zum Jahresende beispielsweise ein Guthaben von 2.000 Euro auf dem Konto, sieht es auf den ersten Blick so aus, als wären keine finanziellen Probleme in Sicht. Eine noch nicht bezahlte Rechnung in Höhe von 5.000 Euro wäre aus der EÜR aber nicht erkennbar. Die Bilanz würde die Schieflage indes ausweisen.

Nicht bilanzpflichtige Vereine können selbstverständlich auch freiwillig bilanzieren, um so einen detaillierten Überblick über die Finanzen zu bekommen.

3.2 Grundsätze ordnungsgemäßer Buchführung

Die Grundsätze ordnungsgemäßer Buchführung (GoB) sind als in Deutschland allgemeingültige Regeln zur Buchführung zu verstehen und finden ihren Ursprung zum Teil im Handelsgesetzbuch. Die GoB sind ein unbestimmter Rechtsbegriff, der insbesondere durch Rechtsnormen und Rechtsprechung geprägt ist und von der Rechtsprechung und Verwaltung jeweils im Einzelnen auszulegen und anzuwenden ist.[128] Demgegenüber haben die Deutschen Rechnungslegungsstandards (DRS) keinen Rechtsnormcharakter.

Der Begriff GoB ist nicht legaldefiniert. Das bedeutet, es besteht seitens des Gesetzgebers keine Definition des Begriffs. Ein Beispiel für eine Legaldefinition ist der Anspruch nach § 194 Abs. 1 BGB. Demnach findet sich keine einzelne Vorschrift, die den kompletten Inhalt der GoB an zentraler Stelle aufführt.

Die wesentlichen Vorgaben lassen sich insbesondere aus §§ 238, 239 HGB entnehmen:

- lebende Sprache
- Einhaltung der Aufbewahrungsfristen
- Grundsatz der Vollständigkeit
- Grundsatz der Richtigkeit
- Belegprinzip (keine Buchung ohne Beleg)

---

128 BFH, Urteil vom 12.05.1966, BStBl III, S. 371; BMF, Schreiben vom 28.11.2019, Az. IV A 4 – S 0316/19/10003:001

- chronologische und zeitnahe Verbuchung
- Sicherung vor Verlust
- Änderungen müssen erkennbar sein

3.2.1 Aufbewahrungsfristen

Abhängig vom jeweiligen Dokumententyp gelten unterschiedliche Fristen zur Aufbewahrung. Geregelt werden die Fristen in § 147 AO. Zudem verpflichtet § 257 HGB alle Kaufleute zur Aufbewahrung ihrer Unterlagen.

Die Frist von zehn Jahren besteht gemäß § 147 Abs. 3 AO i. V. m. § 147 Abs. 1 Nr. 1, 4, 4a AO insbesondere für folgende Dokumente:

- Bücher und Aufzeichnungen
- Inventare
- Jahresabschlüsse
- Lageberichte
- Eröffnungsbilanz

Im Zuge des vierten Bürokratieentlastungsgesetzes wurden die handels- und steuerrechtlichen Aufbewahrungsfristen für Buchungsbelege auf acht Jahre verkürzt.[129]

Eine Frist von sechs Jahren gilt für folgende Dokumente:

- empfangene Handels- und Geschäftsbriefe
- Wiedergaben von abgesandten Geschäftsbriefen
- sonstige zur Besteuerung relevante Unterlagen

3.2.2 GoBD

Neben den Regelungen der GoB bestimmen die GoBD die Grundsätze zur ordnungsgemäßen Führung und Aufbewahrung von Büchern, Aufzeichnungen und Unterlagen in elektronischer Form sowie zum Datenzugriff. Die Vorschrift wurde mit Wirkung zum 01.01.2014 eingeführt und ist seitdem mehrfach aktualisiert und angepasst worden.

---

[129] BGBl. 2024 I Nr. 323 vom 29.10.2024, S. 5

Im Kern regelt die Vorschrift insbesondere die Aufbewahrung elektronischer Unterlagen, die Führung der elektronischen Buchhaltung und die Verantwortlichkeiten.

Die GoBD betreffen nicht nur die Körperschaften, die nach Handelsrecht zur Buchführung verpflichtet sind, sondern auch alle Vereine, die Aufzeichnungen in elektronischer Form vornehmen. Das dürfte im Digitalzeitalter auf den überwiegenden Teil der Vereine zutreffen.

Ein Hauptaugenmerk der GoBD liegt auf der Unveränderbarkeit von erfassten Aufzeichnungen. Demnach muss sichergestellt werden, dass eine getätigte Buchung nicht einfach gelöscht werden kann. Vielmehr muss sich aus dem System die Originalbuchung erkennen lassen und Änderungen oder Löschungen müssen lückenlos dokumentiert werden.

Eine einfache Ablage einer Datei auf dem Computer ist demnach nicht zulässig, da eine Löschung eines Ordners ohne Weiteres möglich wäre.

Insofern ist bei einer EDV-gestützten Buchhaltung darauf zu achten, dass die eingesetzte Software die Anforderungen an die GoBD erfüllt.

Im Zuge der Einführung der E-Rechnung wurden die GoBD mit Wirkung zum 14.07.2025 erneut aktualisiert.[130]

3.3 Belegwesen

Keine Buchung ohne Beleg – so lautet eine der wichtigsten Vorgaben zur ordnungsgemäßen Buchführung. Zu den Belegen gehören insbesondere:

- Rechnungen
- Quittungen
- Kassenzettel
- Kaufverträge
- Spendenbescheinigungen

[130] BMF, Schreiben vom 14.07.2025, Az. IV D 2 – S 0316/00128/005/088, DOK COO.7005.100.2.12452742

- Parkscheine
- Reisekostenanträge

In der Buchhaltung ist die Nachverfolgung der Geschäftsvorfälle sicherzustellen. Hierbei wird in die progressive und retrograde Prüfbarkeit unterschieden.

Die progressive Prüfung hat ihren Ausgangspunkt beim Beleg und setzt sich über die Aufzeichnungen in Grundbuch und Journalen, Konten, Bilanz sowie Gewinn- und Verlustrechnung bis hin zur Steuererklärung fort.

Die retrograde Prüfung nimmt demnach den umgekehrten Weg. Die Prüfung muss über den gesamten Zeitraum der Aufbewahrung gewährleistet sein. 3

Belege sollten direkt nach Eingang bzw. nach Entstehung entsprechend erfasst und abgelegt werden. So wird sichergestellt, dass Belege nicht verloren gehen.

3.3.1 Vorgaben zur Rechnung

Der Gesetzgeber hat in § 14 UStG die Vorgaben zu einer Rechnung festgelegt. Entspricht eine Rechnung nicht den gesetzlichen Vorschriften, entfällt für umsatzsteuerpflichtige Vereine unter Umständen der Vorsteuerabzug, was je nach Rechnungshöhe erhebliche finanzielle Einbußen bedeuten kann.

Gemäß § 14 Abs. 1 UStG muss bei einer Rechnung die Echtheit der Herkunft, die Unversehrtheit ihres Inhalts und ihre Lesbarkeit gewährleistet sein.

3.3.2 Inhalte

Die Rechnung muss nach § 14 Abs. 4 UStG folgende Inhalte haben:

- vollständige Namen und Anschriften des leistenden Unternehmers und des Leistungsempfängers
- Steuernummer oder Umsatzsteuer-Identifikationsnummer des leistenden Unternehmers
- das Ausstellungsdatum
- eine einmalige fortlaufende Rechnungsnummer
- Menge und Art der gelieferten Gegenstände oder Umfang und Art sonstiger Leistungen

- den Zeitpunkt der Lieferung oder Leistung
- nach Steuersätzen und Steuerbefreiungen aufgeschlüsselte Entgelte sowie jede im Voraus vereinbarte Minderung des Entgelts
- Hinweis auf die zweijährige Aufbewahrungsfrist bei Umsätzen nach § 14b Abs. 1 Satz 5 UStG
- bei Gutschriften den Hinweis „Gutschrift"

Eine Pflicht zur Ausstellung einer Rechnung besteht nicht, sofern der Verein umsatzsteuerfreie Umsätze im Sinne des § 4 Nr. 8–29 UStG ausführt. Hierbei ist beispielsweise an die Steuerbefreiung von Musikunterricht eines Kulturvereins zu denken, sofern eine Bescheinigung nach § 4 Nr. 21a) bb) UStG vorliegt.

Ein Ausweis der Umsatzsteuer ist nicht zulässig, sofern der Verein die Kleinunternehmerregelung nach § 19 UStG anwendet. Bei Anwendung der Regelung entfällt zudem auch der Vorsteuerabzug.

Die Kleinunternehmergrenze wurde durch das Jahressteuergesetz 2024 mit Wirkung zum 01.01.2025 angehoben. Die Kleinunternehmerregelung kann gemäß § 19 UStG in Anspruch genommen werden, wenn der Vorjahresumsatz (netto) 25.000 Euro nicht überstiegen hat und im laufenden Kalenderjahr 100.000 Euro nicht übersteigen wird. Im Unterschied zu den Regelungen des § 19 UStG a. F. sind Umsätze im Sinne der Vorschrift nunmehr von der Umsatzsteuer befreit.

Bei der Berechnung der Umsatzgrenzen sind ausschließlich die Umsätze aus den wirtschaftlichen Tätigkeitsbereichen einzurechnen.

Vereine können bei Unterschreitung der Umsatzgrenzen des § 19 UStG auf die Anwendung der Kleinunternehmerregelung verzichten und sich der Regelbesteuerung unterwerfen. Das kann insbesondere in den Fällen sinnvoll sein, in denen größere Bauvorhaben realisiert werden sollen und entsprechend hohe Vorsteuerbeträge anfallen.

Bei einem Verzicht nach § 19 Abs. 3 UStG ist der Verein mindestens fünf Jahre hieran gebunden.

Beträgt der ausgewiesene Rechnungsbetrag nicht mehr als 250 Euro, sind gemäß § 33 UStDV folgende Angaben aufzuführen:

- vollständiger Name und Anschrift des leistenden Unternehmers
- das Ausstellungsdatum
- Menge und Art der gelieferten Gegenstände und die Art sonstiger Leistungen
- Bruttobetrag und der anzuwendende Steuersatz
- ggf. Hinweis auf eine Steuerbefreiung

3.3.3 Eigenbeleg

In der Praxis kommt es immer wieder vor, dass ein Originalbeleg verloren geht oder beschädigt wird. Teilweise wird für einen Geschäftsvorfall kein Beleg ausgestellt. Hierbei ist an die Fahrzeugwäsche des Vereinsbusses zu denken, die vor Ort in bar bezahlt wird.

In diesen Fällen ist ein Eigenbeleg auszustellen. Eine gesetzlich vorgeschriebene Form hierzu gibt es nicht. Der Eigenbeleg sollte zum einen den Grund zur Ausstellung enthalten (z. B. Verlust des Originalbelegs). Weiterhin sind das Datum und die Angaben zum Leistungserbringer (und/oder -empfänger) anzugeben. Der Betrag und die Unterschrift vervollständigen den Beleg.

3.4 E-Rechnung

Mit dem Wachstumschancengesetz (BGBl. I 2024 Nr. 108) sind die Regelungen zur Ausstellung von Rechnungen nach § 14 UStG für nach dem 31.12.2024 ausgeführte Umsätze neu gefasst worden. Wesentlicher Kernpunkt ist die Verpflichtung zur Verwendung einer elektronischen Rechnung zwischen inländischen Unternehmen (inländische B2B-Umsätze). Steuerfreie Umsätze nach § 4 Nr. 8–29 UStG, Kleinbetragsrechnungen gemäß § 33 UStDV und Fahrausweise nach § 34 UStDV sind davon ausgenommen.[131]

Die Regelung trat zum 01.01.2025 in Kraft und stellt einen Beitrag zur Digitalisierung des Geschäftsverkehrs dar.

Die Neuregelung betrifft gleichsam auch Vereine, die Leistungen im wirtschaftlichem Tätigkeitsbereich gegenüber anderen Unternehmen erbringen. Gegenüber Privatpersonen kann auch nach dem Stichtag weiterhin eine Papierrechnung oder eine PDF im entsprechenden Format ausgestellt werden.

---

131 BMF, Entwurf III C 2 – S 7287 – a/23/10001 :007 DOK 2014/0530244

Die ursprünglich vorgesehene E-Rechnungspflicht für Kleinunternehmer wurde durch das Jahressteuergesetz 2024 aufgehoben. Durch Einführung des § 34a UStDV dürfen Kleinunternehmer weiterhin sonstige Rechnungen (Papier, PDF) ausstellen.

Gemäß § 34a UStDV muss eine Rechnung von Kleinunternehmern mindestens folgende Angaben enthalten:

- den vollständigen Namen und die vollständige Anschrift des leistenden Unternehmers und des Leistungsempfängers,
- Steuernummer oder Umsatzsteuer-Identifikationsnummer oder Kleinunternehmer-Identifikationsnummer des leistenden Unternehmers,
- das Ausstellungsdatum,
- Menge und Art der gelieferten Gegenstände oder den Umfang und die Art der sonstigen Leistung,
- das Entgelt für die Lieferung oder sonstige Leistung in einer Summe mit Hinweis darauf, dass für die Lieferung oder sonstige Leistung die Steuerbefreiung nach § 19 UStG gilt und
- in den Fällen der Ausstellung der Rechnung durch den Leistungsempfänger oder durch einen von ihm beauftragten Dritten gemäß § 14 Abs. 2 Satz 5 UStG die Angabe „Gutschrift".

Die E-Rechnung liegt vor, wenn die Rechnung in einem strukturierten elektronischen Format ausgestellt, übermittelt und empfangen wird und eine elektronische Verarbeitung (Maschinenlesbarkeit) ermöglicht wird. Diese Anforderungen werden zum Beispiel vom Format XRechnung und dem hybriden Format ZUGFeRD erfüllt.

In den Wirtschaftsjahren 2025 und 2026 dürfen Rechnungen weiterhin im Papierformat ausgestellt werden. Der Empfang von E-Rechnungen ist jedoch zum 01.01.2025 sicherzustellen.

Mit Zustimmung des Rechnungsempfängers und einem Vorjahresumsatz von maximal 800.000 Euro dürfen Papierrechnungen auch im Jahr 2027 weiterhin verwendet werden. Ab dem Wirtschaftsjahr 2028 sind die Vorschriften zur E-Rechnung zwingend einzuhalten.

Vereine, die Umsätze im wirtschaftlichen Bereich ausführen, sollten sich rechtzeitig um eine entsprechende Softwarelösung kümmern, um die neuen Regelungen umsetzen zu können. Hersteller von Buchhaltungsprogrammen bieten bereits jetzt entsprechende Plugins für die gängigen Softwareprodukte an.

3.5 Barkasse

In zahlreichen Vereinen kommt eine sogenannte offene Kasse zum Einsatz. Hierbei handelt es sich regelmäßig um eine Geldkassette, die beispielsweise während einer Veranstaltung zur Vereinnahmung der Geldbeträge aus dem Speisen- und Getränkeverkauf genutzt wird.

3.5.1 Belegausgabepflicht

Die Belegausgabepflicht („Bonpflicht“) wurde mit Wirkung zum 01.01.2020 eingeführt und ergibt sich aus § 146a AO. Demnach muss dem Kunden für jeden Geschäftsvorfall ein Kassenbon ausgestellt werden. Diese Pflicht gilt gemäß § 146a Abs. 1 AO jedoch nur bei Einsatz eines elektronischen Kassensystems. Insofern besteht die Ausgabepflicht nicht bei einer offenen Kasse.

Beim Einsatz eines elektronischen Kassensystems besteht in § 146a Abs. 2 Satz 2 AO eine Möglichkeit zur Befreiung von der Kassenbonpflicht. Diese kommt in Betracht, wenn Waren an eine Vielzahl von nicht bekannten Personen verkauft werden. Über einen entsprechenden Antrag entscheidet das zuständige Finanzamt nach pflichtgemäßem Ermessen.

3.5.2 Aufzeichnungspflicht Barkasse

Gemäß § 146 AO sind Kasseneinnahmen und Ausgaben täglich festzuhalten und somit ein täglicher Kassenbericht zu erstellen. Werden Bareinlagen in die Kasse getätigt, sind diese mittels Belegs nachzuweisen. Gleiches gilt für Kassenausgaben und den Geldtransit auf das Vereinskonto.

Bei der offenen Kasse besteht keine Pflicht, jede einzelne Einnahme aufzuzeichnen. Über den Kassenbericht ergibt sich nach Saldieren des Tagesanfangs- und -endbestands unter Berücksichtigung der Einlagen und Ausgaben das Tagesergebnis.

3.5.3 Unterschiedliche Einnahmen

Werden über die Barkasse während einer Veranstaltung unterschiedliche Arten von Einnahmen abgewickelt (Getränkeverkauf, Eintrittskarten usw.), ist es für die korrekte steuerliche Zuordnung erforderlich, die Beträge den Sphären entsprechend aufzuteilen.

3.6 Kontenrahmen

Um eine übersichtliche Buchführung erstellen zu können, benötigt es einen Rahmen, innerhalb dessen alle Zahlen und Vorgänge erfasst werden. Es gibt eine Vielzahl verschiedener Kontenrahmen für unterschiedliche Branchen.

Für gemeinnützige Körperschaften (Vereine, Stiftungen gGmbHs) gibt es den Standardkontenrahmen SKR 42. Dieser löste zum Wirtschaftsjahr 2025 den bisherigen SKR 49 ab. Der Kontenrahmen systematisiert und gliedert die einzelnen Konten in der Buchführung.

Im Unterschied zum SKR 49 muss eine Zuordnung zu den einzelnen Sphären manuell vorgenommen werden. Die Zuordnung erfolgt über die Kostenstellen:

- 1 = ideeller Bereich
- 2 = Vermögensverwaltung
- 3 = Zweckbetrieb (optional 31–39)
- 4 = wirtschaftlicher Geschäftsbetrieb
- 9 = Sammelposten

Die Verwendung des SKR 42 soll am nachfolgenden Beispiel erläutert werden:[132]

Buchungsbeispiel SKR 42:

Im Verein sind 450 Euro an Mitgliedsbeiträgen eingegangen. Gebucht wird einmal auf Konto 1800 **0** (Bank) und auf das Gegenkonto 4000 **0** (echte Mitgliedsbeiträge) mit der Kostenstelle **1** (ideeller Bereich).

Nun nehmen wir an, der Verein hat Büromaterial im Wert von 2.000 Euro gekauft. Das Material wird zu 50 Prozent im wirtschaftlichen Geschäftsbetrieb und zu 50 Prozent im Zweckbetrieb verwendet.

Der Betrag wird auf zwei Buchungssätze mit den jeweils gleichen Konten gebucht. Angesprochen werden die Konten 1800 **0** (Bank) und 6815 **0** (Büromaterial). In einem Buchungssatz mit der Kostenstelle **3** (Zweckbetrieb), im zweiten Buchungssatz mit der Kostenstelle **4** (wirtschaftlicher Geschäftsbetrieb).

---

[132] Vgl. https://apps.datev.de/help-center/documents/1022900 [Stand: 20.03.2026]

3.7 Übung zur Buchführung

Die nachfolgende Aufstellung listet Geschäftsereignisse in einem Schießsportverein mit Vereinsheim ohne eigenen Schießstand auf. Aus Vereinfachungsgründen erfolgt die Darstellung ohne Umsatzsteuer. Ziel der Übung ist es, eine EÜR mit der entsprechenden Zuordnung zu den Konten und den vier Sphären zu erstellen und das Ergebnis zu bewerten. Die Auflösung findet sich im Anhang.

Einnahmen	
Mitgliedsbeiträge	6.540 EUR
Verkauf Eintrittskarten Sportfest	972 EUR
Spenden	700 EUR
Verkauf Fanartikel	432 EUR
Getränkeverkauf	140 EUR
Zuweisung von Geldauflagen	400 EUR
Verkauf Programmheft Wettkampf	89 EUR
Verkauf Munition an Mitglieder zum sofortigen Verbrauch	970 EUR
Lehrgang Waffensachkunde	2.400 EUR
Pachteinnahmen Vereinsgaststätte	3.200 EUR
Umlage Vereinsabend	300 EUR

Dem stehen folgende Ausgaben gegenüber:

Ausgaben	
Software Vereinsverwaltung	180 EUR
Getränkeeinkauf	120 EUR
Herstellung Programmheft	60 EUR
Herstellung Fanartikel	550 EUR
Instandhaltung Vereinsgebäude	250 EUR
Einkauf Munition	1.200 EUR
Honorar Dozent Lehrgang	1.200 EUR
Aufwand Vereinsabend	250 EUR
Beiträge Landessportbund	310 EUR
Versicherungen (Haftpflicht etc.)	210 EUR
Reparatur Sportgeräte	80 EUR
Kauf neues Luftgewehr	1.200 EUR
Mietzahlungen Schießstand	600 EUR

Ausgaben	
Portokosten	45 EUR
Gas, Wasser und Strom	420 EUR
Telefonkosten	35 EUR

Kontenrahmen Auszug SKR 42:[133]

Einnahmen:

4000 0	echte Mitgliedbeiträge
4040 0	Erträge aus Spenden
4050 0	Geldzuwendungen ohne Zuwendungsbestätigung
4201 0	Erlöse Eintrittskarten
4200 0	Erlöse
4207 0	Erlöse aus Fortbildung/Unterricht
4861 0	Erlöse Vermietung/Verpachtung
4185 0	Erlöse als Kleinunternehmer nach § 19 UStG

3

Ausgaben:

6495 0	Wartungskosten Software
6450 0	Instandhaltung Bauten
6301 0	Verwaltungskosten
6305 0	Kosten Mitgliederverwaltung
6325 0	Gas, Wasser, Strom
6300 0	sonstige betriebliche Aufwendungen
6400 0	Versicherungen
6420 0	Beiträge
6470 0	Reparatur Betriebs- und Geschäftsausstattung
6310 0	Miete (unbewegliche Wirtschaftsgüter)
6800 0	Portokosten
6805 0	Telefonkosten
6850 0	sonstiger Betriebsbedarf
0500 0	sonstige Betriebs- und Geschäftsausstattung
5200 0	Wareneingang
5900 0	Fremdleistungen

[133] Der komplette Kontenrahmen kann unter folgendem Link abgerufen werden: www.datev.de/web/de/datev-shop/material/12902-datev-kontenrahmen-skr-42-vereine-stiftungen-ggmbh-4-abs-3-estg/ [Stand: 20.03.2026]

Kassenprüfung

4.1 Grundsätze

Die Kassenprüfer haben die Aufgabe, die Bücher des Vereins und somit die Geschäftsführung zu kontrollieren. Sie erteilen den Mitgliedern im Rahmen der Mitgliederversammlung Auskunft darüber, ob die Finanzbewegungen im Verein ordnungsgemäß erfasst wurden und berichten über eventuell aufgedeckte Unregelmäßigkeiten.

Die Kassenprüfung im Verein ist nicht durch den Gesetzgeber geregelt. Somit existiert keine Beschreibung der wesentlichen Parameter zu dieser Aufgabe und insbesondere auch keine gesetzliche Pflicht zur Durchführung.

So obliegt es dem Verein, die Vorgaben zur Kassenprüfung in der Satzung zu regeln. Insbesondere können folgende Punkte bestimmt werden:

- Anzahl der Kassenprüfer
- Amtszeit
- Umfang der Kassenprüfung
- Prüfungsturnus
- Rechte der Kassenprüfer

Fehlt es an einer Satzungsregelung, kann sich die Durchführung der Kassenprüfung aus dem Gewohnheitsrecht ergeben. Dies wäre anzunehmen, wenn seit Jahren die Kasse geprüft wird, obwohl es hierzu keine Grundlage in der Satzung gibt.

Die Mitgliederversammlung kann ebenfalls eine Prüfung der Kasse beschließen.

4.2 Fachliche Eignung

Die Kassenprüfung ist eine teilweise komplexe Aufgabe, die oftmals unterschätzt wird. Es reicht regelmäßig nicht aus, lediglich die Kontostände mit den Beträgen aus den Aufzeichnungen abzugleichen.

In einem gemeinnützigen Verein sind Kenntnisse im Gemeinnützigkeitsrecht unabdingbar. Ohne dieses Wissen wäre es nicht möglich, im Rahmen der Kassenprüfung Verstöße gegen die Vorgaben zur Gemeinnützigkeit festzustellen.

Abhängig von der Größe des Vereins und der Art der Buchhaltung, sind Kenntnisse im Bereich der doppelten Buchführung erforderlich.

Beschäftigt der Verein Mitarbeiter, braucht es hierfür eine gewisse Expertise im Bereich der Lohnabrechnung und des Sozialversicherungsrechts.

4.3 Inhalt der Kassenprüfung

Erhalten Kassenprüfer den Auftrag zur Prüfung der Finanzen, muss dieser Auftrag sorgfältig ausgeführt werden. Die Prüfung umfasst insbesondere folgende Punkte:

- Vollständigkeit der Belege
- Anfangs- und Endsalden der Bankkonten
- korrekte Zuordnung zu den vier Sphären
- sachliche und zeitliche Zuordnung
- Anlagevermögen
- Protokoll über Löschungen in der Buchführung (EDV)
- Einhaltung der Vorgaben §§ 51–68 AO
- wirtschaftliche Mittelverwendung

Zu den Pflichten gehört zudem die Erstellung eines Prüfberichts.

4.4 Rechte der Kassenprüfer

Zunächst hängen die Rechte der Kassenprüfer von den hierzu getroffenen Satzungsregelungen ab. Fehlt es daran, ist der Kassenprüfer im Zweifel berechtigt, Einsicht in alle Geschäftsunterlagen des Vereins zu nehmen. Somit kommt dem Kassenprüfer ein umfassendes Auskunfts- und Informationsrecht zu.

Der Vorstand und die Kassenführung sind dazu verpflichtet, alle zur Prüfung erforderlichen Unterlagen vorzulegen.

4.5 Erforderliche Unterlagen

Nur bei einer umfassenden Einsichtnahme in die entsprechenden Unterlagen ist eine seriöse Auskunft über den Zustand der Buchhaltung möglich. Demnach sind im Rahmen der Kassenprüfung insbesondere folgende Unterlagen zur Verfügung zu stellen:

- Aufzeichnungen (auch EDV)
- Kassenbücher (sofern vorhanden)
- Kontoauszüge
- Belege
- Gehaltsabrechnungen
- Abrechnungen mit Übungsleitern
- Anlagenverzeichnis

4.6 Verschwiegenheitspflicht

Aus dem BGB ergibt sich zunächst keine Pflicht zur Verschwiegenheit der Kassenprüfer. Diese leitet sich vielmehr aus § 2 Nr. 1 GeschGehG ab. Demnach haben die Kassenprüfer Zugang zu Geschäftsgeheimnissen des Vereins. Vereinsinterna dürfen nicht weitergegeben werden.

Tipp:

In der Praxis empfiehlt sich eine schriftliche Fixierung über die erfolgte Belehrung zur Verschwiegenheitspflicht nach folgendem Muster

Herr/Frau .... wurde am xx.xx.xxxx bei der Übergabe der im Rahmen der Kassenprüfung erforderlichen Unterlagen über die Schweigepflicht bezüglich aller internen und externen Vereinsvorgänge belehrt.

Unterschrift

4.7 Prüfbericht

Nach durchgeführter Kassenprüfung erfolgt die Anfertigung eines Prüfberichts. Der Bericht dient zum einen als Nachweis über den durchgeführten Auftrag, zum anderen dazu, in der Mitgliederversammlung die Ergebnisse der Prüfung zu erläutern.

Der Bericht sollte folgende Punkte beinhalten:

- Datum der Prüfung
- Name der Kassenprüfer
- vorgelegte Unterlagen
- geprüfter Zeitraum
- Ergebnis der Prüfung
- eventuelle Beanstandungen
- Antrag auf Entlastung
- Antrag auf Teilentlastung (bei Beanstandungen)
- ergänzende Hinweise und Vorschläge
- Unterschriften

4.8 Entlastung des Vorstands

Die Entlastung des Vorstands durch die Mitgliederversammlung bedeutet den Verzicht des Vereins auf Schadensersatzansprüche gegenüber dem Organ. Sie wird immer rückwirkend für das zurückliegende Geschäftsjahr erteilt.

Entscheidend hierbei ist, dass eine wirksame Entlastung nur für die Sachverhalte erfolgen kann, die der Mitgliederversammlung bekannt gemacht wurden.[134] Die Bedeutung soll am folgenden Beispiel erklärt werden.

Beispiel:

Der Verein hat ein größeres Bauvorhaben realisiert, jedoch hat der Vorstand zu keinem Zeitpunkt eine erforderliche Baugenehmigung eingeholt. In der Mitgliederversammlung wurde regelmäßig über den Baufortschritt berichtet. Das Fehlen der Baugenehmigung wurde bewusst verschwiegen. Bei einer

[134] OLG Brandenburg, Urteil vom 24.01.2024, Az. 7 U 2/23

späteren Überprüfung ordnet das Bauamt den Rückbau der Anlagen aufgrund der fehlenden Genehmigung an. Hierdurch entsteht dem Verein ein Schaden in Höhe von 30.000 Euro.

Eine in den vorherigen Versammlungen erteilte Entlastung hätte bezüglich des Schadens keine Wirkung, da den Mitgliedern der baurechtswidrige Zustand zu keinem Zeitpunkt bekannt gewesen ist.

Die Entlastung kann auch in Teilen erfolgen. Dieses Vorgehen ist immer dann anzuraten, wenn bei der Prüfung eine einzelne Ungereimtheit bei einer ansonsten ordnungsgemäßen Buchführung festgestellt wurde. Als Beispiel wäre eine getätigte Ausgabe ohne entsprechenden Beleg und Erklärung zu nennen.

4.9 Verweigerung der Entlastung

Wird dem Vorstand die Entlastung verweigert, ist dies als Missbilligung der Vorstandsarbeit zu verstehen. Die fehlende Entlastung hat entgegen der weit verbreiteten Auffassung innerhalb der Vereine keinen unmittelbaren Effekt auf die weitere Amtszeit. Demnach ist ein Rücktritt aufgrund der fehlenden Entlastung nicht erforderlich.

Aus Sicht des Vorstands sollte der Vorgang ernst genommen werden. Immerhin steht man im Auftrag der Mitglieder an der Spitze des Vereins, und die Mitglieder verlassen sich darauf, dass die Geschäfte entsprechend sorgfältig und korrekt geführt werden.

Zunächst gilt es, die genauen Gründe für die Verweigerung zu analysieren. Handelt es sich um aufgedeckte Mängel in der Finanzbuchhaltung, können Lösungen erarbeitet werden, um die Mängel zu beseitigen.

Möchte der Vorstand nicht bis zur nächsten Hauptversammlung warten, um über durchgeführte Nachbesserungen zu berichten, kann eine außerordentliche Mitgliederversammlung einberufen werden. Der einzige Tagesordnungspunkt wäre dann die Vorlage der überarbeiteten Buchführung, gepaart mit dem Antrag auf Entlastung.

Vorstandsmitglieder des Vereins haben keinen einklagbaren Anspruch auf Entlastung. Sie können bei verweigerter Entlastung aber negative Feststellungsklage mit dem Ziel erheben, dass dem Verein keine Ersatzansprüche aus ihrer Vorstandstätigkeit gegen sie zustehen.[135]

4.10 Gründe zur Verweigerung

Die Gründe zur Verweigerung der Entlastung sind vielschichtig. Die wichtigsten Ursachen im Überblick:

- fehlende Belege
- ungeklärte Mittelverwendung
- falsche Zuordnung zu den Sphären
- Differenz zwischen Kontostand und Buchhaltung
- offensichtliche Mittelfehlverwendung
- Vorstand stellt nicht alle Informationen zur Verfügung

Es gilt immer abzuwägen, wie gravierend ein festgestellter Mangel ist. So ist ein fehlender Beleg über einen Betrag von beispielsweise 50 Euro anders einzuordnen als eine Mittelfehlverwendung dergestalt, dass ein Vorstandsmitglied einen Satz Winterreifen für seinen privaten Pkw mit Vereinsmitteln bezahlt hat.

4.11 Haftung der Kassenprüfer

Aus dem Auftragsverhältnis zwischen Mitgliederversammlung und Kassenprüfer lässt sich unter Umständen eine Haftung ableiten. Die Haftung kommt für grobe Fahrlässigkeit oder Vorsatz in Betracht. Insbesondere haftet der Kassenprüfer, wenn er Missstände in den Unterlagen feststellt, diese aber bewusst verheimlicht und dem Verein hieraus ein Schaden entsteht.

Zur Haftungsfreistellung später mehr in Kapitel 8 „Haftung".

4.12 Übung zur Kassenprüfung

Im Folgenden sind exemplarisch Geschäftsvorfälle zu finden, wie sie regelmäßig in Vereinen vorkommen. Die Aufgabe besteht darin, die einzelnen Vorgänge mit Blick auf die Vorgaben des Gemeinnützigkeitsrechts zu bewerten. Die Auflösung befindet sich im Anhang.

---

[135] OLG Köln, Urteil vom 29.03.1996, Az. 16 W 20/96

In der Buchhaltung finden sich folgende Sachverhalte:

1. Ausgabe 150 EUR, Vergütung 1. Vorsitzender
2. Eigenbeleg 10 EUR Fahrzeugwäsche, Barzahlung
3. Ausgabe 250 EUR, Bälle, ideeller Bereich
4. Einnahme 800 EUR, Werbeeinnahmen Lautsprecherdurchsage, Zweckbetrieb
5. Einnahme 1.300 EUR, Verkauf Fanshop, ideeller Bereich
6. Ausgabe 900 EUR, 90 EUR/Mitglied Zuschuss Vereinsabend, ideeller Bereich
7. Einnahme 750 EUR, Verpachtung Werberechte Banden, Vermögensverwaltung
8. Ausgabe 250 EUR, pauschale Zahlung für Fahrten an Mitglied
9. Einnahme 1.500 EUR, Sponsorengelder, wirtschaftlicher Geschäftsbetrieb
10. Vergütung Geschäftsführer 45.000 Euro, ideeller Bereich

Spenden

5.1 Begriff der Spende

Spenden gehören zu den wichtigsten Einnahmen im Zusammenhang mit der Finanzierung der satzungsgemäßen Zwecke in der Vereinsarbeit. Die sichere Abgrenzung zwischen Spenden und Sponsoring ist die Grundvoraussetzung für die korrekte steuerliche Zuordnung der Beträge.

Im folgenden Kapitel betrachten wir die wesentlichen Regelungen zur Spende.

Der Begriff „Spende" ist durch den Gesetzgeber nicht legaldefiniert. Somit lässt sich nicht in einer Gesetzessammlung nachschauen, unter welchen Bedingungen ein Geschäftsvorfall als Spende anzusehen ist.

Zur Prüfung, ob eine Spende vorliegt, ist auf die von der Rechtsprechung entwickelten Maßstäbe abzustellen. So definiert der BFH die Spende als eine freiwillige und unentgeltliche Zuwendung (Geld- oder Sachzuwendung) des Spenders für die satzungsgemäßen Zwecke des (gemeinnützigen) Empfängers, die das geldwerte Vermögen des Spenders mindert.[136]

5

5.1.1 Freiwilligkeit

Der Begriff „Spende" erfordert somit ein freiwilliges Handeln des Spenders. Hierunter wird in erster Linie ein Handeln verstanden, zu dem man als Spender rechtlich nicht verpflichtet ist.[137]

Daneben wird aber auch ein Handeln aufgrund einer freiwillig eingegangenen rechtlichen Verpflichtung als ausreichend angesehen (zum Ganzen BFH-Urteile vom 25.11.1987, Az. I R 126/85; BFHE 151, 544, BStBl. II 1988, S. 220, unter III.2.a, und vom 12.09.1990, Az. I R 65/86; BFHE 162, 407, BStBl. II 1991, S. 258, unter II.3.a). So ist ein Spendenabzug beispielsweise zugelassen worden für Zahlungen, die aufgrund einer in einem Stiftungsgeschäft freiwillig begründeten Rechtspflicht erbracht werden.[138]

---

136 BFH, Urteil vom 05.02.1992, Az. I R 63/91

137 BFH, Urteil vom 15.01.2019, Az. X R 6/17

138 BFH-Urteil vom 05.02.1992, Az. I R 63/91; BFHE 168, 35, BStBl. II 1992, S. 748, unter II.1.

5.1.2 Unentgeltlichkeit

An der Unentgeltlichkeit fehlt es, wenn der Spender eine Gegenleistung des Zuwendungsempfängers erhält. Hierunter fällt auch die unzulässige „Eintrittsspende". Sie liegt vor, wenn der Verein bei der Aufnahme von einem neuen Mitglied erwartet, dass aufgrund der Aufnahme innerhalb einer bestimmten Frist ein festgelegter Betrag an den Verein zu spenden ist.

Gleiches gilt für Gegenleistungen durch Personen, die dem Zuwendungsempfänger nahestehen.[139]

5.1.3 Mitgliedsbeiträge

Mitglieder gehen oftmals davon aus, dass der durch die Vereinsmitgliedschaft geschuldete Mitgliedsbeitrag in der Einkommensteuererklärung als Sonderausgabe berücksichtigt werden kann.

Hierbei ist zu prüfen, ob es sich bei der Betätigung im Verein um Freizeitzwecke im Sinne des § 10b Abs. 1 Satz 8 EStG handelt. Nach der Vorschrift ist ein Abzug von Mitgliedsbeiträgen ausgeschlossen bei Körperschaften, die

- den Sport (§ 52 Abs. 2 Satz 1 Nr. 21 AO),
- die kulturelle Betätigung, die in erster Linie der Freizeitgestaltung dient,
- die Heimatpflege und Heimatkunde (§ 52 Abs. 2 Satz 1 Nr. 22 AO) und
- die Zwecke im Sinne des § 52 Abs. 2 Satz 1 Nr. 23 AO

fördern. Außerdem bei Körperschaften, deren Zweck nach § 52 Abs. 2 Satz 2 AO für gemeinnützig erklärt worden ist, weil deren Zweck die Allgemeinheit auf materiellem, geistigem oder sittlichem Gebiet entsprechend einem Zweck nach den Nummern 1 bis 4 fördert.

Abziehbar sind im Sinne der Vorschrift Mitgliedsbeiträge an Körperschaften, die Kunst und Kultur gemäß § 52 Abs. 2 Satz 1 Nr. 5 AO fördern. Hiervon umfasst sind beispielsweise Kunstvereine oder Fördervereine von Museen, während hiervon kulturelle Freizeitzwe-

---

[139] BFH, Urteil vom 09.12.2014, Az. X R 4/11, BFH/NV 2015, 853

cke wie beispielsweise Musikvereine, Fördervereine von Musik- und Gesangsvereinen oder auch Theatervereine abzugrenzen sind.

Von einer Freizeitgestaltung ist immer dann auszugehen, wenn sich die Mitglieder des Vereins selbst im Rahmen einer aktiven Mitwirkung kulturell betätigen und somit ihre Freizeit gestalten. So ist im Einzelfall ein Abzug unter Umständen möglich, wenn es sich um einen Mitgliedsbeitrag an einen Förderverein einer Musikschule handelt.[140]

5.2 Sachspenden aus dem Betriebsvermögen

Spendet ein Unternehmer dem Verein Gegenstände aus dem Betriebsvermögen, ist der maßgebliche Wert der Zuwendung mit dem Entnahmewert (zuzüglich der bei der Entnahme angefallenen Umsatzsteuer) im Sinne des § 10b Abs. 3 Satz 2 EStG anzusetzen. Der Entnahmewert ist grundsätzlich der Teilwert.

Der Teilwert ist der Betrag, den ein Erwerber des ganzen Betriebs im Rahmen des Gesamtkaufpreises für das einzelne Wirtschaftsgut ansetzen würde. Dabei wird davon ausgegangen, dass der Erwerber den Betrieb nach dem Kauf fortführt (§ 6 Abs. 1 Satz 5 EStG).

Der Entnahmewert kann auch der Buchwert sein, wenn das Wirtschaftsgut unmittelbar nach der Entnahme für steuerbegünstigte Zwecke gespendet wird (vgl. Buchwertprivileg § 6 Abs. 1 Nr. 4, 5 EStG). Der auf der Zuwendungsbestätigung ausgewiesene Betrag darf den bei der Entnahme angesetzten Wert nicht überschreiten.

5.3 Sachspenden aus dem Privatvermögen

Bei einer Sachspende aus dem Privatvermögen kommt grundsätzlich der gemeine Wert des jeweiligen Wirtschaftsguts zum Ansatz. Der „gemeine Wert" ist im Einkommensteuergesetz nicht definiert. Maßgeblich ist deshalb nach § 1 BewG die Begriffsbestimmung des § 9 Abs. 2 BewG. Danach bestimmt sich der gemeine Wert durch den Preis, der im gewöhnlichen Geschäftsverkehr nach der Beschaffenheit des Wirtschaftsguts bei einer Veräußerung zu erzielen wäre. Hiermit ist der Marktwert gemeint. Zur Bestimmung des Marktwerts kann somit ein Vergleich mit ähnlichen Wirtschaftsgütern vorge-

[140] Vgl. hierzu insbesondere FM Baden-Württemberg, Veröffentlichung vom Januar 2022: https://fm.baden-wuerttemberg.de/de/startseite/service/publikation/did/steuertipps-fuer-gemeinnuetzige-vereine-1 [Stand: 20.03.2026]

nommen werden. Diese Möglichkeit bietet sich zum Beispiel unter Zuhilfenahme der einschlägigen Anzeigenportale.

Gemäß BFH sind für den Nachweis des gemeinen Werts strenge Maßstäbe anzusetzen.[141] Bei gebrauchten Wirtschaftsgütern können folgende Unterlagen und Dokumente eine Einschätzung des gemeinen Werts unterfüttern:

- Anschaffungsrechnung
- Wertgutachten
- Angebote für ein vergleichbares Wirtschaftsgut

Bestehen Zweifel am bezifferten Wert, trägt das Risiko hierfür der Spendenempfänger. Daher ist unbedingt davon abzuraten, eine fantasievolle Bewertung vorzunehmen, die sich bei einem Vergleich als unrealistisch herausstellen würde.

Lässt sich der Marktwert nicht aus bereits erfolgten Verkäufen ableiten, muss eine Schätzung vorgenommen werden.[142]

5.4 Rückspende

5

Beispiel:

Ein Vereinsmitglied fährt mit seinem privaten Pkw zum Großhandel, um Büromaterial für die Geschäftsstelle einzukaufen. Für die hierbei anfallenden Fahrtkosten entsteht dem Mitglied ein Erstattungsanspruch aus § 670 BGB gegenüber dem Verein.

Um den Verein zu unterstützen, verzichtet das Vereinsmitglied auf die Auszahlung und spendet den Betrag dem Verein.

In diesem Fall handelt es sich um eine sogenannte Aufwandsspende. Zuwendungen von Nutzungen und Leistungen sind gemäß § 10b Abs. 3 Satz 1 EStG als Aufwandsspende grundsätzlich ausgeschlossen.

Bei der Aufwandsspende handelt es sich dem Prinzip nach um eine Geldspende, die über einen verkürzten Zahlungsweg geleistet wird.

5.4.1 Grundlage zur Rückspende

Hat das Vereinsmitglied demnach einen Aufwendungsersatzanspruch gegenüber dem Verein (Zuwendungsempfänger) und ver-

141 BFH, Urteil vom 23.05.1989, Az. X R 17/85

142 BFH, Urteil vom 24.01.1975, Az. III R 4/73

zichtet er darauf, ist ein Spendenabzug nach § 10b Abs. 3 Satz 5 EStG allerdings nur dann rechtlich zulässig, wenn der entsprechende Aufwendungsersatzanspruch durch einen Vertrag oder die Satzung eingeräumt worden ist, und zwar bevor die zum Aufwand führende Tätigkeit begonnen worden ist. Die Anerkennung eines Aufwendungsersatzanspruchs ist auch in den Fällen eines rechtsgültigen Vorstandsbeschlusses möglich, wenn der Vorstand dazu durch eine Regelung in der Satzung ermächtigt wurde.[143]

Entscheidend ist demnach, ob sich der Anspruch auf Aufwandserstattung aus der Satzung oder einer anderen aus der Satzung hervorgegangenen Vereinsordnung ableiten lässt. Hierbei ist beispielsweise an eine Reisekostenverordnung zu denken. Jedenfalls sind für den eindeutigen Nachweis über das Bestehen eines Anspruchs auf Erstattung klare Regelungen im Vornhinein zu treffen.[144]

5.4.2 Ernsthaftigkeit des Verzichts

5

Es wird verlangt, dass der Aufwandsersatzanspruch ernsthaft eingeräumt wurde und nicht bereits von vornherein unter der Bedingung des Verzichts steht. Unzulässig wäre die Aufwandsspende immer dann, wenn sich der Verein in einer finanziellen Schieflage befindet und die wirtschaftliche Situation eine Auszahlung des Aufwandsersatzes unmöglich machen würde. Des Weiteren kann bei folgenden Indizien von der Ernsthaftigkeit von Vergütungs- und Aufwendungsersatzansprüchen ausgegangen werden:

- eine dem allgemeinen Geschäftsgebaren entsprechende Fälligkeitsfrist nach Entstehung des Anspruchs
- die zeitliche Nähe der Verzichtserklärung zur Fälligkeit des Anspruchs

5.4.3 Zeitnahe Erklärung

Wichtig ist, dass die Verzichtserklärung zeitnah erfolgt. Handelt es sich um einen einmaligen Anspruch, ist der Verzicht innerhalb von drei Monaten zu erklären. Bei regelmäßiger Ausübung der Tätigkeit ist eine zeitnahe Erklärung auch noch dann gegeben, wenn der

---

143 BMF, Schreiben vom 25.11.2014, Az. IV C 4 – S 2223/07/0010/ :05; BMF, Schreiben vom 24.08.2016, Az. IV C 4 – S 2223/07/0010:007

144 FG München, Urteil vom 07.07.2009, Az. 6 K 3583/07

Verzicht innerhalb eines Jahres nach Fälligkeit des Anspruchs erklärt wird. Als regelmäßig ist eine Tätigkeit anzusehen, die gewöhnlich monatlich ausgeübt wird.[145]

5.5 Spendenhaftung

Nach § 10b Abs. 4 Satz 2 EStG haftet für die entgangene Steuer, wer vorsätzlich oder grob fahrlässig eine unrichtige Spendenbestätigung ausstellt (Ausstellerhaftung) oder veranlasst, dass Zuwendungen nicht zu den in der Bestätigung angegebenen steuerbegünstigten Zwecken verwendet werden (Veranlasserhaftung). Die entgangene Steuer ist mit 30 Prozent des zugewendeten Betrags anzusetzen.

Grobe Fahrlässigkeit ist nach ständiger Rechtsprechung des BFH anzunehmen, wenn der Steuerpflichtige die ihm nach seinen persönlichen Fähigkeiten und Verhältnissen zumutbare Sorgfalt in ungewöhnlichem Maße und in nicht entschuldbarer Weise verletzt hat.[146]

Die beiden Haftungstatbestände „Ausstellerhaftung" und „Veranlasserhaftung" sind durch das Vereinsförderungsgesetz (Vereins-FG) vom 18.12.1989 (BGBl. I 1989, S. 2212) eingeführt worden, um Steuerausfälle zu kompensieren, die dadurch entstehen, dass gutgläubigen Spendern trotz unrichtiger Spendenbestätigungen oder Fehlverwendung der Spende der gewährte Steuerabzug erhalten bleiben soll.[147]

5

5.5.1 Ausstellerhaftung

Die Ausstellerhaftung sanktioniert schuldhaftes Handeln bei der Ausstellung der Spendenbestätigung.

Die Ausstellerhaftung greift insbesondere in den Fällen, in denen die Körperschaft eine Zuwendungsbestätigung ausstellt, obwohl keine Spende vorliegt, weil der vermeintliche Spender vom Verein eine Gegenleistung erhalten hat. Gleiches gilt in den Fällen, in denen in der Zuwendungsbestätigung ein überhöhter Wert der Spende angegeben wird.

Die Ausstellerhaftung soll mit folgendem Beispiel verdeutlicht werden:

---

145 BMF, Schreiben vom 24.08.2016, Az. IV C 4 – S 2223/07/0010:007

146 Ständige Rechtsprechung; vgl. BFH, Urteil vom 19.12.2006, Az. VI R 59/02 BFH/NV 2007, 866 m. w. N.

147 BT-Drs. 11/4176, S. 16

Beispiel:

Der Musterstadt e. V. veranstaltet ein großes Sportturnier und konnte zur Unterstützung den ortsansässigen Sportartikelhändler gewinnen. Der Händler spendet dem Verein insgesamt 1.000 Stück Fitnessriegel, wovon der Verein die Hälfte für die sportliche Veranstaltung verwendet, die andere Hälfte wird während einer geselligen Veranstaltung des Vereins an Mitglieder verkauft.

Auf Bitten des Händlers stellt der Verein eine Zuwendungsbestätigung über die gesamten 1.000 Riegel aus.

Vorliegend hätte der Verein eine Zuwendungsbestätigung lediglich für die im Zweckbetrieb verwendeten 500 Riegel ausstellen dürfen, da die übrigen 500 Riegel im wirtschaftlichen Geschäftsbetrieb verkauft wurden.

5.5.2 Veranlasserhaftung

In zahlreichen Fällen bestimmt der Spender bereits, in welchem Bereich bzw. für welchen Zweck die Zuwendung vorgesehen ist.

Beispiel:

Der Spender kommuniziert dem Verein im Vorfeld, dass die Mittel für die Jugendmannschaft vorgesehen sind. Verwendet der Verein die Mittel anschließend im wirtschaftlichen Geschäftsbetrieb, um die Zapfanlage der selbst bewirtschafteten Vereinsgaststätte zu erneuern, liegt eine Fehlverwendung der Spende vor.

Durch die Haftung soll ein Fehlverhalten des Empfängers der Zuwendung im Zusammenhang mit der Spendenverwendung sanktioniert werden.[148]

5.5.3 Adressat der Haftung

Die Ausstellerhaftung trifft grundsätzlich nur die Körperschaft, da in § 50 Abs. 1 EStDV festgelegt ist, dass Zuwendungsbestätigungen

[148] BGH, Urteil vom 24.04.2002, BStBl. 2003 II, S. 128

vom Empfänger auszustellen sind. Da als Zuwendungsempfänger nur die in § 49 EStDV genannten Einrichtungen in Betracht kommen, sind diese allein Aussteller im Sinne der Norm (BGH, a. a. O.).

Die Ausstellerhaftung greift gegenüber natürlichen Personen in den Fällen, wenn die Person außerhalb des ihr zugewiesenen Wirkungskreises gehandelt hat.

Auch bei der Veranlasserhaftung ist nach § 10b Abs. 4 Satz 4 EStG Haftungsschuldner vorrangig die Körperschaft. Gegenüber einer natürlichen Person kommt eine Haftung in Betracht, wenn die entgangene Steuer nicht nach § 47 AO erloschen ist oder der fällige Betrag bei der Körperschaft nicht vollstreckt werden kann.[149]

5.6 Höchstbeträge

Mit einer Spende mindert sich bei natürlichen Personen und Körperschaften der Gesamtbetrag der Einkünfte bzw. des Gewerbeertrags. Der Spendenbetrag wirkt sich jedoch nicht unbegrenzt auf die Steuerlast aus. So können nach § 10b Abs. 1 Nr. 1, 2 EStG als Sonderausgabe abgezogen werden:

- 20 Prozent des Gesamtbetrags der Einkünfte
- alternativ 4 Prozent der gesamten Umsätze und der im Kalenderjahr aufgewendeten Löhne und Gehälter

Überschreiten die abziehbaren Zuwendungen die vorstehend genannten Höchstgrenzen und können daher nicht steuerlich berücksichtigt werden, können sie im Spendenvortrag in den folgenden Jahren geltend gemacht werden.

5.7 Zuwendungsbestätigung

Die Ausstellung von Zuwendungsbestätigungen gehört zu den Anforderungen an die tatsächliche Geschäftsführung des Vereins.[150]

5.7.1 Zuständigkeit

Zuständig für die Ausstellung der Zuwendungsbestätigung ist grundsätzlich eine durch Satzung oder Auftrag zur Entgegennah-

[149] OFD Frankfurt/Main, Verfügung vom 17.03.2014. Az. S 2223 A – 95 – St 53
[150] AEAO zu § 63, Tz. 3

me von Geld- und Sachzuwendungen berechtigte Person.[151] Hierbei handelt es sich nicht automatisch um den Vorstand des Vereins, denkbar wäre auch ein Geschäftsführer oder Schatzmeister.

5.7.2 Grundsätze

Das BMF hat mit Schreiben vom 04.05.2011 die wesentlichen Festlegungen zur Zuwendungsbestätigung getroffen:

- In einer auf einen bestimmten Zuwendungsempfänger zugeschnittenen Zuwendungsbestätigung müssen nur die Angaben aus den veröffentlichten Mustern übernommen werden, die im Einzelfall einschlägig sind.
- Die Wortwahl und die Reihenfolge der vorgegebenen Textpassagen in den Mustern sind beizubehalten, Umformulierungen sind unzulässig.
- Die Größe von DIN A4 darf nicht überschritten werden.
- Das Anbringen von Danksagungen oder Werbung ist unzulässig. Entsprechende Texte auf der Rückseite sind zulässig.
- Hervorhebungen, zum Beispiel des Namens des Spenders, sind zulässig.
- Die Nennung aller steuerbegünstigten Zwecke der Körperschaft ist zulässig.
- Es ist eine Kopie der Zuwendungsbestätigung aufzubewahren.

Tipp:

Die amtlichen Muster zur Zuwendungsbestätigung können direkt beim BMF abgerufen werden:

https://esth.bundesfinanzministerium.de/esth/2020/C-Anhaenge/Anhang-37/I/anhang-37-I.html

Code zum Abruf

---

[151] OFD Koblenz, Verfügung vom 16.02.2009, Az. S 2223 – St 33 1

5.7.3 Elektronische Spendenquittung

Mit dem Wachstumschancengesetz vom 27.03.2024 (BGBl. I 2024, Nr. 108) wurde für Zuwendungsempfänger, die das Bundeszentralamt für Steuern in das Zuwendungsempfängerregister nach § 60b AO aufgenommen hat, der Weg zum Zuwendungsnachweis über die amtlich vorgeschriebenen Vordrucke bzw. die elektronische Spendenquittung im Sinne des § 50 Abs. 2 EStDV eröffnet.

Die neuen Bestimmungen gelten für Zuwendungen, die der Organisation nach dem 31.12.2024 zufließen.[152]

5.8 Zuwendungsempfängerregister

Der Gesetzgeber hat mit dem Jahressteuergesetz 2020 die Einführung des Zuwendungsempfängerregisters beschlossen. Seit dem 30.01.2024 ist das Register online erreichbar unter: https://zer-poc.bzst.de

In der deutschen Steuerverwaltung ist gemäß § 5 Abs. 1 Nr. 47 FVG das Bundeszentralamt für Steuern (BZSt) für das Zuwendungsempfängerregister zuständig. Dieses bundesweite Register umfasst alle Organisationen, die berechtigt sind, Zuwendungsbestätigungen (Spendenquittungen) auszustellen.

5.8.1 Zweck

Das Zuwendungsempfängerregister soll nach dem Willen des Gesetzgebers primär für mehr Transparenz und Sicherheit bei der Mittelzuwendung sorgen. Es ist als einfach zu handhabendes Tool zu verstehen, mit dessen Hilfe sich Bürger, Unternehmen und Fördermittelgeber einfach und unkompliziert über den gemeinnützigkeitsrechtlichen Status der Organisation informieren können, die eine Zuwendung erhalten soll.

Gemäß § 5 Abs. 1 Nr. 47 Buchst. c FVG führt das BZSt zudem einen Abgleich der in den Verfassungsschutzberichten des Bundes und der Länder als „extremistisch" eingestufte Organisationen mit den im Zuwendungsempfängerregister aufgeführten Körperschaften durch. Das Ergebnis der Prüfung wird dem für die Organisation zuständigem Finanzamt mitgeteilt. Liegen die Voraussetzungen

[152] BT-Drs. 20/8628, S. 142

gemäß § 51 Abs. 3 AO vor, entscheidet das Finanzamt über den Entzug der Gemeinnützigkeit.[153]

Neben der Bereitstellung von Informationen schützt das Zuwendungsempfängerregister somit potenzielle Spender davor, einer nicht zum Spendenempfang berechtigten Organisation Mittel zuzuwenden.

5.8.2 Inhalt

Zu den im Zuwendungsempfängerregister geführten Organisationen zählen insbesondere:

- gemeinnützige Körperschaften im Sinne des § 5 Abs. 1 Nr. 9 KStG
- juristische Personen des öffentlichen Rechts
- Parteien und Wählervereinigungen im Sinne des § 34g EStG

Um sich ein möglichst umfassendes Bild einer Organisation verschaffen zu können, sind gemäß § 60b Abs. 2 AO folgende Daten gespeichert:

- Wirtschaftsidentifikationsnummer
- Name
- Anschrift
- steuerbegünstigte Zwecke nach §§ 52–54 AO
- Datum der Anerkennung als Partei im Sinne des § 2 PartG
- Datum der Anerkennung als Wählervereinigung
- Status als juristische Person des öffentlichen Rechts
- zuständige Finanzbehörde
- Datum des letzten Freistellungsbescheids, der Anlage zum Körperschaftsteuerbescheid oder des Feststellungsbescheids nach § 60a AO
- Kontoverbindung bei Banken, Kreditinstituten und Bezahldienstleistern

---

153 Vgl. www.bzst.de/DE/Unternehmen/Gemeinnuetzigkeit/Zuwendungsempfaengerregister/Zuwendungsempfaengerregister_node.html [Stand: 20.03.2026]

Die Daten zu inländischen Zuwendungsempfängern werden von den Finanzämtern dem Bundeszentralamt für Steuern automatisiert übermittelt.

Das Register soll in einer späteren Ausbaustufe den Organisationen die Möglichkeit bieten, freiwillig Angaben zu ergänzen. Insbesondere können dann Angaben zur eigenen Homepage eingepflegt werden.

Zu beachten ist jedoch, dass das Zuwendungsempfängerregister keine konstitutive Wirkung besitzt. Demnach lässt das Fehlen einer Organisation keinen negativen Rückschluss auf den gemeinnützigkeitsrechtlichen Status zu. Bestehen Zweifel daran, ob eine Organisation zur Ausstellung von Zuwendungsbestätigungen berechtigt ist, sollte man sich vor der Mittelzuwendung einen entsprechenden Nachweis (Freistellungsbescheid, Feststellungsbescheid nach § 60a AO) vorlegen lassen.

5.8.3 Funktion

Die Nutzung des Registers ist mit der Funktion einer Suchmaschine zu vergleichen. In einer Onlinemaske werden die vorhandenen Angaben zur gesuchten Organisation eingegeben und abgefragt. Im Suchergebnis werden neben dem Namen der Organisation die Anschrift, die steuerbegünstigten Zwecke und das Datum des letzten Freistellungs- oder Feststellungsbescheids angezeigt.

Sponsoring

6.1 Grundsätze

Im Unterschied zur Spende findet beim Sponsoring ein Leistungsaustausch zwischen den beteiligten Parteien statt. Sponsoring ist ein gängiges Mittel der Kommunikationsarbeit in Unternehmen.

Beim Sponsoring handelt es sich üblicherweise um einen Austausch von Leistungen zwischen Unternehmen und einem Verein. Das Unternehmen gewährt dem Verein Geld oder geldwerte Vorteile, um die eigenen unternehmensbezogenen Ziele im Bereich der Öffentlichkeitsarbeit zu verfolgen. Die Aufwendungen für das Sponsoring sind steuerlich gestaltbar.

Der Verein erbringt im Gegenzug eine Werbeleistung, indem beispielsweise die Sportler das Logo des Sponsors auf den Trikots tragen. Zur Werbung durch Vereine siehe Kapitel 2.9.5.

Somit ist mit dem Sponsoring immer ein Geben und Nehmen verbunden. Beide Partner profitieren von der Zusammenarbeit und es wird idealerweise die gleiche Zielgruppe angesprochen.

Die Einnahmen aus dem Sponsoring sind regelmäßig im Rahmen eines Leistungsaustausches im wirtschaftlichen Geschäftsbetrieb zu erfassen.

6.2 Sponsoringarten

Sponsoring kommt in den unterschiedlichsten Bereichen vor. Die wichtigsten sind:

- Sportsponsoring
- Kultursponsoring
- Soziosponsoring
- Ökosponsoring
- Wissenschaftssponsoring

6.2.1 Sportsponsoring

Der wohl bekannteste Bereich ist das Sportsponsoring. Kaum ein großes Turnier wäre ohne die Unterstützung eines oder mehrerer Partner realisierbar. Die Möglichkeiten des Sponsors, sein Unternehmen im Rahmen von Sportveranstaltungen zu präsentieren, sind zahlreich. Neben der Sichtbarkeit des Firmenlogos auf den Ausrüstungsgegenständen der Sportler kommen Lautsprecherdurchsagen, Anzeigenwerbung oder auch großflächige Bandenwerbung in Betracht.

Gesponsert werden nicht ausschließlich die Sportvereine. Die gezielte Zusammenarbeit mit einzelnen Sportlern gehört heute zu den gängigen Modellen des Sponsorings.

6.2.2 Kultursponsoring

Das Kultursponsoring ist neben dem Sportsponsoring von besonderer Bedeutung. Hierbei spielen insbesondere große Festivals eine bedeutsame Rolle, da hier an einem Ort eine sehr große Anzahl an Personen aus der entsprechenden Zielgruppe versammelt ist. Vor allem Getränkehersteller unterstützen regelmäßig Konzertveranstaltungen, um so das eigene Image und die Wahrnehmung der Marke zu fördern.

Neben Veranstaltungen werden insbesondere im Bereich der Musik einzelne Künstler über sogenannte Endorsements gesponsort. Die Musiker erhalten von den Herstellern kostenlos oder vergünstigt die Instrumente. Als Gegenleistung verpflichten sich die Künstler, neben dem Einsatz der Instrumente bei Konzerten das Logo des Herstellers werbewirksam auf Plakaten, der eigenen Homepage und auf den Hüllen von Tonträgern zu platzieren.

6.2.3 Soziosponsoring

Beim Soziosponsoring geht es um die Unterstützung im sozialen Bereich. Im Unterschied zum Sport- und Kultursponsoring steht der Werbegedanke nicht so stark im Fokus. Es geht vielmehr darum, durch soziales Engagement die Wahrnehmung bzw. das Ansehen des Unternehmens zu steigern. In der Regel werden bei dieser Art des Sponsorings nicht kommerzielle Einrichtungen unterstützt.

In Betracht kommen beispielsweise Zahlungen an Krankenhäuser, Schulen und Hochschulen sowie Zahlungen im Bereich der karitativen Einrichtungen.

Unter Umständen ist die steuerliche Einordnung der Leistung beim Sponsor nicht immer eindeutig, da es beim Soziosponsoring oftmals an einer unmittelbaren Gegenleistung des Gesponserten mangelt.

6.2.4 Ökosponsoring

Der Umweltschutz spielt im Lichte einer nachhaltigen Wirtschaft eine immer größere Rolle. So haben Unternehmen ein besonderes Interesse daran, mit der Förderung des Umweltschutzes ein positives Bild von sich zu zeichnen.

Überwiegend handelt es sich bei den geförderten Institutionen und Einrichtungen aus dem Non-Profit-Bereich. Beispiele sind der Bund für Umwelt- und Naturschutz in Deutschland (BUND), Greenpeace, die Deutsche Umwelthilfe (DUH) oder andere Umweltschutzorganisationen.

6.2.5 Wissenschaftssponsoring

In diesem Bereich geht es um die Unterstützung von Forschungseinrichtungen oder wissenschaftlichen Projekten. Denkbar ist auch die gezielte Unterstützung von einzelnen Wissenschaftlern.

Zum Bereich des Wissenschaftssponsorings gehört auch die Finanzierung von wissenschaftlich geprägten Wettbewerben, die Unterstützung von Bibliotheken oder auch die Förderung von Hochschulen und anderen Bildungseinrichtungen.

6.3 Steuerliche Behandlung beim Sponsor

6.3.1 Betriebskostenabzug

Aus Sicht des Sponsors ist insbesondere der Abzug als Betriebsausgabe interessant. Im Unterschied zur Spende besteht bei der Betriebsausgabe keine Höchstgrenze zum Abzug. Es kommt nicht darauf an, ob die Leistung des Sponsors notwendig, üblich oder zweckmäßig ist. Ein Abzug als Betriebskosten ist jedenfalls dann zu versagen, wenn ein krasses Missverhältnis zwischen erbrachter Leistung und den erstrebten wirtschaftlichen Vorteilen besteht.

Beispiel:

Ein großes überregionales Unternehmen aus der Chemiebranche betätigt sich als Sponsor einer Kindermannschaft und wirbt in diesem Zusammenhang für seine Industrieklebstoffe.

Anders stellt sich der Fall einer Fahrschule dar, die über Trikotsponsoring der Jugendmannschaft einen Verein unterstützt hat. Zunächst wurde der Abzug als Betriebsausgabe seitens des

FA verneint. Nach Auffassung des FA würde die Sportbekleidung lediglich während Veranstaltungen getragen, bei denen kaum Publikum anwesend sei und somit fehle es an einer nennenswerten Werbeleistung.

Der Fall landete schließlich vor Gericht. Dort bekam die Fahrschule Recht. Nach Auffassung der Kammer ist es unerheblich, dass die Jugendmannschaft in aller Regel nicht vor Publikum auftritt. Vielmehr seien bei diesen Spielen erfahrungsgemäß Betreuer und Eltern anwesend. Darauf kommt es jedoch nicht an, denn die 15–20 Jahre alten Sportler gehören unmittelbar zur Zielgruppe der Fahrschule und nehmen in diesem Alter die Möglichkeit zum Erwerb einer Fahrerlaubnis (möglich ab dem 16./17. Lebensjahr) in Anspruch.[155]

Für den Betriebskostenabzug ist entscheidend, dass der Sponsor wirtschaftliche Vorteile durch seine Aktivität erhält. Dies ist insbesondere bei Werbemaßnahmen der Fall, bei denen der Sponsor auf sein Unternehmen und die eigenen Produkte aufmerksam macht.

Das Finanzgericht Hamburg hat sich in einem aktuellen Urteil mit der Frage befasst, ob ein Abzug der Aufwendungen als Betriebskosten in Betracht kommt, wenn dem Sponsor vom Verein die Nutzung des Vereinsnamens sowie der Vereinsembleme und -logos in allen Medien gestattet wird, um auf seine Förderung des Vereins hinzuweisen

Die Kammer kam zu folgendem Urteil:

Ein gemeinnütziger Verein, der seinem Sponsor in einem Sponsoringvertrag das Recht einräumt, die Sponsoringmaßnahmen im Rahmen dessen Werbung zu vermarkten und auf dessen Produkte auf die Förderung des Vereins hinzuweisen, erbringt eine Gegenleistung für die empfangenen Sponsorengelder. Damit liegen (unbeschränkt) abzugsfähige Betriebsausgaben und keine Spenden vor.[156]

Das Urteil steht im Einklang mit der Auffassung des BFH bezüglich des passiven Sponsorings und dessen Beurteilung mit Blick auf einen Leistungsaustausch (siehe auch Kapitel 2.9.5).

155 FG Niedersachsen, Urteil vom 03.01.2022, Az. 11 K 200/20
156 FG Hamburg, Urteil vom 13.11.2025, Az. 2 K 67/23

6.3.2 Berücksichtigung als Spende

Steht der Leistung des Sponsors keine Gegenleistung gegenüber und erfolgen die Zuwendungen an den Verein freiwillig, entfällt der Abzug als Betriebsausgabe. In derartigen Fällen fehlt es an einem tatsächlichen wirtschaftlichen Zusammenhang mit der Leistung des Sponsors und die Leistung ist als Spende im Sinne des § 10b EStG zu behandeln.[157]

6.3.3 Nicht abziehbare Kosten

Sofern die Leistung nicht als Spende oder Betriebsausgabe zu qualifizieren ist, handelt es sich um Kosten der privaten Lebensführung im Sinne des § 12 Nr. 1 Satz 2 EStG. Die Kosten haben demnach keinen Effekt aufseiten des Unternehmens und können nicht in Abzug gebracht werden.

6.4 Steuerliche Behandlung beim Empfänger

Bei einer steuerbegünstigten Körperschaft ist für die steuerliche Zuordnung der empfangenen Leistung auf die allgemeinen Grundsätze der Abgabenordnung abzustellen. Hierzu ausführlich Kapitel 2.

6.5 Sponsorenakquise

6.5.1 Finanzbedarf

Aus Sicht des Vereins sind zunächst Überlegungen anzustellen, wie hoch der Finanzbedarf ist. Nur anhand von belastbaren Zahlen kann eine seriöse Einschätzung erfolgen, welche Mittel durch einen Sponsor zufließen sollen.

6.5.2 Geeignete Sponsoren

Im nächsten Schritt wird überlegt, welches Unternehmen sich für das geplante Vorhaben eignet. Hierbei geht es primär darum, die eigene Zielgruppe mit der Zielgruppe des Unternehmens zu vergleichen. Eine besonders große Überschneidung hätte für den Verein und das Unternehmen den maximal positiven Effekt.

---

[157] BMF, Schreiben vom 18.02.1998, Az. IV B 2-S 2144 – 40/98; Az. IV B 7 – S 0183 – 62/98

Im Sportbereich sind besonders die Hersteller von Sportartikeln und -ausrüstung als Partner für den Verein geeignet. Die Unternehmen können ihre Produkte „live“ im Einsatz präsentieren, um so potenzielle Neukunden von der Qualität zu überzeugen. Gleichzeitig tritt der Verein mit erstklassiger Ausrüstung auf und hinterlässt so den Eindruck eines professionellen Sportvereins.

Im Kulturbereich bietet sich die Zusammenarbeit mit Getränkeherstellern an. Je nach Größe und abhängig vom Finanzbedarf kommt auch die Zusammenarbeit mit einem lokalen Getränkegroßhandel in Betracht. Das bedeutet nicht, dass nicht auch im Sportbereich eine Zusammenarbeit mit Getränkeherstellern interessant sein kann.

Die Erfahrung hat gezeigt, dass insbesondere lokal ansässige Unternehmen eher bereit sind, sich als Sponsor zu betätigen. Sie sind fester Bestandteil der Gemeinde und regelmäßig kennen sich Verein und Unternehmen bereits. Hierbei ist insbesondere auch an die Banken und Sparkassen zu denken.

6.5.3 Konzept

Ist ein geeigneter Partner gefunden, geht es im nächsten Schritt um die Erstellung eines Konzepts. Kaum ein Unternehmen wird bereit sein, ohne ein schlüssiges Konzept Geld- oder Sachmittel zur Verfügung zu stellen. Demnach sollte das Konzept ausgereift sein und das geplante Vorhaben in sich schlüssig darstellen. Somit sind folgende Inhalte zu empfehlen: 6

- Datum und Ort der Veranstaltung
- Höhe des Gesamtbudgets
- Anzahl der Besucher
- Beschreibung der Zielgruppe
- Darstellung der Schnittmengen
- Auflistung der Werbemöglichkeiten
- gewünschter Finanzbedarf
- Vertragsentwurf

6.6 Sponsoringvertrag

Ein allgemein gültiges Muster für einen Sponsorenvertrag gibt es nicht. Es handelt sich auch nicht um einen gesetzlich geregelten Vertragstypus. Somit ist jeder Sponsoringvertrag eine individuelle Vereinbarung zwischen den jeweiligen Vertragsparteien.

In der Gestaltung des Inhalts sind die Parteien frei. Der Vertrag sollte aber die wesentlichen Bedingungen enthalten, um Rechtssicherheit für die Zusammenarbeit zu gewährleisten. Folgende Inhalte sollten demnach enthalten sein:

- Namen und Anschriften der Vertragsparteien
- Bezeichnung des Vorhabens
- Leistung des Sponsors
- Leistung des Vereins
- Leistungsstörungen
- Zweckbindung der Mittel
- Haftung
- Kündigung
- Gerichtsstand

Aufsichtspflicht

7.1 Grundlagen

Die Kinder- und Jugendarbeit sichert den Fortbestand der Vereine und sorgt dafür, dass der Sport in die Breite getragen wird. Zur Jugendarbeit gehören immer auch Übungsleiter und Trainer, die sich um den Nachwuchs kümmern und die Übungsstunden leiten.

Obwohl sich viele Vereinsmitglieder eine Arbeit mit Kindern und Jugendlichen vorstellen können, werden die potenziellen Trainerinnen und Trainer oftmals durch falsche Informationen von der Aufgabe abgeschreckt. Vorschnell wird behauptet, dass man in der Nachwuchsarbeit bereits mit einem Bein im Gefängnis steht und immer auch das Privatvermögen in Gefahr ist, sollte es zu einem Schaden kommen.

Im folgenden Abschnitt räumen wir mit diesen falschen Annahmen auf und betrachten die rechtlichen Grundlagen insbesondere zur Aufsichtspflicht.

7.2 Bedeutung

Die Aufsichtspflicht leitet sich aus dem Erziehungsauftrag ab und ist der Personensorge zuzuordnen. Das BGB führt hierzu aus:

§ 1631 Abs. 1 BGB

Die Personensorge umfasst insbesondere die Pflicht und das Recht, das Kind zu pflegen, zu erziehen, zu beaufsichtigen und seinen Aufenthalt zu bestimmen.

Die Aufsichtspflicht besteht demnach in erster Linie gegenüber Minderjährigen. Gegenüber volljährigen Personen kommt eine Aufsichtspflicht bei Vorliegen besonderer Umstände (Krankheit, geistige Behinderung) in Betracht. Adressat dieser Pflicht sind zunächst die Eltern. Die Aufsichtspflicht kann sich weiterhin auf andere Beziehungsverhältnisse erstrecken. Das BGB nennt hierzu insbesondere folgende Personen:

- Adoptiveltern
- Pfleger
- Vormundschaften

Die Aufsichtspflicht erstreckt sich auch auf Lehrer an öffentlichen Schulen und leitet sich aus den jeweiligen Schulgesetzen der Länder ab (z. B. § 5 Abs. 1 LDO Bayern).

Ausbilder in Betrieben haben in der Regel die Aufsichtspflicht gegenüber den Auszubildenden. Das Berufsbildungsgesetz (BBiG) regelt alle Parameter bezüglich der gegenseitigen Rechte und Pflichten.

Sinn und Zweck der Aufsichtspflicht sind zum einen der Schutz der Minderjährigen vor Schäden und Gefahren. Zum anderen sollen auch Dritte und deren Eigentum vor einer Schädigung durch minderjährige Personen geschützt werden.[158]

Gemäß § 1 Abs. 1 SGB VIII hat jeder junge Mensch das Recht auf Förderung seiner Entwicklung und auf Erziehung zu einer selbstbestimmten, eigenverantwortlichen und gemeinschaftsfähigen Person. In der Vereinsarbeit mit Jugendlichen und Kindern muss einerseits die Vermeidung von Schäden im Blick behalten werden, andererseits sollen die Anvertrauten selbst Erfahrungen sammeln, sich entfalten und entwickeln können.

7.2.1 Aufsichtspflicht nach § 22 SGB VIII

Das bestehende Spannungsverhältnis zwischen der Förderung der Kinder einerseits und der Abwehr von Gefahren andererseits wird auch in § 22 Abs. 2 SGB VIII deutlich. Die Vorschrift beschreibt die Grundsätze zur Förderung von Kindern in Tageseinrichtungen für Kinder im Rahmen der Kindertagespflege. Zu den Hauptaufgaben gehören neben den Vorgaben des § 1 Abs. 1 SGB VIII die Erziehung, Bildung und Betreuung der Kinder.

An diesen Parametern ausgerichtet muss den Kindern ermöglicht werden, durch eigene Erfahrungen spielerisch ein Gefahrenbewusstsein zu erlernen. Ein Übermaß an Vorsicht würde die Kinder eventuell zu stark einschränken. So bedarf es hier auch einer kompetenten Abwägung zwischen Gefahrenabwehr und Entwicklung der Kinder.

7.2.2 Übertragung der Aufsichtspflicht

Dem Grundgedanken des § 1631 BGB folgend kann die Aufsichtspflicht von den Personensorgeberechtigten auf Dritte übertragen

158 OLG Hamm, Urteil vom 21.12.1995, Az. 6 U 78/95

werden. Ein schriftlicher Vertrag ist hierzu nicht zwingend erforderlich, es reicht auch eine mündliche Vereinbarung aus. Wird die Aufsichtspflicht auf einen Erziehungsbeauftragten delegiert, darf dieser die Aufsichtspflicht nicht an eine weitere Person übertragen.

Anders stellt sich die Situation bei Übertragung der Aufsichtspflicht an einen Verein oder eine andere Institution dar. In diesem Fall darf der Verein die Pflicht beispielsweise an einen Übungsleiter delegieren.

Regelmäßig bringen die Eltern ihre Kinder zur Trainingsstätte des Vereins und holen diese nach Trainingsende wieder dort ab. Mit der „Abgabe" des Kindes an den Verein wird die Aufsichtspflicht übertragen. Entgegen der Annahme mancher Erziehungsberechtigter besteht jedoch keine Aufsichtspflicht auf dem Hin- und Rückweg zur Sportstätte. Werden die Kinder und Jugendlichen von vereinseigenem Personal zu einem Wettkampf gefahren, gilt auch dabei die Aufsichtspflicht. Um eventuellen Streitigkeiten aus dem Weg zu gehen, ob die Aufsichtspflicht tatsächlich übertragen wurde, ist in jedem Fall eine schriftliche Vereinbarung zu empfehlen. Übungsleiter und Trainer sollten auch immer eine Liste der zum Training angemeldeten Kindern verfügbar haben. So ist ausgeschlossen, dass ein Kind (vielleicht der Freund eines anderen Kindes) ohne vorherige Absprache mit den Eltern am Training teilnimmt.

Unbedingt erforderlich ist eine Vereinbarung mit den Eltern, dass die Kinder pünktlich zum eigentlichen Trainingsbeginn abgegeben werden. Hierdurch wird eine unübersichtliche Situation aus Kindern, die gerade die Sportstätte verlassen, und anderen Kindern, die sich auf dem Weg zum Training befinden, vermieden. Werden die Kinder beispielsweise 30 Minuten vor Trainingsbeginn abgegeben, ist regelmäßig noch kein Betreuer vor Ort, der sich der Kinder annehmen kann.

7.2.3 Verspätung des Übungsleiters

Die bei der Übertragung der Aufsichtspflicht zwischen Verein und Personensorgeberechtigten getroffenen Vereinbarungen sind für beide Seiten verbindlich. Insofern sind insbesondere die festgelegten Trainingszeiten bindend. Verspätet sich das eingesetzte Personal, beginnt die Aufsichtspflicht gleichwohl zum vereinbarten Zeitpunkt. Bei einer zu erwartenden Verspätung muss der Verein demnach dafür Sorge tragen, dass eine andere Person rechtzeitig die Aufsicht übernimmt. Der Übungsleiter muss also den Verein über die Verspätung informieren. Gleiches gilt bei Ausfall des Trainings. Idealerweise informiert der Übungsleiter gleichzeitig auch die Eltern.

7.2.4 Ende der Aufsichtspflicht

Die Aufsichtspflicht endet in der Regel mit dem Verlassen der Trainingsstätte und der Übergabe der Kinder an die Personensorgeberechtigten. Besondere Problematiken entstehen dann, wenn ein Kind nicht zum vereinbarten Zeitpunkt abgeholt wird. Zunächst muss die Aufsichtsperson versuchen, die Eltern telefonisch zu kontaktieren. Eine Telefonliste mit den aktuellen Kontaktdaten der Eltern gehört wie die Teilnehmerliste unbedingt zum Rüstzeug der Übungsleiter.

Sind die Eltern nicht erreichbar, darf das Kind nicht einfach sich selbst überlassen werden. Sofern es die Zeitplanung zulässt, wartet die Betreuungsperson bis zum Eintreffen der Eltern. Ist dies nicht möglich und kann auch keine andere Aufsicht organisiert werden, muss das Kind in die Obhut der Polizei oder des Jugendamts übergeben werden. Die Eltern sind hierüber entsprechend zu informieren.

Tipp:

Wenn das eingesetzte Aufsichtspersonal so eingeplant wird, dass vor und auch nach dem Training noch 10 Minuten zusätzlich zur Verfügung stehen, können derartige Probleme größtenteils vermieden werden.

7

7.2.5 Einwilligung der Eltern

Im Zusammenhang mit der Einwilligung der Eltern ist darauf zu achten, dass keine Aktivitäten mit den Kindern unternommen werden, die von dieser Einwilligung nicht umfasst sind.

Beispiel:

Die Kindergruppe trifft sich am Vereinsheim, um zum geplanten Ausflug zu einer Burgruine aufzubrechen. Wie jeden Donnerstag kommt auch die kleine Jolina dazu. Sie erzählt dem Übungsleiter, dass Ihre Eltern Ihr die Teilnahme am Ausflug untersagt haben und sie deshalb ziemlich traurig sei. Dem

Übungsleiter tut die kleine Jolina so leid, dass er sie mit auf den Ausflug nimmt. An der Burgruine angekommen, stolpert Jolina über einen Stein und fällt so unglücklich, dass sie sich den linken Arm bricht. Ihre Hose wird beim Sturz auch eingerissen.

Im geschilderten Fall ist der Übungsleiter vollumfänglich haftbar, da er Jolina gar nicht erst hätte mitnehmen dürfen. Liegen Anhaltspunkte für eine fehlende Einwilligung vor, ist der Übungsleiter zur Nachfrage bei den Eltern verpflichtet. Keinesfalls darf das Kind im guten Glauben über ein Einverständnis mitgenommen werden.

Gleiches gilt für die Durchführung von alternativen Angeboten.

Beispiel:

Die Sporthalle hat sich aufgrund sommerlicher Hitze stark aufgeheizt. Der Übungsleiter beschließt wegen der Temperaturen, statt in der Halle Sport zu treiben, mit den Kindern in die Innenstadt zur Eisdiele zu gehen.

Kommt es hierbei zu einem Schadensfall, haftet der Übungsleiter regelmäßig persönlich. Etwas anderes ergibt sich, wenn diese Alternative bereits bei der Anmeldung zum Training vereinbart wurde.

Es ist somit im Vorfeld wichtig, die Eltern ausführlich über alternative Angebote zu informieren, sollte das Training einmal nicht durchführbar sein. Gründe hierfür können in der Wetterlage oder einer nicht zur Verfügung stehenden Sportstätte bestehen.

Erfolgt keine Information, spricht man von einer Gefahrenerhöhung gegen den Elternwillen. Je genauer die Informationen an die Eltern gestaltet wird, umso geringer ist das Risiko, in eine Haftungsfalle zu tappen. Die entsprechenden Alternativen werden idealerweise direkt mit den Informationen zur Anmeldung verknüpft.

7.3 Umfang der Aufsichtspflicht

Eine gesetzliche Regelung zum Umfang der Aufsichtspflicht besteht nicht. Daraus folgt, dass sich im Gesetz auch keine Aufzählung oder Definition findet, aus der sich detailliert die Verletzung der Aufsichtspflicht ableiten ließe. Nach ständiger Rechtsprechung des BGH bestimmt sich das Maß der gebotenen Aufsicht nach Alter, Eigenart und Charakter des Kindes sowie danach, was den Aufsichtspflichtigen in ihren jeweiligen Verhältnissen zugemutet werden kann.[159]

Das Maß der geschuldeten Aufsicht erhöht sich mit der Gefahrenträchtigkeit der jeweiligen Situation.[160] Hierbei ist entscheidend, was verständige Aufsichtspflichtige im vernünftigen Rahmen unternehmen müssen, um die Schädigung Dritter durch ein Kind zu verhindern (BGH, a. a. O.).

Wird einer aufsichtspflichtigen Person der Vorwurf einer Verletzung der Aufsichtspflicht gemacht, entscheiden erst die Gerichte, ob die Aufsichtspflicht tatsächlich verletzt wurde.

Im Folgenden betrachten wir die aus der Rechtsprechung entwickelten Kernaufgaben zur Aufsichtspflicht.

7.3.1 Persönliche Merkmale

Für den Verein und das eingesetzte Aufsichtspersonal ist es unerlässlich, die persönlichen Merkmale der Teilnehmenden zu kennen. Um sich ein möglichst detailliertes Bild von den teilnehmenden Kindern und Jugendlichen zu verschaffen, können die gewünschten Informationen über einen Fragebogen erfasst werden. Auch hier empfiehlt es sich aus Gründen der Beweiskraft, die Informationen schriftlich anzufordern.

Im Fragebogen sollten körperliche Einschränkungen aufgrund von Krankheiten oder Behinderungen abgefragt werden. Die regelmäßige Einnahme von Medikamenten gehört ebenso zu den wichtigen Informationen wie bestehende Allergien.

Je nach Art des Angebots sind weitere Informationen erforderlich. Wird beispielsweise ein Schwimmtraining angeboten, muss im Vorfeld durch eine Abfrage geklärt werden, ob alle Teilnehmenden bereits schwimmen können.

7.3.2 Örtliche Gegebenheiten

Ebenso wichtig wie die persönlichen Merkmale der Teilnehmenden sind Kenntnisse über die örtlichen Gegebenheiten, um mögliche Gefahren erkennen zu können. Ein Waldlauf über unwegsames

---

159 BGH in NJW 1984, S. 2574

160 BGH, Urteil vom 19.01.2021, Az. VI ZR 194/18

Gelände erfordert andere Verhaltensweisen als ein Training in einer gut ausgebauten Sporthalle.

Grundsätzlich gilt: Je gefahrenträchtiger die Umstände, desto größere Anforderungen sind an die Fähigkeiten und Eigenschaften des Aufsichtsbedürftigen, insbesondere eines Kindes, zu stellen.[161]

7.3.3 Klare Anweisungen

Zur Sicherstellung eines ordentlichen und sicheren Trainings bedarf es klarer Anweisungen durch die Aufsichtspersonen. Hierzu gehört insbesondere der Hinweis auf eventuelle Gefahren und die Belehrung über die im Training gewünschten Verhaltensweisen. Das eingesetzte Personal muss außerdem deutlich machen, welche Konsequenzen mit einer Ignorierung der Anweisungen verbunden sind.

In der Arbeit mit Kindern und Jugendlichen ist besonders auf eine altersgerechte Ansprache zu achten. Werden Verbote ausgesprochen, sollten hierzu auch immer entsprechende Erläuterungen mitgeliefert werden, damit die Kinder und Jugendlichen die Sinnhaftigkeit des Verbots verstehen.

7.3.4 Beobachten

Die Aufsichtsperson muss das Verhalten der Gruppe aufmerksam beobachten. Unter Kindern und Jugendlichen können schnell Raufereien und Konflikte entstehen, die durch aufmerksames Personal frühzeitig aufgelöst werden können. Das Beobachten der Gruppe beinhaltet auch eine Einschätzung, ob die Gruppengröße den örtlichen Verhältnissen angemessen ist. Steht beispielsweise für ein Training ein kleinerer Raum als üblich zur Verfügung, muss die Gruppengröße entsprechend angepasst werden.

Einen gesetzlich festgelegten Betreuungsschlüssel gibt es nicht. Vielmehr ist der Vorstand in der Pflicht, für eine ausreichende, der Gruppenstärke und der jeweiligen Aktivität angepasste Betreuung zu sorgen.

Zudem muss auch das eingesetzte Personal realistisch einschätzen, wie viele Minderjährige sicher betreut werden können. Die Anzahl ist insbesondere abhängig vom Alter, den Fähigkeiten der

[161] OLG Hamm, Urteil vom 09.06.2000, Az. 9 U 226/99

Minderjährigen, den örtlichen Umständen und der Erfahrung des Personals.

7.3.5 Überwachen

Die Überwachung der Aufsichtsbedürftigen ist eine zentrale Aufgabe der Aufsichtspflicht. Entgegen der landläufigen Meinung ist keine ständige Anwesenheit der Aufsichtsperson erforderlich. So hat beispielsweise der BGH festgestellt, dass Kinder im Alter von fast 5 ½ Jahren eine gewisse Zeit ohne unmittelbare Einwirkungsmöglichkeit und Aufsicht gelassen werden können.[162] Der den Kindern zugestandene Freiraum entbindet jedoch nicht von einer regelmäßigen Kontrolle in kurzen Zeitabständen in dieser Altersgruppe.

Je nach Altersstufe ist eine unterschiedliche Intensität zur Beaufsichtigung erforderlich. Besteht die Gruppe aus älteren Kindern oder Jugendlichen, ist eine permanente Beaufsichtigung nicht erforderlich. Grundsätzlich ist bereits bei Kindern im Alter ab sieben Jahren weder eine Überwachung „auf Schritt und Tritt" noch eine regelmäßige Kontrolle in kurzen Zeitabständen erforderlich. Demnach muss Kindern in diesem Alter, wenn sie normal entwickelt sind, das Spielen im Freien auch ohne Aufsicht in einem räumlichen Bereich gestattet sein, der den Betreuenden ein sofortiges Eingreifen nicht ermöglicht. Zum Spiel der Kinder gehört es, Neuland zu entdecken und zu „erobern".[163]

7.3.6 Verhalten bei Regelverstößen

In der Arbeit mit Kindern und Jugendlichen kommt es regelmäßig vor, dass sich ein Kind auch nach mehrmaliger Ermahnung nicht an die vereinbarten Regeln hält.

Übungsleiter müssen jederzeit in der Lage sein, bei Fehlverhalten einzugreifen und die Regeln durchzusetzen. Auch hierbei gilt als oberste Prämisse, dass die Ansprache dem Alter und Entwicklungsstand des Kindes oder Jugendlichen angemessen erfolgt. Ebenso wichtig ist, dass der Verein bzw. seine Betreuer mit einer Stimme sprechen und gleiche Verstöße mit gleichen Sanktionen belegt werden, unabhängig davon, welcher Betreuer zurzeit die Gruppe leitet.

[162] BGH, Urteil vom 19.03.1957, Az. VI ZR 29/56
[163] BGH, Urteil vom 20.03.2012, Az. VI ZR 3/11

Als Sanktionen kommen verschiedene Maßnahmen in Betracht. Eine Ermahnung stellt die erste Stufe dar. Als nächste Stufe kann ein Einzelgespräch mit dem betreffenden Kind hilfreich sein. Sind diese Maßnahmen nicht von Erfolg gekrönt, kann das Kind von der weiteren Teilnahme am Training ausgeschlossen werden. Auch ein Elterngespräch kann eine sinnvolle Maßnahme sein. Hierbei gilt es zu bedenken, dass hierdurch leicht das Vertrauensverhältnis zum Trainer oder Betreuer gestört werden kann. In letzter Konsequenz kann der dauerhafte Ausschluss des Kindes vom Training ausgesprochen werden.

Um Sanktionen auszusprechen und hierbei das richtige Maß zu finden, bedarf einer gewissen Erfahrung, und auch Fingerspitzengefühl ist gefragt. Einerseits sollen Strafen nicht inflationär verhängt werden, andererseits müssen vereinbarte Regeln auch eingehalten werden.

7.3.7 Personalauswahl

Für den Verein besteht im Zusammenhang mit der Aufsichtspflicht ein Haftungsrisiko nach §§ 31, 831 BGB, wenn das eingesetzte Personal nicht sorgfältig ausgesucht wurde. Der Vorstand ist verpflichtet, die Geschäfte des Vereins dergestalt zu führen, dass hierdurch keine Schäden und somit Schadensersatzansprüche entstehen. Die Auswahl muss im Hinblick auf die fachliche sowie menschliche Eignung erfolgen. Auswahlkriterien sind hierbei insbesondere die geistige und charakterliche Eignung, Erfahrungen als Übungsleiter und Verantwortungsbewusstsein.

7.3.8 Möglichkeiten zur Qualifizierung

Die Sportbünde und Verbände bieten speziell auf die Arbeit mit Kindern und Jugendlichen abgestimmte Qualifikationen an (z. B. Jugendleitercard, Jugendbasislizenz). Verpflichtend sind diese Qualifikationen nicht. Mit Blick auf eine erfolgreiche Nachwuchsarbeit sind diese Lehrgänge aber durchaus sinnvoll und zu empfehlen. Insbesondere die Übungsleiter-C-Ausbildung ist für den Verein interessant. Die genannte Qualifikation nach DOSB-Richtlinie berechtigt den Verein zur Beantragung von Zuschüssen zu den ausgezahlten Honoraren der Übungsleiter. In der Regel richtet sich die Zuschusshöhe nach der Anzahl der im Verein vorhandenen Lizenzen pro

100 Mitglieder und der Jugendquote. Detaillierte Auskunft hierzu erteilen die jeweiligen Landessportbünde.

Die DOSB-Lizenzen haben regelmäßig eine Gültigkeit von vier Jahren. Eine Verlängerung erfolgt durch den Nachweis von Fortbildungen. So wird sichergestellt, dass die Lizenzinhaber ihr Wissen immer aktuell halten.

Tipp:
Um Mitglieder für die Ausbildung zu begeistern, kann der Verein die Kosten für die Lehrgänge im Rahmen der Aus- und Fortbildung übernehmen. Letztendlich trägt gut geschultes Personal zur positiven Außendarstellung des Vereins bei und das Geld ist somit eine gute Investition in die Zukunft des Vereins.

7.3.9 Ausbildung als Ersthelfer

Die eingesetzten Übungsleiter und Betreuer sollten über einen Nachweis zur Ausbildung in Erster Hilfe verfügen, der nicht älter als zwei Jahre ist. Durch regelmäßiges Auffrischen der Kenntnisse wird sichergestellt, dass bei einem Unfall die richtigen Maßnahmen ergriffen werden können. Eine der Zulassungsvoraussetzungen für die Qualifikationslehrgänge des DOSB ist ein gültiger Erste-Hilfe-Nachweis.

Grundsätzlich empfiehlt es sich, auch andere im Verein tätige Personen in Erster Hilfe schulen zu lassen, denn Unfälle passieren nicht nur während des Trainings, sondern auch in anderen Bereichen des Vereins (beim Arbeitseinsatz, bei der Grünpflege etc.).

7.3.10 Minderjährige als Aufsichtsperson

Im Verein können auch Minderjährige als Aufsichtspersonen eingesetzt werden. Der Vorstand hat dafür Sorge zu tragen, dass die ausgewählten Jugendlichen in der Lage sind, die angetragene Aufgabe verantwortungsbewusst und gewissenhaft auszuführen. Bevor ein minderjähriger Übungsleiter eingesetzt wird, bedarf es der Zustimmung der Erziehungsberechtigten. Aus Gründen der Beweissicherung ist hierzu eine schriftliche Einverständniserklärung zu empfehlen.

Die neu mit der Aufgabe betrauten jungen Übungsleiter sollten nicht sofort allein eine Gruppe übertragen bekommen. Vielmehr empfiehlt es sich, die Jugendlichen zunächst als Helfer im Training zu erproben. So können die Probanden langsam an die Aufgabe herangeführt werden und wertvolle Erfahrungen in der Arbeit mit Kindern sammeln. Nach dieser Probezeit kann zum Beispiel zwei Jugendlichen als Team die eigenverantwortliche Gruppenleitung übertragen werden. Die Arbeit zu zweit bietet gegenseitige Sicherheit und erleichtert den Einstieg in die Vereinsarbeit.

7.4 Polizeiliches Führungszeugnis

Mit Beschluss vom 22.12.2011 hat der Bundestag das Bundeskinderschutzgesetz als Erweiterung des bestehenden Kinder- und Jugendhilfegesetzes (SGB VIII) beschlossen. Der neu eingeführte § 72a SGB VIII regelt nunmehr den Tätigkeitsausschluss von einschlägig vorbestraften Personen durch Einsichtnahme in das Führungszeugnis. § 72a SGB VIII richtet sich an den öffentlichen Träger der Jugendhilfe. Für einen Verein ergibt sich hieraus zunächst keine Pflicht, sich ein erweitertes Führungszeugnis vorlegen zu lassen.

Je nach Bundesland bestehen jedoch Vereinbarungen zwischen öffentlichen Trägern der Jugendhilfe und Trägern der freien Jugendhilfe (Jugendorganisationen der Sportbünde, Jugendorganisationen der Landesfachverbände usw.). Nach diesen Vereinbarungen stellt der Träger der freien Jugendhilfe sicher, dass er keine Personen zur Wahrnehmung von Aufgaben der Kinder- und Jugendhilfe beschäftigt, die rechtskräftig wegen einer in § 72a Abs. 1 SGB VIII genannten Straftat verurteilt worden ist. Hieraus besteht für den Verein die Pflicht, Einsichtnahme in ein erweitertes Führungszeugnis zu verlangen. Entscheidend ist, ob eine pädagogische Tätigkeit vorliegt. Zudem kommt es auf Art, Intensität und Dauer der Tätigkeit an.

Zur Beantragung eines erweiterten Führungszeugnisses benötigt der zukünftige Übungsleiter eine Bestätigung des Vereins. Hierzu kann das nachfolgende Formulierungsbeispiel verwendet werden:

Hiermit wird bestätigt, dass der Verein ...., entsprechend § 72a SGB VIII, die persönliche Eignung von Mitarbeiterinnen und Mitarbeitern zum Zwecke der Betreuung von Minderjährigen anhand eines erweiterten Führungszeugnisses gem. § 30a BZRG überprüft.

Herr/Frau ...., geboren am ...., ist hiermit aufgefordert, ein erweitertes Führungszeugnis nach § 30a Abs. 1 Nr. 2a BZRG vorzulegen.

Haftung

8.1 Definition der Haftung

Der Begriff „Haftung" beinhaltet die Verpflichtung, für einen verursachten Schaden einzustehen. Die Grundlage der Haftung bildet ein Dualismus aus dem Recht der Vertragsverletzung und dem Recht der unerlaubten Handlung (Delikt).

Wird das Rechtsgut eines anderen schuldhaft verletzt und entsteht dem Dritten hierdurch ein Schaden, entsteht ein Anspruch auf Schadensersatz.

In § 194 Abs. 1 BGB ist der Anspruch legaldefiniert. Demnach ist unter einem Anspruch das Recht des Einzelnen zu verstehen, von anderen ein Tun oder Unterlassen verlangen zu können. Ein Anspruch kann gerichtlich durchgesetzt werden.

§ 823 Abs. 1 BGB nennt folgende Rechtsgüter:

- Leben
- Körper
- Gesundheit
- Freiheit
- Eigentum
- sonstige Rechte

Insbesondere bei Schäden am Körper oder der Gesundheit können hohe Schadensersatzforderungen entstehen. Schwere Verletzungen haben unter Umständen massive Auswirkungen auf das weitere Leben des Geschädigten. Als Beispiel ist hier die Berufsunfähigkeit zu nennen.

Voraussetzung für einen Anspruch ist schuldhaftes Handeln des Schädigers. Zudem muss der entstandene Schaden kausal (unmittelbar) mit der Handlung des Schädigers in Zusammenhang stehen.

8.1.1 Verschulden

Unter Verschulden ist gemäß § 276 Abs. 1 Satz 1 BGB die subjektive Vorwerfbarkeit der unerlaubten Handlung zu verstehen. Demnach haftet der Schädiger für Vorsatz und Fahrlässigkeit.

Zu beachten ist, dass ein Verschulden für Kinder, die das 7. Lebensjahr noch nicht vollendet haben, nicht in Betracht kommt (§ 828 Abs. 1 BGB).

8.1.2 Kausalität

Im Zusammenhang mit der Haftung ist der kausale Zusammenhang zwischen einer Handlung und dem eingetretenen Schaden von entscheidender Bedeutung. Danach ist gemäß der Äquivalenztheorie jede Bedingung, die nicht hinweggedacht werden kann, ohne dass der Erfolg in seiner konkreten Gestalt entfiele, ursächlich (kausal) für den Taterfolg.[164]

Bei Schadenersatzklagen ist im Zivilrecht grundsätzlich der Kläger – also der Geschädigte – für den Kausalzusammenhang darlegungs- und beweispflichtig.[165]

8.1.3 Vorsatz

Vorsätzliches Handeln liegt immer dann vor, wenn der Schädiger wissentlich und willentlich den Tatbestand der unerlaubten Handlung herbeigeführt hat.

Beispiel:

Ein Basketballspieler schlägt seinen Gegner während des Spiels mit einem gezielten Faustschlag nieder.

Bei vorsätzlichem Handeln haftet der Schädiger in vollem Umfang.

8.1.4 Fahrlässigkeit

Die Fahrlässigkeit im Sinne des § 276 Abs. 2 BGB ist geprägt von der Außerachtlassung der im Verkehr objektiven Sorgfalt.

Beispiel:

Der Trainer verlegt ein Verlängerungskabel, um die Musikanlage für den Sportkurs anzuschließen, nicht sorgfältig. Dadurch erleidet ein Teilnehmer einen Schaden.

8

164 Conditio-sine-qua-non-Formel, vgl. BGH, Urteil vom 05.10.1951, Az. 2 StR 391/51

165 LG Nürnberg-Fürth, Urteil vom 25.10.2018, Az. 11 O 9597/16; Czenia, M. (2023): Schießstättenaufsicht, Walhalla Verlag, IX, Tz. 3.3

In diesem Fall liegt Fahrlässigkeit vor. Die Realisierung der Gefahr muss für den Schädiger somit vorhersehbar und der Eintritt des schädigenden Erfolgs vermeidbar gewesen sein.[166]

Bewusste Fahrlässigkeit liegt vor, wenn jemand ein durch sein Handeln bestehendes Risiko erkennt, aber darauf vertraut, dass ein schädigender Erfolg nicht eintritt. Vereinfacht gesagt handelt derjenige nach der Maxime: „Das wird schon gut gehen."[167]

Die Verwirklichung eines Tatbestands im Sinne des § 823 BGB geht regelmäßig mit strafrechtlichen Konsequenzen für den Schädiger einher. Liegen beispielsweise die Voraussetzungen für eine fahrlässige Körperverletzung im Sinne des § 229 StGB vor, hat der Schädiger auch die strafrechtlichen Konsequenzen aus seiner Handlung zu tragen.

8.1.5 Grobe Fahrlässigkeit

In Abgrenzung zur einfachen Fahrlässigkeit setzt die grobe Fahrlässigkeit einen objektiv schweren und subjektiv nicht entschuldbaren Verstoß gegen die Anforderungen der im Verkehr erforderlichen Sorgfalt voraus.[168]

Beispiel:

Ein Übungsleiter handelt grob fahrlässig, wenn er es unterlässt, ein bereits beschädigtes Kletterseil vor dem Training zu prüfen und ggf. auszutauschen.

8.1.6 Unterlassen

Eine Haftung entsteht nicht nur durch aktives Tun, sondern gleichsam durch pflichtwidriges Unterlassen. Stellen wir uns eine typische Situation im Verein vor:

Beispiel:

Das Training ist beendet und der Übungsleiter bittet die Kinder und Jugendlichen, die Halle aufzuräumen und die Geräte entsprechend wegzuräumen. Direkt nach der Ansprache verlässt

166 OLG Celle, Urteil vom 08.07.2020, Az. 14 U 25/18
167 BGH, Urteil vom 14.01.2016, Az. 4 StR 84/15
168 OLG Celle, Urteil vom 08.07.2020, Az. 14 U 25/18

er die Sporthalle und begibt sich auf den Weg nach Hause. Bei den Aufräumarbeiten fällt ein Barren um und verletzt ein Kind.

Im Beispiel ist der Schaden durch die unterlassene Überwachung der Aufräumarbeiten durch den Übungsleiter entstanden.

8.2 Haftung des Aufsichtspflichtigen

8.2.1 Spezielle Regelung des BGB

Mit dem § 832 BGB normiert der Gesetzgeber speziell die Haftung des Aufsichtspflichtigen für Schäden, die die aufsichtsbedürftige Person Dritten widerrechtlich zugefügt hat. Eine Haftung im Sinne der Vorschrift ist an zwei zentrale Bedingungen geknüpft:

1. Eine Inanspruchnahme setzt neben der Kausalität eine unerlaubte Handlung nach §§ 823 ff. BGB des Aufsichtsbedürftigen voraus.
2. Auch die Verletzung der Aufsichtspflicht selbst muss für den Schadenseintritt ursächlich gewesen sein. Demnach besteht keine Haftung, wenn der Schaden auch bei korrekter Erfüllung der Aufsichtspflicht entstanden wäre.

Somit können Übungsleiter immer den sogenannten Entlastungsbeweis führen und darlegen, dass auch bei sorgfältigster Ausführung der Aufgabe der Schaden nicht vermeidbar gewesen wäre.

8.2.2 Mitverschulden

Unter Umständen kann die Haftung begrenzt werden oder sogar gänzlich entfallen, wenn ein Mitverschulden des Aufsichtsbedürftigen im Sinne des § 828 BGB vorliegt.

Gemäß § 828 Abs. 1 BGB sind Kinder, die das 7. Lebensjahr noch nicht vollendet haben zivilrechtlich nicht verantwortlich.

Zur Beurteilung eines eventuellen Mitverschuldens wird insbesondere auf die Einsichtsfähigkeit des Minderjährigen abgestellt.[169]

So ist im Schadensfall zu prüfen, ob der betreffende Jugendliche die geistige Entwicklung besitzt und imstande ist, das Unrecht sei-

[169] VG Hannover, Urteil vom 18.11.2020, Az. 10 A 3988/19

ner Handlung zu erkennen und sich zugleich im Klaren über die zu tragenden Konsequenzen zu sein.

Die Regelungen zu Schäden an Kfz, Schienen- und Schwebebahnen des § 828 Abs. 2 BGB berücksichtigen, dass Kinder frühestens ab Vollendung des 10. Lebensjahres imstande sind, die besonderen Gefahren des motorisierten Straßenverkehrs zu erkennen und sich den erkannten Gefahren entsprechend zu verhalten.[170] Insofern besteht für die im § 828 Abs. 2 BGB normierte Altersgruppe ein Haftungsprivileg. Dieses greift jedoch nur ein, wenn sich bei der gegebenen Fallkonstellation eine typische Überforderungssituation des Kindes durch die spezifischen Gefahren des motorisierten Verkehrs realisiert hat.[171]

8.2.3 Regelungen im Anmeldeformular

Die Haftung kann eingeschränkt werden, wenn in den Anmeldeformularen eine entsprechende Klausel aufgenommen wird, die eine Haftung für eigene Schäden auf Vorsatz und grobe Fahrlässigkeit beschränkt.

Der Haftungsausschluss entfaltet jedoch keine Wirkung bezüglich der Haftung der Teilnehmer untereinander.

Nachfolgend ein Formulierungsbeispiel zum Haftungsausschluss:

> Die Haftung des Vereins und seiner Erfüllungsgehilfen für Personen- und Sachschäden ist über die Leistungen der vorhandenen Versicherung hinaus ausgeschlossen, außer bei Vorsatz oder grober Fahrlässigkeit.

8.3 Beispiele aus der Rechtsprechung

Die Gerichte haben in zahlreichen Urteilen über die Verletzung der Aufsichtspflicht entschieden. Exemplarisch wird nachfolgend ein Fall vorgestellt.

8.3.1 Gesamtschuldnerische Haftung

Das LG Kaiserslautern hat einen Übungsleiter und den Verein aufgrund fahrlässiger Verletzung der Aufsichtspflicht zur Zahlung von Schmerzensgeld und zum Ersatz zukünftiger immaterieller Schäden

---

170 BT-Drs. 14/7752, S. 26

171 BGH, Urteil vom 30.11.2004, Az. VI ZR 365/03

verurteilt.[172] Im konkreten Fall war ein siebenjähriger Junge infolge des Schubsers eines anderen Kindes bei einer Übung an den Ringen gestürzt. Hierbei hatte er sich den linken Unterarm gebrochen.

8.3.2 Garantenstellung des Übungsleiters

Das Gericht hat festgestellt, dass Übungsleiter mit der Übernahme der Leitung einer Turnstunde eine Garantenstellung übernehmen. Diese verpflichtet dazu, durch geeignete Maßnahmen dafür Sorge zu tragen, dass den beteiligten Kindern keine gesundheitlichen Schäden entstehen.

8.3.3 Keine klaren Anweisungen

Nach Auffassung des Gerichts mangelte es auch an klaren Anweisungen des Übungsleiters. Die Kinder wurden nicht dahingehend aufgeklärt, dass ein Anschubsen des an den Ringen turnenden Kindes gefahrenträchtig ist. Der Übungsleiter hätte diese Gefahren jedoch voraussehen müssen.

Die Kinder wurden zudem nicht im notwendigen Umfang an der Ringstation eingewiesen.

8.3.4 Keine ausreichende Kontrolle

Der Übungsleiter im vorliegenden Fall war nach Überzeugung des Gerichts ein Verrichtungsgehilfe im Sinne des § 831 Abs. 1 Satz 1 BGB und verfügte über ein Sachkundezeugnis zur Kinder- und Jugendarbeit. Als Vorstand müsse er sich bei schadensgeneigten Tätigkeiten durch geeignete Kontroll- und Überwachungsmaßnahmen von einer tatsächlichen Umsetzung der vorhandenen Sachkunde überzeugen.

Die Aufsichtspflicht wurde bereits dadurch verletzt, dass der Übungsleiter die Präsenz- bzw. Beobachtungspflicht außer Acht gelassen hat. So waren die Geräte frei zugänglich. Kinder in dem Alter verfügen über einen ausgesprochenen Spieltrieb bei gleichzeitig unzureichenden Fähigkeiten, Gefahren richtig einzuschätzen. Diesen Umständen hätte der Übungsleiter Rechnung tragen müssen.

Das Urteil zeigt deutlich, dass im aufgeführten Fall ein eindeutiges Fehlverhalten des Übungsleiters ursächlich für den Schadenseintritt

[172] LG Kaiserslautern, Urteil vom 04.04.2006, Az. 1 S 145/05

8

war. Übungsleiter und Verein haften im konkreten Fall gesamtschuldnerisch.

Zur Vermeidung solcher Ereignisse helfen folgende Fragen im Zusammenhang mit der Aufsichtspflicht:

- Sind alle wichtigen Regelungen mit den Eltern vereinbart?
- Sind ausreichend Übungsleiter vorhanden?
- Sind die Übungsleiter qualifiziert?
- Liegen Kontaktlisten bereit?
- Sind die Erste-Hilfe-Kenntnisse der Übungsleiter aktuell?
- Passen die Räume zur Gruppengröße?

8.3.5 Keine Verletzung der Aufsichtspflicht

Am folgenden Beispiel soll verdeutlicht werden, dass nicht automatisch bei einem Schadensereignis eine Verletzung der Aufsichtspflicht vorliegt:

Ein Verein führte eine Jugendfreizeit mit insgesamt 38 Teilnehmern durch. Am Reiseziel in Finnland angekommen wurde die Gruppe gefragt, wer handwerklich geschickt sei und Erfahrung im Umgang mit einer Axt und Holzhacken habe.

Es meldeten sich ein 16-jähriger Junge und drei weitere Jugendliche. Die vier Jugendlichen wurden ausführlich eingewiesen und besonders über die Gefahren und den einzuhaltenden Sicherheitsabstand belehrt.

Während des Holzhackens kam es zu einem Unfall, als ein Junge ein umgefallenes Holzscheit mit der Hand aufrichten wollte und in dem Moment ein anderer Junge mit der Axt zuschlug. Der 16-jährige Junge verlor dabei einen Zeigefinger. Über den Rechtsweg verlangte der Junge ein Schmerzensgeld mit der Argumentation, eine derart gefährliche Tätigkeit hätte nicht ohne Beaufsichtigung eines Betreuers ausgeführt werden dürfen.

Das Gericht sah die Klage als unbegründet an. Den beklagten Betreuern kann nicht der Vorwurf einer Aufsichtspflichtverletzung gemacht werden, sodass eine Haftung aus §§ 280 Abs. 1, 278, 253 Abs. 2 BGB nicht besteht.

Zur Begründung führte das Gericht aus, dass von einem 16-Jährigen erwartet werden kann, dass er die Gefahren des Holzhackens kennt und sein Verhalten der Situation anpasst. Bei einem Jugendlichen in dem Alter muss nicht mehr befürchtet werden, dass er die Verhaltensmaßregeln in so grober Weise missachtet, wie er dies vorliegend getan hat. Eine ständige Beaufsichtigung des Holzhackens kann demnach nicht verlangt werden.[173]

8.4 Verkehrssicherungspflicht

Die Verkehrssicherungspflicht ist eine zentrale Pflicht des Vorstands und den Sorgfaltspflichten zuzuordnen. Derjenige, der eine Gefahrenlage – gleich welcher Art – schafft, ist grundsätzlich dazu verpflichtet, die notwendigen und zumutbaren Vorkehrungen zu treffen, um eine Schädigung anderer möglichst zu verhindern. Allerdings darf nichts Unmögliches von demjenigen verlangt werden.[174]

Der Vorstand muss also jederzeit dafür Sorge tragen, dass durch den Vereinsbetrieb niemand zu Schaden kommt. Hierbei reicht es nicht aus, lediglich die Vorschriften eines Verbands sowie Auflagen der Behörden einzuhalten.

Vielmehr ist der Verein in der Pflicht, selbstständig zu prüfen, ob über diese Vorgaben hinaus weitere Sicherungsmaßnahmen erforderlich sind.

Beispiel:

So wurde eine Verletzung der Verkehrspflicht bei einem Speedway-Rennen bejaht. Der Veranstalter hatte gemäß den Vorgaben die Rennstrecke mit einer 1,2 Meter hohen Mauer mit davorliegendem Luftkissenwall sowie einem 3 Meter dahintergespannten Seil gesichert. Nach Auffassung des Gerichts hätte der Veranstalter erkennen müssen, dass diese Vorgaben zur Sicherung nicht ausreichen.[175]

Gegenüber den Mitgliedern ist per Satzungsregelung ein Ausschluss für Schäden aus einer Verletzung der Verkehrspflichten auch bei grober Fahrlässigkeit zulässig.[176]

173 LG Bielefeld, Urteil vom 16.10.2007, Az. 2 O 228/07
174 BGH, Urteil vom 02.10.2012, Az. VI ZR 311/11
175 OLG Oldenburg, Urteil vom 16.01.2018, Az. 2 U 105/17
176 LG Karlsruhe, Urteil vom 30.12.1986, Az. 11 O 313/86

8.4.1 Übertragung der Verkehrssicherungspflicht

In einem Verein können je nach Größe und Komplexität nicht alle Aufgaben von eigenem Personal übernommen werden. Zu denken wäre hier an ein großes Sportfest oder ein überregionales Turnier. In derartigen Fällen kann der Verein die Verkehrssicherungspflichten auf Dritte übertragen, etwa an einen Sicherheits- und Ordnungsdienst. Im Winter wird regelmäßig die Räum- und Streupflicht an ein entsprechendes Unternehmen übertragen.

Voraussetzung für eine Übertragung sind klare Absprachen, die sicherstellen, dass Gefahren ausgeschlossen werden. Hierzu ist unbedingt eine schriftliche Fixierung anzuraten.

Mit der Delegierung der Verkehrssicherungspflicht entfällt die eigene Verkehrssicherungspflicht des Vereins nicht ganz. Die Sicherungspflicht reduziert sich im Fall der Übertragung auf eine Pflicht zur Überwachung und Kontrolle. Inhalt und Umfang der Überwachung richten sich nach der Gefahrenlage und sind einzelfallbezogen zu beurteilen.[177] Der Verein muss sich also im Zweifel von der ordnungsgemäßen Ausführung des Auftrags überzeugen.

8.4.2 Hinreichende Beachtung der Verkehrspflichten

Wie angeführt, kann nicht verlangt werden, alle Eventualitäten vorauszusehen, um so jede erdenkliche Gefahr auszuschließen. Hierzu ein Beispiel aus der Rechtsprechung:

Beispiel:

Wurde das Personal angewiesen, dass Sprünge ins Nichtschwimmerbecken verboten sind und das Personal bei Verstößen einzuschreiten hat, ist den Verkehrspflichten genüge getan, insbesondere auch dadurch, dass durch mehrere Warntafeln vor Kopfsprüngen gewarnt wird.[178] In diesem Fall hatte ein 15-jähriger Jugendlicher entgegen der deutlichen Warnungen durch einen Kopfsprung in das lediglich 90 cm tiefe Wasser einen Bruch des Halswirbels erlitten. Er ist seitdem querschnittsgelähmt.

Der Senat hat ausdrücklich hervorgehoben, dass der Betreiber der Anlage die Benutzer nur vor den Gefahren zu schützen hat, die über

[177] OLG Koblenz, Urteil vom 06.12.2004, Az. 12 U 1491/03

[178] BGH, Urteil vom 29.01.1980, Az. VI ZR 11/79

das übliche Risiko bei der Anlagenbenutzung hinausgehen, vom Benutzer nicht hervorsehbar und nicht ohne Weiteres erkennbar sind. Hinzukommt, dass auch ein Übermaß an Warn- und Verbotsschildern gegenüber dem Spiel- und Bewegungstrieb von Kindern und Jugendlichen nichts nützt.

Demnach muss ein unvernünftiges, „äußerst leichtfertiges" Verhalten wie in diesem Fall nicht in die Überlegungen zur Abwehr möglicher Gefahren einbezogen werden.

8.5 Haftung für Verrichtungsgehilfen

Die Haftung für den Verrichtungsgehilfen ist in § 831 BGB normiert und stellt eine eigene Anspruchsgrundlage dar. Gemäß BGH ist ein Verrichtungsgehilfe jeder, dem von einem anderen, in dessen Erfüllungsbereich er allgemein oder im konkreten Fall steht und demgegenüber er in gewisser Weise abhängig und insbesondere weisungsgebunden ist, eine Tätigkeit übertragen worden ist.[179]

Um eine Haftung zu begründen, muss der Verrichtungsgehilfe einen Schaden in Ausübung der Verrichtung verursacht und hierbei den objektiven Tatbestand einer unerlaubten Handlung nach § 823 BGB verwirklicht haben.

Bei der Vorschrift handelt es sich um einen Vorwurf gegenüber dem Geschäftsherrn (z. B. dem Verein), dass dieser bei der Auswahl des Verrichtungsgehilfen nicht die gebotene Sorgfalt hat walten lassen und/oder den Verrichtungsgehilfen nicht ordnungsgemäß überwacht hat.[180]

Der Geschäftsherr kann sich jedoch exkulpieren, indem er nachweist, dass er bei der Auswahl des Gehilfen sorgfältig gehandelt hat. Gleiches gilt für den Nachweis, dass der Schaden auch bei sorgfältigster Auswahl entstanden wäre (§ 832 Abs. 1 Satz 2 BGB). 8

Dem Verrichtungsgehilfen dürfen nur solche Tätigkeiten übertragen werden, deren gefahrlose Durchführung der Geschäftsherr erwarten kann. Demnach muss er sich von den Fähigkeiten, der Eignung und Zuverlässigkeit des Verrichtungsgehilfen überzeugen.

Setzt der Verein Verrichtungsgehilfen ein, hat er sich laufend von der ordnungsgemäßen Ausübung der Tätigkeit zu überzeugen.

---

179 BGH, Urteil vom 30.06.1966, Az. VII ZR 23/65

180 BGH, Urteil vom 07.06.1951, Az. III ZR 85/50

Das erforderliche Maß der Überwachung richtet sich nach den Umständen im Einzelfall und ist insbesondere von der Gefährlichkeit der übertragenen Tätigkeit, der Persönlichkeit des Gehilfen, seines Alters und der Vorbildung und Erfahrung im Verhältnis zu der zu erfüllenden Aufgabe zu betrachten.[181]

Das LG Kaiserslautern hat klargestellt, dass auch ehrenamtlich tätige Übungsleiter Verrichtungsgehilfen im Sinne des § 831 BGB sein können. Insbesondere reicht es gemäß der Kammer nicht aus, wenn sich der Geschäftsherr lediglich ein Sachkundezeugnis zur Prüfung der Geeignetheit des Personals vorlegen lässt.

Vielmehr ist er in der Pflicht, sich durch geeignete Kontroll- und Überwachungsmaßnahmen von der Umsetzung der vorhandenen Sachkunde zu überzeugen.[182]

Wird demnach beispielsweise ein neuer Übungsleiter erstmalig eingesetzt, sollte ein erfahrener Trainer das Training begleiten. So kann im Nachgang dem Vorstand berichtet werden, ob die Sach- und Fachkompetenz des neuen Übungsleiters vorhanden ist und auch auf der Trainingsfläche umgesetzt werden kann.

Haftung für Erfüllungsgehilfen

Im Gegensatz dazu ist gemäß BGH Erfüllungsgehilfe, wer nach den tatsächlichen Verhältnissen des gegebenen Falls mit dem Willen des Schuldners bei der Erfüllung der diesem obliegenden Verbindlichkeit als seine Hilfsperson tätig wird.[183]

Der Erfüllungsgehilfe nach § 278 Abs. 1 BGB ist vom Verrichtungsgehilfen im Sinne von § 831 BGB zu unterscheiden und ist nicht zwingend weisungsgebunden. Grundlage zur Haftung aus § 278 BGB ist ein bestehendes Vertragsverhältnis. Bei § 278 BGB handelt es sich im Unterschied zu § 831 BGB um keine eigene Anspruchsgrundlage, sondern um eine Zurechnungsnorm. Eine Exkulpation des Geschäftsherrn ist nicht möglich.

[181] BGH, Urteil vom 08.10.2002, Az. VI ZR 182/01

[182] LG Kaiserslautern, Urteil vom 04.04.2006, Az. 1 S 145/05

[183] BGH, Urteil vom 21.04.1954, Az. VI ZR 55/53

8.6 Haftung der Sportler untereinander

Bei Sportlern fehlt es am Rechtsbindungswillen, da in der Regel zwischen den einzelnen Sportlern kein Vertrag geschlossen wird. Demnach kommt lediglich die deliktische Haftung in Betracht.

Insbesondere bei Kampf- und Kontaktsportarten nehmen die Sportler Verletzungen in Kauf, die durch regelgerechtes Handeln verursacht werden können.[184]

Werden diese Regeln jedoch deutlich und massiv verletzt, kämen Schadensersatz und Schmerzensgeld in Betracht.[185] Kleinere Regelverstöße lösen demnach nicht unmittelbar einen Anspruch auf Schadensersatz aus.

Beispiel:

Streckt ein Spieler während eines Fußballturniers einen Gegenspieler mit einem gezielten Faustschlag nieder, kann nicht mehr von einem regelgerechten Verhalten gesprochen werden.

8.7 Haftung aus Vertrag

In der täglichen Arbeit im Verein gehört der Abschluss von Verträgen zu den regelmäßig zu erledigenden Aufgaben der Vereinsführung. Hierbei ist insbesondere an Verträge für die Versorgung mit Strom und Gas oder an Mietverträge zu denken.

Aus einem Vertragsverhältnis zwischen dem Verein und beispielsweise dem Vermieter einer Sporthalle können sich bei einer Pflichtverletzung Ansprüche auf Schadensersatz nach § 280 Abs. 1 BGB ergeben.

Die vertraglichen Vereinbarungen entfalten ihre Gültigkeit ausschließlich zwischen den Vertragsparteien (inter partes). Im Unterschied hierzu gelten die in § 823 Abs. 1 BGB formulierten absoluten Rechte gegenüber jedermann. Somit ist für eine Haftung aus § 280 Abs. 1 BGB eine gültige vertragliche Vereinbarung Voraussetzung.[186]

Gemäß § 276 Abs. 1 Satz 1 BGB kommt ein Anspruch nur bei einer vorsätzlichen oder fahrlässigen Pflichtverletzung durch den Schuld-

[184] BGH, Urteil vom 05.11.1974, Az. VI ZR 100/73
[185] OLG Frankfurt/Main, Urteil vom 14.11.2019, Az. 22 U 50/17
[186] Vgl. Czenia, M. (2023), IX, Tz. 5

ner in Betracht. Auch in diesen Fällen ist auf den kausalen Zusammenhang zwischen der Pflichtverletzung und dem eingetretenen Schaden abzustellen.

Beispiel:

Der Musterstadt e. V. hat für sein Turnier eine Sporthalle angemietet. Die Vorbereitungen für die Veranstaltung haben erhebliche Kosten verursacht. Der Vermieter der Sporthalle bemerkt zwei Tage vor dem Event, dass ein Wasserrohr undicht ist und sich bereits Wasser auf dem Hallenboden ausgebreitet hat. Um die Kosten für eine Reparatur zu sparen, wischt er das Wasser auf, ohne aber die Undichtigkeit instandzusetzen. Den Verein informiert er ebenfalls nicht über das Problem.

Am Tag der Sportveranstaltung bemerkt der Vorsitzende des Vereins sofort den durchnässten und rutschigen Hallenboden. Das Turnier kann nicht wie geplant in der Halle stattfinden und eine vertragsgemäße Nutzung der Halle ist nicht möglich.

Vorliegend hat der Vermieter vorsätzliches Handeln zu vertreten und ist dem Verein zum Schadensersatz aus einer Verletzung der Vertragspflichten verpflichtet.

8.8 Haftung der Organe

Gemäß § 31 BGB ist der Verein für jeden Schaden verantwortlich, den der Vorstand, ein Mitglied des Vorstands oder ein anderer verfassungsmäßiger Vertreter in Ausführung der ihm zustehenden Verpflichtung einem Dritten zugefügt hat. Die deliktische Haftung ergibt sich aus §§ 823 ff. BGB.

Wird ein Schaden verursacht, haften Verein und Vorstand als Gesamtschuldner im Sinne von § 840 BGB. Somit kann sich der Gläubiger aussuchen, ob er den Vorstand, den Verein oder beide zusammen in Regress nimmt. Eine persönliche Haftung des Vorstands ist insofern nie ganz ausgeschlossen.

In einem Verein ohne Rechtspersönlichkeit haften gemäß § 54 Abs. 2 BGB Vorstandsmitglieder und andere im Namen des Vereins rechtsgeschäftlich handelnde Personen einem Dritten gegenüber persönlich. Sind Organmitglieder unentgeltlich tätig oder erhalten sie eine Vergütung von maximal 3.300 Euro jährlich, findet § 31a BGB entsprechend Anwendung.

8.8.1 Haftungsbeschränkung

Das BGB enthält eine spezielle Regelung zur Haftungsbeschränkung von Organmitgliedern und besonderen Vertretern. § 31a BGB wurde durch das Gesetz zur Begrenzung der Haftung von ehrenamtlich tätigen Vereinsvorständen vom 28.09.2009 eingefügt.[187] Insbesondere die bestehenden Haftungsrisiken hielten viele potenzielle Interessenten davon ab, ein Vorstandsamt im Verein zu übernehmen. Ziel des Gesetzes ist es, die ehrenamtliche Übernahme von Leitungsfunktionen in Vereinen zu fördern und damit das bürgerschaftliche Engagement zu fördern.[188]

Zunächst regelt § 31a Abs. 1 Satz 1 BGB die grundsätzlichen Bedingungen zur Anwendung der Haftungserleichterung. Demnach müssen Organmitglieder unentgeltlich tätig sein oder die erhaltene Vergütung für die Tätigkeit als Organ übersteigt nicht den Betrag i. H. v. 3.300 Euro jährlich. Die Vergütungsgrenze wurde zum 01.01.2026 angehoben. Mit der Anhebung soll dem Willen des Gesetzgebers folgend das persönliche Haftungsrisiko im Vereinsrecht weiter gemindert werden. Insofern soll die Vereinslandschaft in Deutschland gestärkt werden.[189]

Eine Haftung der Organmitglieder oder besonderer Vertreter im Sinne der Vorschrift gegenüber dem Verein kommt bei grober Fahrlässigkeit oder Vorsatz zum Tragen, sofern der verursachte Schaden bei der Wahrnehmung ihrer Pflichten entstanden ist. Im Innenverhältnis kann die Haftung für grobe Fahrlässigkeit jedoch über eine entsprechende Regelung in der Satzung ausgeschlossen werden. Eine weitergehende Einschränkung des Schutzes der Organmitglieder ist indes nicht möglich, da § 31a BGB einen Mindestschutz der Organmitglieder gewährleisten soll.[190]

Die Satzungsregelung gestaltet sich wie folgt:

---

[187] Gesetz zur Begrenzung der Haftung von ehrenamtlich tätigen Vereinsvorständen vom 28.09.2009, BGBl. I S. 3161 (Nr. 64)

[188] BT-Drs. 16/10120, S. 6

[189] BT-Drs. 21/3104, S. 4

[190] OLG Nürnberg, Urteil vom 13.11.2015, Az. 12 W 1845/15

Der Vorstand haftet für in Wahrnehmung der Vorstandspflichten entstandene Schäden gegenüber den Mitgliedern oder dem Verein nur bei Vorliegen von Vorsatz.

Eine derartige Satzungsregelung wirkt grundsätzlich nicht gegenüber Dritten.

Die Regelung ist insbesondere auch bei Vorständen mit Vergütungen oberhalb von 3.300 Euro anzuraten, da hier die Befreiung des § 31a BGB auch bei einfacher Fahrlässigkeit nicht greift.

Eine entsprechende Regelung kann gleichwohl auf die Mitglieder des erweiterten Vorstands ausgeweitet werden. Hierzu ein Formulierungsbeispiel:

Die Mitglieder des erweiterten Vorstands haften gegenüber dem Verein nur für Vorsatz.

Ob ein Ausschluss der groben Fahrlässigkeit tatsächlich sinnvoll ist, lässt sich nicht pauschal beantworten. Immerhin erwarten die Mitglieder, dass der Vorstand seinen Pflichten sorgfältig und gewissenhaft nachkommt. So fühlt sich der ein oder andere Vorstand durch den weitergehenden Schutz eventuell animiert, etwas weniger sorgfältig zu handeln. Auf der anderen Seite ist durch den Ausschluss der groben Fahrlässigkeit der Schutz der Vorstände deutlich erweitert, was man durchaus auch als Vertrauensbeweis bezüglich deren Arbeit verstehen kann. Es ist also eine genaue Abwägung vorzunehmen, welche Risiken ein solcher Ausschluss mit sich bringt und welche Vorteile sich hieraus ergeben, bevor die Satzung diesbezüglich angepasst wird.

Absatz 2 der Vorschrift enthält mit dem Freistellungsanspruch ein wichtiges Instrument zur Minderung des Haftungsrisikos, denn für die Außenhaftung gegenüber Dritten entfaltet die in Absatz 1 normierte Haftungsbeschränkung keine Wirkung.

Kommt es demnach in Wahrnehmung der Organpflichten zu einem Schaden gegenüber einem Dritten, kann das Organmitglied gemäß Absatz 2 der Vorschrift die Freistellung vom Verein verlangen. Dies gilt aber nur dann, wenn weder grob fahrlässiges noch vorsätzliches Handeln vorliegt. Eine Haftungsfreistellung für die Fälle des Vorsatzes und der groben Fahrlässigkeit wären unbillig und wurden somit von der Haftungsfreistellung ausgenommen.

8.8.2 Praxisfall zur Haftungsfreistellung

Beispiel:

Der ehrenamtlich tätige Vorsitzende eines gemeinnützigen Sportvereins beauftragt ein Vereinsmitglied mit der Durchführung des Winterdiensts aufgrund eines zu erwartenden Schneefalls in den kommenden Tagen. Das Mitglied bestätigt die Übernahme des Auftrags.

Durch eine plötzliche Erkrankung kann das Mitglied der Aufgabe nicht nachkommen und informiert den Vorsitzenden über die Situation, indem er eine Nachricht auf dem Anrufbeantworter hinterlässt. Die Nachricht wird vom Vorsitzenden übersehen und es kommt auf dem nicht geräumten Parkplatz des Vereins zu einem Unfall. Ein Vereinsmitglied kommt mit dem Pkw ins Rutschen und fährt gegen eine Begrenzungsmauer.

Im geschilderten Fall ist dem Vorsitzenden lediglich Fahrlässigkeit vorzuwerfen. Demnach scheidet eine persönliche Haftung gegenüber dem Vereinsmitglied und dem Verein aus, die Voraussetzungen zur Freistellung gemäß § 31a Abs. 2 BGB liegen vor.

8.8.3 Steuerliche Haftung

Die persönliche Inanspruchnahme eines Vorstandsmitglieds kommt unter Umständen bei Steuersachverhalten in Betracht. Der Freistellungsanspruch aus § 31a Abs. 2 BGB entfaltet gegenüber dem Finanzamt keine Wirkung. Denn dieser kommt lediglich bei einfacher Fahrlässigkeit in Betracht.

Die Haftung nach § 69 AO wird jedoch infolge grob fahrlässiger oder vorsätzlicher Verletzung der auferlegten Pflichten ausgelöst.

Denn wer kraft Gesetzes für eine Steuer haftet, kann nach § 191 Abs. 1 Satz 1 AO durch Haftungsbescheid in Anspruch genommen werden. Nach § 69 i. V. m. § 34 AO haftet ein Vereinsvorstand insoweit persönlich, als Ansprüche aus einem zugrunde liegenden Steuerschuldverhältnis infolge vorsätzlicher oder grob fahrlässiger Verletzung der ihm auferlegten Pflichten nicht oder nicht rechtzeitig festgesetzt oder erfüllt werden.[191]

[191] BFH, Urteil vom 12.06.2018, Az. VII R 2/17

Nach ständiger Rechtsprechung des BFH kann der nach § 34 Abs. 1 Satz 1 AO Verantwortliche (beispielsweise der Vereinsvorstand) sich grundsätzlich seiner steuerrechtlichen Pflichten nicht dadurch erledigen, dass er deren Erfüllung Dritten überlässt.

Unter Umständen kann die Verantwortlichkeit durch eine Aufgabenverteilung innerhalb eines mehrköpfigen Vorstands beschränkt werden. Hierzu bedarf es zwingend einer schriftlichen Regelung, aus der sich die Aufgaben der einzelnen Vorstandsmitglieder zweifelsfrei ableiten lassen.[192]

Eine solche Geschäftsverteilung mindert nicht nur die Verantwortlichkeit, sondern ist von den Finanzbehörden auch bei der Frage zu berücksichtigen, in welchem Verhältnis mehrere nach § 69 AO haftende Vorstandsmitglieder für die Steuerschulden des Vereins in Anspruch genommen werden.

Die ursprünglich im Regierungsentwurf enthaltenen Vorschläge zur Begrenzung der Haftung für die Verletzung der Pflicht zur Abführung von Sozialversicherungsbeiträgen nach § 28e SGB IV und der steuerlichen Pflichten nach § 34 AO wurden im Gesetzgebungsverfahren (Gesetz zur Begrenzung der Haftung von ehrenamtlich tätigen Vereinsvorständen vom 28.09.2009, BGBl. 2009 I Nr. 64 S. 3161) nicht aufgegriffen.[193]

Die vorstehend gemachten Ausführungen gelten gleichsam für die Haftung für die Nichtabführung von Sozialversicherungsbeiträgen. Die Haftung der Vorstandsmitglieder nach § 823 Abs. 2 BGB i. V. m. den §§ 266a, 14 StGB, § 28e SGB IV setzt zumindest bedingt vorsätzliches Handeln voraus.

8.9 Haftung von Vereinsmitgliedern

Mit dem Ehrenamtsstärkungsgesetz vom 21.03.2013 wurde § 31b BGB zur Begrenzung der Haftung von Vereinsmitgliedern eingeführt. Bereits vor Einführung der Regelung haben die Gerichte die Haftung gegenüber dem Verein nach den Regelungen über Arbeitnehmerhaftung beschränkt und den Vereinsmitgliedern einen Anspruch auf Befreiung von der Haftung gegenüber dem Verein gewährt, wenn Dritte geschädigt wurden (BGHZ 89, 153, 157 ff.).

---

[192] BFH, Urteil vom 13.03.2003, Az. VII R 46/02

[193] BT-Drs. 16/13537, S. 4

Durch § 31b BGB sollen Vereinsmitglieder, die im Wesentlichen unentgeltlich Aufgaben wahrnehmen, haftungsrechtlich den Vorstandsmitgliedern nach § 31a BGB gleichgestellt werden.[194]

Die Haftungsbeschränkung ist im Wesentlichen an drei Voraussetzungen geknüpft:

1. Vereinsmitgliedschaft
2. unentgeltlich oder ehrenamtlich tätig (Vergütung maximal 3.300 Euro/Jahr)
3. Wahrnehmung übertragener satzungsgemäßer Vereinsaufgaben

Ein Mitglied muss also primär im Interesse des Vereins und nicht zu eigenen Erwerbsinteressen tätig werden. Die Vereinsaufgaben müssen dem Mitglied vom Verein übertragen worden sein, das heißt, das Vereinsmitglied muss mit der Aufgabenwahrnehmung vom Verein beauftragt worden sein.

§ 31b BGB ist gemäß dem Willen des Gesetzgebers zwingendes Recht und daher nicht als nachgiebige Vorschrift in § 40 BGB genannt.

Die Regelungen zur Freistellung in § 31b Abs. 2 BGB entsprechen den Regelungen des § 31a Abs. 2 BGB (siehe oben zur Haftungsfreistellung von Organen).

Hierzu ein Beispiel aus der Praxis:

Beispiel:

Der Vorstand delegiert die Durchführung von Trainingseinheiten an Trainer und Übungsleiter. Die Übungsleiter wiederum nehmen ihrerseits diese satzungsgemäßen Vereinsaufgaben war. Kommt es zum Schaden und haftet ein Vereinsmitglied einem Dritten gegenüber (§§ 823 ff. BGB), kann das Mitglied bei Vorliegen der oben genannten Voraussetzungen eine Freistellung vom Verein verlangen (§ 31b Abs. 2 BGB). Hat das Mitglied jedoch vorsätzlich oder grob fahrlässig gehandelt, scheidet eine Freistellung aus.

8

[194] BT-Drs 17/11316, S. 17

Gleiches gilt für Fälle, in denen ein Vereinsmitglied Vereinsaufgaben wahrnimmt, ohne dass hierzu ein Auftrag besteht oder der Vorstand Kenntnis hierüber hat. Hier scheidet eine Haftungsbeschränkung im Sinne des § 31b BGB aus.

Der Fall eines Platzwarts

Der Freistellungsanspruch im Sinne des § 31b Abs. 2 BGB ist immer wieder auch Gegenstand von Gerichtsverfahren, wie der nachfolgend betrachtete Fall zeigt.

Im zugrunde liegenden Fall war das Mitglied eines Sportvereins seit Längerem teils ehrenamtlich, teils gegen Vergütung für den Verein tätig. Insbesondere übernahm er gegen Vergütung Mäharbeiten auf den vom Verein genutzten Flächen. Zudem war er jedenfalls zeitweilig entgeltlich als Platzwart für den Verein tätig.

Zu seinen Aufgaben gehörte seit vielen Jahren auch die Bekämpfung von Nagetieren auf dem Sportplatz. Hierzu nutzte er unter anderem Schussfallen, bei denen das Tier bei Auslösen der Falle mit einem Bolzenschuss getötet wird. Eine solche Falle hatte er unter einer mit Sand abgedeckten Betonplatte am Rande des Sportplatzes platziert und den Gang vor der Falle zusätzlich mit Spachtel versperrt.

Während einer Feier der Juniorenmannschaft hob ein 9-jähriger Junge die Platte an, tastete in das Loch, drückte den Spachtel zur Seite und fasste dann in die Falle. Diese löste aus und verletzte den Jungen an der Hand.

Der Verletzte erhob daraufhin, vertreten durch seine Eltern, Klage. Der Vorprozess endete mit einer vergleichsweisen Einigung. Das Mitglied forderte den Verein daraufhin auf, ihm gegenüber die Freistellung von allen Haftungsansprüchen des verletzten Jungen zu erklären. Der Fall landete infolgedessen vor Gericht.

Das Landgericht Osnabrück gab dem klagenden Mitglied Recht. Gemäß dem Urteil steht dem Kläger der begehrte Anspruch auf Freistellung aus § 31b Abs. 2 Satz 1 BGB zu. Der Kläger war aufgrund der vorgelegten Ehrenamtsvereinbarung zweifelsfrei ehrenamtlich für den Verein tätig und wurde vom Verein mit ehrenamtlichen Tätigkeiten beauftragt.

Die Tätigkeit betraf außerdem die satzungsgemäßen Aufgaben des Vereins, nämlich den Erhalt und die Pflege der Sportanlagen, wie es aus der Ehrenamtsvereinbarung hervorgeht, die von Reinigung und sonstigen Arbeiten spricht.

Der Kläger erhielt auch ausweislich der vorgenannten Vereinbarung keine höhere Vergütung als die zu diesem Zeitpunkt bestehende Grenze von 720 Euro.

Auch grob fahrlässiges Handeln konnte das Gericht nicht erkennen. Der Platzwart hatte erhebliche Maßnahmen unternommen, insbesondere Abdeckungen angebracht, um ein versehentliches Auslösen der Falle durch unbeteiligte Dritte zu verhindern. Die Verletzung des Jungen war nur möglich, da dieser mehrere Sicherungsmaßnahmen ignorierte.[195]

8.10 Haftung gegenüber der GEMA

Die Gesellschaft für musikalische Aufführungs- und mechanische Vervielfältigungsrechte (GEMA) ist eine Verwertungsgesellschaft für Musikwerke. Die GEMA besteht in der Rechtsform eines wirtschaftlichen Vereins im Sinne des § 22 BGB mit Sitz in Berlin.

Zweck des Vereins sind der Schutz und die Förderung der Urheber und ihrer Belange sowie die Wahrnehmung ihrer Interessen im Rahmen der Satzung.[196]

Wird eine Veranstaltung nicht ordnungsgemäß angemeldet, kommt unter Umständen eine Haftung des Vorstands in Betracht. Zunächst betrachten wir die grundsätzlichen Bestimmungen bezüglich der GEMA.

GEMA-Gebühren

Gebühren an die GEMA sind immer dann zu entrichten, wenn Musik öffentlich genutzt wird. Das ist gemäß § 15 Abs. 3 UrhG anzunehmen, wenn sie einer Mehrzahl von Mitgliedern der Öffentlichkeit zugänglich ist. Demnach ist „öffentlich" zu verneinen, wenn ausschließlich Besucher teilnehmen, die eine persönliche Verbindung zum Veranstalter haben oder eine Beziehung pflegen (z. B. Geburtstagsfeier, Hochzeit).

Betriebsfeiern und Vereinsfeste sind aufgrund der vorstehend gemachten Ausführungen als öffentliche Veranstaltungen anzusehen,

---

[195] LG Osnabrück, Urteil vom 05.12.2018, Az. 3 O 1628/18

[196] Satzung GEMA, Fassung vom 10./11.05.2023

da die Vereinsmitglieder in der Mehrzahl nicht befreundet oder untereinander verwandt sind.[197]

Wird auf einer Veranstaltung ausschließlich GEMA-freie Musik abgespielt, entfällt die Gebührenpflicht. Gleiches gilt für Werke, deren Urheber mindestens 70 Jahre tot sind.

GEMA und Vereine

Die GEMA bietet unterschiedliche Tarife je nach Vereinszweck an. Hauptmerkmale zur Unterscheidung der Tarife z. B. bei einem Sportverein sind:

- Veranstaltungen mit Musik
- Musik, die dauerhaft genutzt wird (Vereinsheim), sogenannte Hintergrundmusik
- Kurse mit Musik

Zur genauen Berechnung der anfallenden GEMA-Gebühren findet sich auf der Homepage der GEMA ein Preisrechner, mit dessen Hilfe eine Kalkulation vorgenommen werden kann.

Der DOSB hat mit der GEMA einen Gesamtvertrag abgeschlossen. Über die im Vertrag genannten Landessportbünde und Spitzenverbände bekommen die Mitgliedsvereine speziell ausgehandelte Konditionen, die teilweise ein erhebliches Einsparpotenzial bieten.[198]

Gemeinnützige Vereine in Bayern profitieren von einem Pauschalvertrag zwischen der GEMA und dem Freistaat Bayern. Für bis zu zwei Veranstaltungen im Jahr fallen keine GEMA-Gebühren an, sofern für die Veranstaltung kein Eintritt erhoben wird und die Veranstaltungsfläche maximal 300 Quadratmeter beträgt.[199]

GEMA und Kita

Zur Arbeit in Kindergärten und Kindertagesstätten gehört auch das Veranstalten von Festen und Feiern. Die Veranstaltungen bie-

---

[197] Vgl. www.gema.de/de/die-gema/das-wichtigste-zu-den-gema-gebuehren [Stand: 20.03.2026]

[198] Vgl. https://cdn.dosb.de/user_upload/www.dosb.de/Medien_Service/GEMA/2021/GEMA-Broschuere-2022.pdf [Stand: 20.03.2026]

[199] Vgl. https://www.gema.de/de/musiknutzer/vereine-in-bayern [Stand: 20.03.2026]

ten einen Einblick in die Arbeit der Einrichtungen und laden zum Austausch zwischen Eltern und Personal ein.

In der Regel wird während der Veranstaltung Musik abgespielt und es handelt sich um eine gebührenpflichtige Veranstaltung. Die GEMA unterscheidet diesbezüglich zwischen Veranstaltungen mit Tonträgern, zu denen auch Streaming zählt (Tarif M-V), und Veranstaltungen mit Livemusik (Tarif U-V).

Es wird ein Nachlass in Höhe von 15 Prozent im Rahmen des Sozial- und Kulturtarifs gewährt, sofern die Veranstaltung einem sozialen Zweck dient und nachweislich keine wirtschaftlichen Ziele verfolgt werden.

Mitglieder der Bundesarbeitsgemeinschaft Offene Kinder- und Jugendarbeit e. V. (BAG OKJA e. V.) erhalten einen Nachlass in Höhe von 20 Prozent. Der Nachlass im Tarif WR-KJA kann auch ohne Mitgliedschaft von allen Einrichtungen der Kinder- und Jugendarbeit ohne Wohnmöglichkeit in Anspruch genommen werden.[200]

Unterlassene Anmeldung

Unterlässt der Vorstand es, eine gebührenpflichtige Veranstaltung rechtzeitig bei der GEMA anzumelden, ist neben der Nachzahlung der Gebühren mit zusätzlichen Kosten zu rechnen. Grundsätzlich stellen Urheberrechtsverletzungen und Verletzungen verwandter Schutzrechte unerlaubte Handlungen im Sinne der §§ 823 ff. BGB dar.

Demnach ist eine Haftung demjenigen zuzurechnen, der die Rechtsgutverletzung tatsächlich begangen oder in irgendeiner Form dazu beigetragen hat. 8

Die GEMA muss im Fall einer Nichtanmeldung den Vorwurf konkret einem bestimmten Vorstandsmitglied machen. Es ist nicht ausreichend, sich darauf zu berufen, dass der Vorstand aus dessen Stellung nach § 26 BGB Leitungs- und Organisationspflichten hat. Vielmehr muss der Beweis geführt werden, welchen tatsächlichen Beitrag ein Vorstandsmitglied geleistet bzw. tatsächlich pflichtwidrig unterlassen hat.

200 Vgl. https://www.gema.de/de/musiknutzer/branchen/kinder-und-jugendeinrichtungen [Stand: 20.03.2026]

Insofern scheidet eine gesamtschuldnerische Haftung im Sinne des § 840 Abs. 1 BGB in derartigen Fällen regelmäßig aus.[201]

8.11 Versicherung

In der Regel sind Sportvereine Mitglied im jeweiligen Landessportbund. Über einen Rahmenvertrag sind die Mitgliedsvereine umfangreich abgesichert. Das bekannteste Beispiel dürfte die ARAG-Sportversicherung sein. In dieser Versicherung ist ein umfassender Schutz für Mitglieder, Trainer, Übungsleiter, Mitarbeiter und Funktionäre enthalten. Neben der obligatorischen Haftpflichtversicherung sind eine Unfall- und eine Rechtsschutzversicherung enthalten.

Speziell für Vorstände enthält der Vertrag auch eine Absicherung für Vermögensschäden, die sogenannte D&O-Versicherung. Dieser Baustein schützt Organe vor den wirtschaftlichen Folgen aus Fehlern in ihrer Arbeit als Vorstand. Der Versicherungsumfang differiert je nach Bundesland und Sportbund.

Unabhängig davon sollte der Vorstand regelmäßig die Versicherungen auf ausreichende Deckung prüfen. Regelmäßig richtet sich die Prämie nach der Anzahl der Mitglieder und den angebotenen Aktivitäten. Da insbesondere die Zahl der Mitglieder gewissen Schwankungen unterliegt, ergibt sich hier teilweise einiges an Einsparpotenzial.

Haftpflicht

Die Haftpflichtversicherung bietet Versicherungsschutz vor Haftungsansprüchen Dritter. Hiervon umfasst sind auch aus einem Schaden resultierende Vermögensschäden. Die konkreten Leistungen unterscheiden sich je nach Versicherungsgesellschaft. Regelmäßig besteht Deckung für folgende Schäden:

- Mietschäden
- Schäden durch Fahrzeuge
- Risiken aus Grundbesitz
- Internethaftpflicht
- Umweltrisiken
- Kosten für Rechtsstreitigkeiten

---

[201] AG Köln, Urteil vom 21.12.2020, Az. 137 C 125/20

Die Deckungssumme sollte mindestens 10 Millionen Euro betragen und die versicherten Risiken müssen dem Verein angepasst sein.

Eine fehlende Deckung durch die Ausübung einer nicht in der Police enthaltenen Sportart muss auf jeden Fall verhindert werden. Es empfiehlt sich ein rechtzeitiges Gespräch mit der Versicherung, um diesem Risiko vorzubeugen.

D&O-Versicherung

Im Unterschied zur Haftpflichtversicherung bietet eine D&O-Versicherung (Directors and Officers) Versicherungsschutz für reine Vermögensschäden aufgrund einer Pflichtverletzung durch den Vorstand. Vom Versicherungsschutz sind in der Regel die Organe und leitenden Angestellten des Vereins umfasst. Die Deckung erstreckt sich auf das Innen- und Außenverhältnis. Der Versicherungsschutz entfällt bei vorsätzlichem Handeln.

Die folgenden Beispiele zeigen exemplarisch Fälle, in denen eine Regulierung durch die D&O-Versicherung infrage kommt:

- fehlerhafte Verwendung von Zuwendungen
- Verjährung von Forderungen
- nachteiliger Mietvertrag
- Fristversäumnis zur Beantragung von Fördermitteln

Gesetzliche Unfallversicherung

Trägerin der gesetzlichen Unfallversicherung sind neben den Unfallkassen die Berufsgenossenschaften. Für Vereine ist die Verwaltungsberufsgenossenschaft (VBG) zuständig. Die VBG versichert bundesweit 1,8 Millionen Unternehmen aus rund 100 Branchen.[202] Gemäß § 1 SGB VII sind die Hauptaufgaben der Berufsgenossenschaften die Prävention, Rehabilitation und Entschädigung. Insbesondere sollen mit allen geeigneten Mitteln Arbeitsunfälle, Berufskrankheiten sowie arbeitsbedingte Gesundheitsgefahren verhütet werden.

Versicherter Personenkreis

In der gesetzlichen Unfallversicherung sind nicht alle vereinszugehörigen Personen versichert. Der Versicherungsschutz erstreckt sich

[202] Vgl. https://www.vbg.de/cms/die-vbg [Stand: 20.03.2026]

auf Beschäftigte im Sinne des § 2 Abs. 1 Nr. 1 SGB VII und arbeitnehmerähnliche Personen nach § 2 Abs. 2 SGB VII. Zu den Beschäftigten gehören unter anderem auch Auszubildende und Freiwilligendienstleistende im Rahmen des freiwilligen sozialen Jahres.

Mitglieder sind nur dann versichert, wenn der Verein entweder eine freiwillige Versicherung für die Tätigkeit im Ehrenamt abgeschlossen hat oder die Tätigkeit des Mitglieds den Rahmen der aus der Satzung abgeleiteten Verpflichtungen (Arbeitseinsatz) überschreitet. Hierzu ein Beispiel:

Beispiel:

Bei einer größeren Baumaßnahme am Vereinsheim helfen zahlreiche Mitglieder freiwillig bei den Instandsetzungsarbeiten. Insgesamt dauert der Einsatz vier bis fünf Stunden. Der Arbeitseinsatz ist aufgrund der Dauer von mehr als zwei Stunden nicht mehr als geringfügige Tätigkeit anzusehen. In diesem Fall besteht für die Mitglieder die gesetzliche Versicherung in der VBG „Wie Beschäftigte".

Der Versicherungsschutz besteht nicht, wenn die Satzung einen solchen Umfang der Arbeitsleistung vorsieht oder der Einsatz auf einem Beschluss des Vorstands oder der Mitgliederversammlung beruht.

Es besteht aber Versicherungsschutz auch in den Fällen, wenn die Satzung jedes Vereinsmitglied zur Ableistung von beispielsweise sechs Arbeitsstunden verpflichtet und der Einsatz im Einzelfall diese Anzahl überschreitet.[203]

[203] Merkblatt VBG „Gesetzliche Unfallversicherung bei Eigenbaumaßnahmen von Vereinen (nicht gewerbsmäßige Bauarbeiten von Vereinen)"

Sorgfaltspflicht

9.1 Grundlagen der Sorgfaltspflicht

Dem Vorstand obliegt die Führung des Vereins. Mit dieser Aufgabe gehen zahlreiche Pflichten einher, die Organe sorgfältig zu erfüllen haben. In diesem Zusammenhang wird auch von einer allgemeinen Sorgfaltspflicht gesprochen.

Der Maßstab der Sorgfaltspflicht richtet sich nach der Größe des Vereins und nach dem Aufgabenbereich.

Verstoßen Amtsträger in Ausübung ihres Amts gegen Sorgfaltspflichten, machen sie sich unter Umständen gegenüber dem Verein haftbar. Zu beachten ist, dass eine Haftung in diesem Fall bereits bei leichter Fahrlässigkeit in Betracht kommt. Per Satzungsregelung kann die Haftung im Innenverhältnis auf Vorsatz beschränkt werden. Gegenüber Dritten ist keine Haftungsbegrenzung möglich.

9.2 Gesetzliche Pflichten

Die vom Vorstand zu erledigenden Aufgaben sind zahlreich und vielfältig. Zur Erledigung wichtiger Kernbereiche ist der Vorstand per Gesetz verpflichtet.

9.2.1 Rechenschaftspflicht und Buchführung

Die Pflicht zur Buchführung ergibt sich aus verschiedenen Vorschriften. Der Vorstand ist gemäß den zivilrechtlichen Vorgaben gegenüber der Mitgliederversammlung zur Rechenschaft verpflichtet. Diese Pflicht ergibt sich aus § 27 Abs. 3 BGB, wonach die für den Auftrag geltenden Vorschriften des BGB (§§ 664–670) auf die Geschäftsführung des Vorstands eines Vereins Anwendung findet.

Hierzu gehört gemäß § 259 BGB insbesondere ein Bericht über die Einnahmen und Ausgaben sowie das Vorhalten entsprechender Belege. Hierdurch wird den Mitgliedern ermöglicht, sich einen umfassenden Überblick über die wirtschaftliche Situation des Vereins zu verschaffen.

Der Umfang der Aufzeichnungen richtet sich auch hier nach der Größe des Vereins. So hat das OLG Brandenburg entschieden, dass bei einem kleinen Verein nicht zu strenge Anforderungen an die Ausübung des Amts des Vorsitzenden gestellt werden können.[204]

[204] OLG Brandenburg, Urteil vom 28.05.2008, Az. 7 U 176/07

Bei dem Auftrag der Mitgliederversammlung zur Besorgung der Geschäfte durch den Vorstand handelt es sich um eine auf Dauer angelegte Tätigkeit. Demnach kann vom Vorstand auch ohne eine entsprechende Regelung in der Satzung eine Rechenschaftslegung in periodischen Zeitabständen verlangt werden.[205] Insofern erfolgt eine Berichterstattung in der Regel im Rahmen der Mitgliederversammlung.

Der Wortlaut des § 666 BGB verpflichtet nach der Ausführung des Auftrags zur Rechenschaft. Ob sich hieraus zweifelsfrei ableiten lässt, dass außerhalb der Mitgliederversammlung keine Berichtspflichten zu erfüllen sind, ist zumindest im Lichte der auf einige Dauer angelegten Vorstandstätigkeit fraglich (BGH, a. a. O.). Es ist demnach anzunehmen, dass der Beauftragte (Vorstand) dem Auftraggeber (Mitgliederversammlung) während der Dauer des Auftragsverhältnisses jederzeit Auskunft schuldet.[206]

Hiervon abzugrenzen sind Auskunftsverlangen einzelner Mitglieder. Hierzu muss ein berechtigtes Interesse glaubhaft gemacht werden. Berechtigt ist ein Interesse, wenn es schutzwürdig und objektiv begründbar ist. Das Verlangen ist beispielsweise begründet, soweit es zur sachgemäßen Erledigung von Tagesordnungspunkten notwendig ist.[207]

Gemäß § 260 Abs. 1 BGB ist der Vorstand außerdem verpflichtet, ein Bestandsverzeichnis vorzulegen. Hierunter fallen neben den Beständen der Bankkonten und Kassenbestände auch die Aufstellungen über das Anlagevermögen. Nach Rechtsprechung des BGH müssen im Bestandsverzeichnis alle Aktiva und Passiva des Vereins enthalten sein.[208]

Bei den Aufzeichnungen über die Einnahmen und Ausgaben ist darauf zu achten, dass diese vollständig erfasst sind.

Der Vorstand kann per Satzungsregelung von der Rechenschaftspflicht befreit werden, da es sich bei § 27 Abs. 3 BGB um eine nachgiebige Vorschrift handelt. Das bedeutet, dass eine entsprechende Satzungsregelung Vorrang vor den Regelungen des BGB hat. 9

205 BGH, Urteil vom 16.06.2016, Az. III ZR 282/14

206 LG Bayreuth, Teilurteil vom 30.09.2019, Az. 43 O 59/19

207 LG Frankfurt, Urteil vom 01.11.2021, Az. 2 -01- S 191/20

208 LG Berlin, Teilurteil vom 03.02.2015, Az. 22 O 377/13; BGH, Urteil vom 02.11.1960, Az. V ZR 124/59

9.2.2 Steuerliche Aufzeichnungspflicht

§§ 140 ff. AO regeln nicht nur, wer kraft Gesetzes zur Buchführung und Aufzeichnung verpflichtet ist, sondern auch, wie diese Aufzeichnungen vorzunehmen sind.

Grundsätzlich muss die Buchführung so beschaffen sein, dass sich ein sachverständiger Dritter innerhalb einer angemessenen Zeit einen Überblick über die Lage des Vereins und die Geschäftsvorfälle verschaffen kann (§ 145 Abs. 1 AO).

Sofern eine Barkasse geführt wird, sollen die Ein- und Ausgänge täglich festgehalten werden (§ 146 Abs. 1 AO). Die Unterlagen müssen geordnet aufbewahrt werden. Die gesetzlichen Aufbewahrungsfristen sind zu beachten.

Für detaillierte Erläuterungen siehe Kapitel 3 „Buchführung".

9.2.3 Gemeinnützigkeitsrecht

Die tatsächliche Geschäftsführung muss nach den Regelungen des § 63 AO auf die ausschließliche und unmittelbare Erfüllung der steuerbegünstigten Zwecke gerichtet sein. Sie muss außerdem den diesbezüglichen Satzungsbestimmungen entsprechen.

Um den Nachweis zu erbringen, dass die Geschäftsführung den notwendigen Erfordernissen entspricht, ist der Vorstand verpflichtet, ordnungsgemäße Aufzeichnungen (insbesondere Einnahmen und Ausgaben, Tätigkeitsbericht, Vermögensübersicht mit Nachweisen über die Bildung und Entwicklung der Rücklagen) zu führen (§ 63 Abs. 3 AO).

Zudem ist der Nachweis zu erbringen, dass angesammelte Mittel innerhalb der gesetzlichen Frist für steuerbegünstigte Zwecke eingesetzt wurden (§ 63 Abs. 4 AO).

Die Ausstellung von korrekten Zuwendungsbestätigungen fällt ebenfalls in den Bereich der tatsächlichen Geschäftsführung.

9.2.4 Ertragsteuerrecht

Sofern im Verein Einkünfte im Bereich der Vermögensverwaltung generiert werden, liegen Überschusseinkünfte vor (siehe Kapitel 3.1.2). Hierunter fallen insbesondere die Einkünfte aus Kapitalvermögen sowie aus Vermietung und Verpachtung.

Gemäß §§ 8, 9 EStG wird der Überschuss durch Gegenüberstellung der Einnahmen mit den Werbungskosten ermittelt. Für die Aufzeichnungen ist nach § 140 AO nach den Vorschriften des BGB zu verfahren, da über die Abgabenordnung keine Regelung über die Art der Aufzeichnungen besteht.

In den Bereichen Zweckbetrieb und wirtschaftlicher Geschäftsbetrieb erfolgen die Aufzeichnungen abhängig von der jeweiligen Art der Gewinnermittlung entweder durch eine EÜR oder nach handelsrechtlichen Vorgaben zur Bilanzierung. Siehe hierzu auch Kapitel 3 „Buchführung".

9.2.5 Weitere Pflichten

Aus dem Auftragsverhältnis ergibt sich eine Treuepflicht des Vorstands gegenüber dem Verein. Bei der Geschäftsführung sind demnach eigene Interessen hintanzustellen. Hieraus ergibt sich auch die Pflicht zum Erhalt des anvertrauten Vereinsvermögens.[209] Aus § 668 BGB kann sich zudem die Verpflichtung zur Verzinsung der zur Verfügung stehenden Mittel ergeben.

9.3 Sorgfaltspflicht des Übungsleiters

Aufsichtspflicht und Sorgfaltspflicht sind untrennbar mit der Aufgabe eines Übungsleiters verbunden. Die Sorgfaltspflichten bestimmen sich auch danach, ob der Übungsleiter ehrenamtlich eine dem Gemeinwohl dienende Tätigkeit entfaltet. Bei einem hauptberuflich tätigen Trainer wird aufgrund seiner Fachkenntnisse daher ein anderer Maßstab anzulegen sein. Denn wo es um die Erkennbarkeit von Gefahren geht, muss jedermann auch sein etwaiges Sonderwissen gegen sich gelten lassen.[210]

Die zu berücksichtigenden Kriterien sind weiterhin:

- Verhaltensregeln der Sportverbände
- geistig-sittlicher Reifegrad der Jugendlichen
- zeitliche sowie örtliche Gegebenheiten

Insbesondere die Vorgaben durch die Verhaltensregeln der Sportverbände bieten wichtige Anhaltspunkte, welche sichernden Maß-

[209] BGH, Urteil vom 23.09.1985, Az. II ZR 257/84
[210] Vgl. Wessels/Beulke/Satzger (2017): Strafrecht Allgemeiner Teil, C. F. Müller, Rn. 944

nahmen zur Vermeidung von Unfällen nach der allgemeinen Lebenserfahrung notwendig erscheinen.[211]

Art und Maß der anzuwendenden Sorgfalt bestimmen sich gemäß BGH nach den Anforderungen, die bei objektiver Betrachtung der Gefahrenlage ex ante an einen besonnenen und gewissenhaften Menschen in der konkreten Lage und sozialen Rolle des Handelnden zu stellen sind.[212]

Im Zusammenhang mit der geistig-sittlichen Reife der Kinder und Jugendlichen ist darauf abzustellen, wie deren bisheriges Verhalten im Training war. Haben sich die Teilnehmer bisher immer regelkonform verhalten und die Anweisungen des Übungsleiters befolgt? Hieraus ergibt sich ein Gesamteindruck, welcher dem Übungsleiter eine Einschätzung über das Verantwortungsbewusstsein seiner Gruppe ermöglicht.

Um eine mögliche Verletzung der Sorgfaltspflichten beurteilen zu können, müssen alle rechtlich relevanten Belange unter Berücksichtigung aller Umstände des Einzelfalls abgewogen werden. Wie bereits bei der Aufsichtspflicht besteht auch für die Sorgfaltspflicht keine gesetzliche Definition. Der konkrete Umfang lässt sich demnach nur aus den von der Rechtsprechung und aus der Praxis abgeleiteten Grundsätzen bestimmen.

9.3.1 Inhalt der Sorgfaltspflicht

Zentrale Aufgabe der Sorgfaltspflicht ist die Vermeidung von voraussehbaren Schäden im Trainingsbetrieb. Die Elemente der Sorgfaltspflicht (Vorhersehbarkeit und Vermeidbarkeit) hängen vielfach voneinander ab. Die Sorgfaltspflicht, fremde Rechtsgüter nicht zu beeinträchtigen, kann beispielsweise nur aus der Erkennbarkeit eines Risikos entstehen.[213]

Konkret lässt sich die Sorgfaltspflicht folgendermaßen skizzieren:

- dafür Sorge tragen, dass sich Räume und Geräte in gebrauchsfähigem und sicherem Zustand befinden
- sicherer Auf- und Abbau von Sportgeräten
- Einhaltung der Hallenordnung

---

211 OLG Hamburg, Urteil vom 28.04.2015, Az. 1 Rev 13/15
212 BGH, Urteil vom 19.04.2000, Az. 3 StR 442/99
213 OLG Hamburg, Urteil vom 28.04.2015, Az. 1 Rev 13/15

- Hinweis auf Gefahrenquellen
- klare Anweisungen geben
- Einhaltung der Verkehrssicherungspflichten
- Hilfestellung und Sicherung im Training

9.3.2 Beispiel aus der Rechtsprechung

Wie wichtig die Einhaltung der Sorgfaltspflicht durch den Übungsleiter ist, zeigt sich an einem Fall, den das AG Bonn zu verhandeln hatte.

Während eines Trainings am Barren stürzte ein Mädchen aus der Gruppe der 7- bis 8-Jährigen und verletzte sich hierbei erheblich. Das Mädchen brach sich den rechten Arm an Elle, Speiche und Oberarmknochen und der rechte Oberarm sprang aus der Gelenkpfanne.

Nach Auffassung des Gerichts ereignete sich der Unfall deshalb, weil die Übungsleiterin die Kinder ohne Sicherung turnen ließ und somit ihre Sorgfaltspflicht verletzte. Die Übungsleiterin hat schuldhaft und fahrlässig gehandelt, da sie die Gefahren hätte erkennen müssen.

Das Gericht kam zu dem Schluss, dass der Unfall sich bei ordnungsgemäßer Sicherung des Mädchens während der Turnübung nicht ereignet hätte.[214]

9.4 Unfallverhütung

Mit gezielten Maßnahmen können Vorstand und Personal dafür sorgen, dass ein Unfall erst gar nicht passiert und somit auch kein Anspruch auf Schadensersatz entsteht. Welche Maßnahmen im Einzelnen zu treffen sind, richtet sich nach dem jeweiligen Angebot des Vereins. Ein Fußballverein trägt andere Risiken als beispielsweise ein Schachverein.

Die folgenden Maßnahmen können sportartübergreifend zur Unfallverhütung und zur Vermeidung von Verletzungen beitragen:

- Muskeln, Gelenke und auch der Kreislauf sollten vor einer sportlichen Anstrengung durch ein entsprechendes Aufwärmprogramm auf die bevorstehende Belastung vorbereitet werden.

214 AG Bonn, Urteil vom 08.03.2006, Az. 11 C 478/05

- Vor Beginn der Übung wird mit einem Blick auf die Schuhe der Kinder geprüft, ob diese intakt sind. Bei der Gelegenheit kann auch überprüft werden, ob die Schuhe entsprechend geschnürt sind, um das Stolpern über einen losen Schnürsenkel zu verhindern.
- Manche Sportarten benötigen spezielle Ausrüstungsgegenstände (Football, Hockey etc.). Vor Trainingsbeginn ist auf das korrekte Anlegen der Schutzausrüstung und Protektoren zu achten.
- Schmuck, lange Ketten und Uhren sollten abgelegt werden. Besonders Uhren bergen bei plötzlichen Armbewegungen ein hohes Verletzungsrisiko für andere Teilnehmer.
- Lange Haare werden idealerweise mit einem Haarband fixiert.

Hat sich ein Unfall ereignet, ist oberstes Gebot: Ruhe bewahren. Nach der Erstversorgung ist der Notruf nach dem Prinzip der zwei „W" abzusetzen:

1. Wo ist das Ereignis?
2. Warten auf Rückfragen

Die ursprüngliche Regelung der 5-W-Fragen wurde im Zuge der Vereinfachung für den Anrufer durch die 2-W-Methode ersetzt.

Die Art und die Reihenfolge der vorzunehmenden Maßnahmen zur Erstversorgung richten sich immer nach der konkreten Situation und dem Grad der Verletzungen. Grundsätzlich muss sich der Übungsleiter einen Überblick über das Unfallgeschehen verschaffen und die Unfallstelle absichern. Die Eigensicherung ist hierbei unbedingt zu beachten.

Vorstand

10.1 Vorstand nach § 26 BGB

§ 26 Abs. 1 BGB legt fest, dass jeder Verein einen Vorstand haben muss. Diese Regelung gehört, anders als § 26 Abs. 2 Satz 1 BGB, nicht zu den nachgiebigen Vorschriften im Sinne des § 40 BGB. Demnach kann die zwingende Vorgabe nicht über eine Regelung in der Vereinssatzung ausgehebelt werden.

Das Vereinsrechtsänderungsgesetz vom 24.09.2009 hat die Regelungen des § 26 BGB mit Wirkung zum 30.09.2009 neu gefasst. Der Gesetzgeber hat mit der Neuregelung die bis dahin nicht eindeutig bestimmten Regelungen über die Vertretung des Vereins bei einem mehrköpfigen Vorstand geändert und somit für mehr Klarheit gesorgt. Gleichzeitig wird seitdem die Mehrheitsvertretung in § 26 Abs. 2 BGB eindeutig bestimmt.[215]

Ohne einen Vorstand wäre der Verein als Körperschaft nicht handlungsfähig. Die Mitglieder können den Verein nicht selbst vertreten. Handlungsfähigkeit erhält der Verein nur durch die von den Mitgliedern bestellten Vertretungsorgane. Ähnlich verhält es sich beispielsweise bei einer GmbH. Diese wird im Innen- und Außenverhältnis durch den Geschäftsführer als Organ vertreten.

10.1.1 Anzahl der Vorstände

Zunächst besagt § 26 Abs. 1 BGB nur, dass der Verein einen Vorstand benötigt. Die Anzahl der Vorstände oder die genaue Zusammensetzung ist indes nicht geregelt. Über die Satzung wird festgelegt, wie sich der Vorstand personell und strukturell zusammensetzen soll. Demnach wäre es bei entsprechender Regelung möglich, dass der Verein von lediglich einer Person vertreten wird. Problematisch wird es in diesem Fall, wenn der einzige Vorstand ausfällt und hierdurch die Handlungsfähigkeit des Vereins in Gefahr gerät.

Tipp:

Es ist also unbedingt zu empfehlen, den Vorstand aus mindestens zwei Personen zu bilden, um eine Vertretung im Krankheitsfall sicherzustellen.

[215] BT-Drs. 16/13542, S. 14

10.1.2 Weniger ist mehr

Eine Obergrenze bezüglich der Anzahl von Vorstandsmitgliedern besteht nicht. Mit Blick auf die Handlungsfähigkeit sollte die Anzahl der Vorstandsmitglieder nicht zu groß ausfallen. Die Entscheidungsfindung wird mit der steigenden Anzahl an stimmberechtigten Personen regelmäßig schwieriger. Das Sprichwort „Zu viele Köche verderben den Brei" sollte diesbezüglich im Hinterkopf bleiben.

10.2 Bestellung des Vorstands durch Dritte

Grundsätzlich ist für die Bestellung des Vorstands gemäß § 27 Abs. 1 BGB die Mitgliederversammlung zuständig, sofern die Satzung hierzu keine abweichende Regelung enthält. Die Regelungen des § 27 Abs. 1 und 3 BGB gehören zu den nachgiebigen Vorschriften gemäß § 40 BGB und können somit auf den Bedarf des Vereins angepasst werden.

Insofern kann die Satzung beispielsweise die Bestellung durch eine Delegiertenversammlung vorsehen. Der Mitgliederversammlung bleibt in jedem Fall das Recht zum Widerruf der Bestellung aus wichtigem Grund und zur Satzungsänderung.

Zur wirksamen Bestellung des Organs ist es erforderlich, der gewählten Person die Bestellungserklärung zugänglich zu machen.[216] In der Regel sind zur Wahl stehende Personen während der Versammlung anwesend. Gängige Praxis ist daher die Frage des Versammlungsleiters an die betreffende Person, ob sie die Wahl annimmt. Mit einem einfachen „Ja" erfolgt die Annahme der Bestellungserklärung und das Vorstandsamt wird übertragen.

Im Unterschied zu handelsrechtlichen Körperschaften, zum Beispiel einer GmbH, ist es bei einem Verein möglich, dass rechtsfähige Personengesellschaften oder juristische Personen zum Vorstand des Vereins bestellt werden und das Amt ausüben.

In derartigen Fällen übt der Vorstand sein Amt durch den Geschäftsführer oder auch den vertretungsberechtigten Gesellschafter aus. In der Praxis kommt die Bestellung einer juristischen Person zum Vorstand kaum vor. Betrachtet man die Struktur eines Dachverbands, wäre die Übernahme des Vorstandamts in der vorstehend beschrie-

[216] BGH, Urteil vom 22.09.1969, Az. II ZR 144/68

benen Form denkbar, da regelmäßig Körperschaften Mitglieder im Verband sind.[217]

10.3 Notvorstand

Unter Umständen ist ein Verein durch vorzeitiges Ausscheiden des Vorstands nicht mehr handlungsfähig. Das ist dann der Fall, wenn der Verein nicht über die nach Gesetz erforderliche Mindestanzahl von Vorstandsmitgliedern verfügt. Unerheblich ist, warum die erforderliche Anzahl unterschritten wurde.

Liegen die Voraussetzungen des § 29 BGB vor, erfolgt die Notbestellung des Vorstands durch das zuständige Amtsgericht. Die Notbestellung erfolgt durch einen Antrag. Antragsberechtigt sind neben den verbliebenen Vorstandsmitgliedern die Mitglieder oder auch Vereinsgläubiger. Wird ein Vorstandsmitglied gerichtlich bestellt, ist dieses gemäß § 67 Abs. 2 BGB in das Vereinsregister einzutragen.

10.4 Erweiterter Vorstand

Regelmäßig finden sich im Verein neben dem Vorstand im Sinne des § 26 BGB weitere Ämter, die dem sogenannten erweiterten Vorstand zuzurechnen sind. Im Unterschied zum BGB-Vorstand gibt es zum erweiterten Vorstand keine gesetzliche Grundlage.

Das zentrale Regelwerk zum erweiterten Vorstand ist demnach die Vereinssatzung. In dieser muss zunächst geregelt werden, welche Ämter der erweiterte Vorstand enthalten soll. Es ist somit nicht möglich, dass der Vorstand nach § 26 BGB einen erweiterten Vorstand bestimmt. Hierzu wäre eine entsprechende Satzungsregelung erforderlich.

Werden laut Satzung beispielsweise vier Vorstandsämter aufgelistet, von denen zwei den Vorstand nach § 26 BGB bilden, sind die anderen beiden Posten auch ohne explizite Bezeichnung dem erweiterten Vorstand zuzuordnen.

Über entsprechende Satzungsregelungen werden dem erweiterten Vorstand definierte Aufgaben und Funktionen zugeteilt. Die genaue Zusammensetzung ergibt sich ebenfalls aus der Satzung und kann dem jeweiligen Bedarf des Vereins optimal angepasst werden. Hat der Verein beispielsweise eine große Jugendabteilung, macht

[217] Vgl. BMJV, Leitfaden zum Vereinsrecht, S. 38

die Position des Jugendwarts durchaus Sinn. Im erweiterten Vorstand finden sich regelmäßig auch die Positionen des Schriftführers, des Kassenwarts oder auch des Sportleiters.

Rechtsgeschäftliche Vertretungsbefugnisse hat der erweiterte Vorstand in der Regel nicht. Ihm obliegen vielmehr festgelegte Aufgaben im Innenverhältnis. Teilweise sehen Satzungsregelungen vor, dass Geschäfte ab einer vorher definierten Größe nur bei Zustimmung des Gesamtvorstands (BGB-Vorstand und erweiterter Vorstand) abgeschlossen werden dürfen. Mit Blick auf die Handlungsfähigkeit sollten derartige Satzungsregelungen mit Augenmaß betrachtet werden.

Eine Satzungsregelung zur Bestellung des erweiterten Vorstands könnte wie folgt ausgestaltet werden:

> Die Mitgliederversammlung bestellt bei Bedarf die Mitglieder des erweiterten Vorstands und legt die Stimmrechte fest. Der Tätigkeitsbereich wird mit der Bestellung festgelegt.

In besonders großen Vereinen ist es nicht möglich, dass sich der Vorstand persönlich um alle Belange der einzelnen Bereiche kümmern kann. Die Aufgaben der einzelnen Bereiche werden Abteilungsleitern übertragen, die regelmäßig auch Teil des erweiterten Vorstands sind. Die Abteilungsleiter kennen die Bedarfe ihres Bereichs und so ist eine ausgewogene Entscheidungsfindung, die den Belangen aller Abteilungen gerecht wird, in den Vorstandssitzungen möglich.

In der Satzung lässt sich die nachfolgend genannte Regelung platzieren:

> Die Abteilungsleiter sind Teil des erweiterten Vorstands. Sie vertreten die Belange der jeweiligen Abteilung und haben in den Vorstandssitzungen ein Stimmrecht.

Möchte der Verein die Abteilungsleiter lediglich in beratender Funktion sehen, könnte die Formulierung folgendermaßen gefasst werden:

> Die Abteilungsleiter sind Teil des erweiterten Vorstands. Sie vertreten die Belange der jeweiligen Abteilung. Ihnen kommt in den Vorstandssitzungen nur eine beratende Funktion zu. Ein Stimmrecht besteht nicht.

10.5 Besondere Vertreter

Unter Umständen kann es erforderlich sein, einen oder mehrere besondere Vertreter im Sinne des § 30 BGB zu bestellen. Für die Bestellung ist eine Satzungsregelung erforderlich. Ein klassisches Beispiel für einen besonderen Vertreter ist der Geschäftsführer eines Vereins.

Die Bestellung eines besonderen Vertreters kann durch eine entsprechende Satzungsregelung dem Vorstand übertragen werden. Die Disposition der Bestellungskompetenz weg von der Mitgliederversammlung ist allgemein anerkannt.[218]

Die Satzung muss zudem eine Aussage über den dem besonderen Vertreter zugewiesenen Aufgabenbereich und den Vertretungsumfang enthalten. Nur so ist es möglich, eine klare Abgrenzung zur Vertretungsmacht des eigentlichen Vorstands transparent darzustellen.

Die Bestellung eines besonderen Vertreters kann sich zudem aus der Auslegung der Satzung ergeben, sofern die Satzung keine ausdrückliche Regelung enthält.[219]

Die Vereinsregisterverordnung (VRV) bestimmt in § 3 Satz 3 Nr. 3 VRV, dass besondere Vertretungsbefugnisse im Registerblatt einzutragen sind. Nach Ansicht des Bayerischen Obersten Landesgerichts besteht eine aus § 64 BGB folgende unmittelbare Eintragungspflicht für besondere Vertreter und deren Befugnisse.[220]Das OLG Zweibrücken sieht keine unmittelbare Pflicht aus § 64 BGB. Jedoch ist auch der besondere Vertreter im Sinne des § 30 BGB, dem im Rahmen seines Aufgabenbereichs Vertretungsmacht für den Verein zukommt, auf Anmeldung des Vorstands in das Vereinsregister einzutragen.[221] Insbesondere bietet die Eintragung Transparenz bezüglich der Vertretungsbefugnisse des Vereins im Rechtsverkehr.

Das KG Berlin vertritt die Ansicht, dass ein besonderer Vertreter im Sinne des § 30 BGB (hier Geschäftsführer) mit seinem Wirkungskreis gemäß § 64 BGB in das Vereinsregister auch dann eingetragen werden kann, wenn der Wirkungskreis gemäß Satzung die Erledigung

[218] KG Berlin, Urteil vom 21.04.2022, Az. 22 W 12/22

[219] KG Berlin, a. a. O.

[220] BayObLG, Urteil vom 11.03.1981, Az. BReg. 2 Z 12/81; OLG Köln, Urteil vom 02.06.1986, Az. 2 Wx 11/86

[221] OLG Zweibrücken, Beschluss vom 17.12.2012, Az. 3 W 93/12

„laufender Geschäfte" bestimmt. Hierunter lassen sich Geschäfte subsumieren, die nach Größe, Umfang der Verwaltungstätigkeit und Finanzkraft des Vereins von sachlich weniger erheblicher Bedeutung sind.[222]

Eine Satzungsklausel zur Bestellung eines besonderen Vertreters könnte wie folgt lauten:

> Die Mitgliederversammlung (oder der Vorstand) kann einen besonderen Vertreter im Sinne des § 30 BGB bestellen. Bei der Bestellung werden der Umfang der Vertretungsmacht und der Aufgabenbereich definiert.

Abhängig von den konkreten Umständen des Einzelfalls kann ein besonderer Vertreter im Sinne des § 30 BGB als arbeitnehmerähnliche Person im Sinne des § 5 Abs. 1 Satz 2 ArbGG angesehen werden. Zur Einordnung sind insbesondere die Vertretungsbefugnisse und die soziale Abhängigkeit zu betrachten.

So hat das LAG Sachsen den Kündigungsschutz für einen besonderen Vertreter als arbeitnehmerähnliche Person bejaht.[223]

10.6 Persönliche Voraussetzungen

Der Vorstand im Verein stellt sich den unterschiedlichsten Herausforderungen und ist zur ordnungsgemäßen Geschäftsführung verpflichtet. Um diese Aufgabe erfüllen zu können, bedarf es Kompetenzen in verschiedenen Bereichen. Ein Grundlagenwissen im Vereinsrecht und im Steuerrecht gehört unbedingt zum Handwerkszeug in der Vorstandsarbeit.

Mit der Übernahme des Amts implizieren die Amtsträger gegenüber den Mitgliedern, dass sie über die erforderlichen Kompetenzen zur Amtsausübung verfügen. In der Rechtsprechung herrscht Einigkeit darüber, dass bei kleinen Vereinen nicht zu hohe Anforderungen an die Ausübung des Amts als Vorsitzender gestellt werden können.[224]

Dennoch müssen alle anfallenden Aufgaben ordnungsgemäß erledigt werden. Buchführungspflichten, Verkehrssicherungspflichten und die Pflicht, anfallende Steuern zu entrichten, sind beispielhaft für die zu erledigenden Aufgaben. Herrscht beispielsweise in einer

[222] KG Berlin, Urteil vom 21.04.2022, Az. 22 W 12/22
[223] LAG Sachsen, Urteil vom 12.03.2024, Az. 1 Ta 17/24
[224] OLG Brandenburg, Urteil vom 28.05.2008, Az. 7 U 176/07

Fragestellung Unsicherheit, muss fachkundiger Rat eingeholt werden.

Tipp:

Es gibt ein breit gefächertes Angebot an Seminaren, in denen man sich Wissen aneignen und die Handlungskompetenz erweitern kann. Nicht zuletzt trägt auch dieses Buch dazu bei, den Horizont bezüglich der einschlägigen Vorschriften zu erweitern.

10.6.1 Beschränkte Geschäftsfähigkeit

Zunächst ist festzustellen, dass auch beschränkt geschäftsfähige-Minderjährige im Sinne des § 106 BGB das Amt des Vereinsvorstands übernehmen können. Hierzu ist gemäß § 107 BGB die Zustimmung des gesetzlichen Vertreters erforderlich, da mit der Amtsübernahme nicht ausschließlich rechtliche Vorteile verbunden sind. Etwas anderes ergibt sich bei einem wirtschaftlichen Verein nach § 22 BGB. Hier ist die Amtsübernahme nur durch eine voll geschäftsfähige Person möglich.

Ist jemand geschäftsunfähig, scheidet die Möglichkeit der Übernahme eines Vorstandsamts aus. Den Regelungen des § 165 BGB folgend können diese Personen nicht Vertreter sein.

Sinnvoll ist eine Satzungsregelung, die nur Volljährigen die Übernahme eines Amts erlaubt:

> In ein Vorstandsamt können nur volljährige Personen gewählt werden.

10.6.2 Nichtmitglieder

10 Das Gesetz verlangt nicht, dass ausschließlich Vereinsmitglieder in das Vorstandsamt gewählt werden dürfen. So ist es nach der allgemeinen Auffassung des § 26 BGB grundsätzlich möglich, ein Nichtmitglied des Vereins als Vorstand zu bestellen. Eine Mitgliedschaft ist nur bei einer entsprechenden Satzungsregelung zwingende Bedingung.[225] Es ist also möglich, dass im Rahmen der sogenannten Fremdorganschaft Nichtmitglieder ein Vorstandsamt innehaben.

---

[225] OLG Düsseldorf, Urteil vom 09.02.2016, Az. I 3 Wx 5/16

Wird der Vorstand ausschließlich aus den Reihen der Mitglieder bestellt, spricht man von Selbstorganschaft. Im Unterschied des systembildenden Grundsatzes der Selbstorganschaft für Personengesellschaften gibt es im BGB keine zwingende Vorschrift zur Selbst- und Fremdorganschaft für Vereine.[226]

Die Satzung kann vorsehen, dass in ein Vorstandsamt nur diejenigen Mitglieder gewählt werden können, deren Mitgliedschaft über einen Mindestzeitraum besteht:

> In ein Vorstandsamt können nur Mitglieder gewählt werden, die mindestens ein Jahr Mitglied des Vereins sind.

Die Regelung über eine Mindestdauer der Mitgliedschaft kann sinnvoll sein, da mit einer längeren Zugehörigkeit zum Verein auch die Erfahrung bezüglich der internen Abläufe wächst und potenzielle Kandidaten die angestrebte Aufgabe besser einschätzen können.

10.7 Gestaltungsmöglichkeiten

Die Vereinssatzung ist das wichtigste Regelwerk für die Arbeit im Verein. Sie enthält auf den Verein optimal zugeschnitten alle wichtigen Bestimmungen zu den Kernbereichen des Vereins.

Im Folgenden betrachten wir speziell den Vorstand betreffende Möglichkeiten der Satzungsgestaltung.

10.7.1 Zusammensetzung des Vorstands

Ein Patentrezept zur Zusammensetzung des Vorstands gibt es nicht. Welche Posten jeweils benötigt werden, hängt zum einen von der Größe des Vereins und zum anderen von den internen Strukturen ab. Für einen kleinen Sportverein Verein empfiehlt sich die folgende Satzungsregelung:

> Der Vorstand des Vereins besteht aus:
>
> dem ersten Vorsitzenden
>
> dem zweiten Vorsitzenden
>
> dem Kassenwart
>
> dem Sportleiter

10

[226] BR-Drs. 59/21, S. 183

> Der Vorstand im Sinne des § 26 BGB besteht aus dem ersten und dem zweiten Vorsitzenden. Der Verein wird durch einen von ihnen gerichtlich und außergerichtlich vertreten.

10.7.2 Vier-Augen-Prinzip

Das vorangegangene Satzungsbeispiel steht exemplarisch für die sogenannte Einzelvertretungsberechtigung. In diesem Fall können der erste und zweite Vorsitzende unabhängig voneinander rechtsgeschäftlich für den Verein handeln.

Um den Missbrauch der Amtsstellung zu verhindern, lässt sich die Formulierung entsprechend anpassen:

> Der Vorstand im Sinne des § 26 BGB besteht aus dem ersten und dem zweiten Vorsitzenden. Der Verein wird durch beide gemeinsam gerichtlich und außergerichtlich vertreten.

Problematisch wird es, wenn in diesem Fall ein BGB-Vorstand länger ausfällt. Der Verein wäre dann nicht mehr handlungsfähig. Daher sollte bei einer gemeinsamen Vertretung immer ein drittes Mitglied in den Vorstand nach § 26 BGB aufgenommen werden.

10.7.3 Beispiel für große Vereine

In größeren Vereinen, insbesondere in Mehrspartenvereinen, ist es sinnvoll, den Vorstand entsprechend breiter aufzustellen. Eine Regelung in der Satzung könnte wie folgt aussehen:

> Der Vorstand des Vereins im Sinne des § 26 BGB besteht aus:
>
> dem ersten Vorsitzenden
>
> dem zweiten Vorsitzenden
>
> dem Kassenwart
>
> Der Verein wird durch zwei von ihnen gemeinsam gerichtlich und außergerichtlich vertreten.
>
> Zum erweiterten Vorstand gehören:
>
> der Jugendleiter
>
> die Abteilungsleiter
>
> der Zeugwart
>
> der Sportleiter

Bei Entscheidungen, die einen Wert von 5.000 Euro übersteigen, ist die Zustimmung des Gesamtvorstands erforderlich.

Abstimmungen erfolgen nach dem Mehrheitsprinzip.

10.7.4 Beschränkung in der Geschäftstätigkeit

Das Beispiel zeigt die Zusammensetzung eines Gesamtvorstands (Vorstand nach § 26 BGB und erweiterter Vorstand) mit inkludierter Beschränkung bezüglich der zulässigen Höhe von abzuschließenden Geschäften.

Derartige Beschränkungen müssen der Vereinsgröße angepasst sein, damit nicht ständig eine Sitzung des Gesamtvorstands anberaumt werden muss, um den Verein handlungsfähig zu halten. Einerseits bietet eine Beschränkung Sicherheit vor leichtfertig getätigten Geschäften, die im schlimmsten Fall einen finanziellen Schaden verursachen können. Andererseits kann eine „zu kurze Leine" den Vorstand faktisch lähmen, was auch nicht im Sinne des Vereins sein kann. Hier ist also ein gewisses Fingerspitzengefühl gefragt, um die optimale Lösung zu finden.

Eine Beschränkung der Vertretungsmacht, die gegen Dritte wirkt, ist gemäß § 64 BGB in das Vereinsregister einzutragen.[227]

10.7.5 Problemstellung § 181 BGB

Gemäß § 181 BGB ist es dem Vorstand grundsätzlich verboten, im Namen des Vereins ein Geschäft mit sich selbst abzuschließen (Selbstkontrahierung). Durch die Norm werden die sogenannten Insichgeschäfte verboten. Hierzu ein Beispiel:

Beispiel:

Der erste Vorsitzende eines Sportvereins ist Inhaber einer Sanitärfirma. Nun müssen die sanitären Einrichtungen im Vereinsheim erneuert werden. Der erste Vorsitzende erteilt sich selbst (bzw. seiner Firma) den Sanierungsauftrag. Ohne entsprechende Satzungsregelung läge ein unerlaubtes Insichgeschäft vor.

Das Verbot der Selbstkontrahierung ist vielfach nicht im Bewusstsein der Vorstände und kann durchaus unangenehme Folgen ha-

[227] Vgl. BMJV, Leitfaden zum Vereinsrecht, S. 36

ben. Zunächst wäre ein solches Rechtsgeschäft unwirksam. Zudem können sich Schadensersatzansprüche des Vereins gegenüber dem Vorstandsmitglied ergeben.

10.7.6 Satzungsregelung bringt Sicherheit

Mithilfe einer entsprechenden Satzungsregelung kann diesem Problem vorgebeugt werden. Es ist nicht unüblich, dass in einem Verein zahlreiche Berufsgruppen und somit auch Unternehmer als Mitglieder vertreten sind. Warum also nicht einen Auftrag innerhalb der eigenen Reihen vergeben?

Eine entsprechende Regelung kann folgendermaßen gefasst werden:

> Mitglieder des Vorstands im Sinne des § 26 BGB werden von den Beschränkungen des § 181 BGB befreit, das heißt, es wird ihnen gestattet, im Namen des Vereins mit sich selbst oder als Vertreter Dritter Rechtsgeschäfte durchzuführen.

10.7.7 Regelung zur Nachbesetzung

Betrachten wir eine Situation, wie sie in Vereinen regelmäßig vorkommen kann:

> **Beispiel:**
>
> Der Vereinsvorstand besteht aus insgesamt drei Mitgliedern. Die Kompetenz zur Bestellung liegt per Satzungsregelung bei der Mitgliederversammlung. Einer der drei Vorstände legt sein Amt aus gesundheitlichen Gründen noch vor Ablauf der Amtszeit nieder.

Gemäß der Satzung müsste die Mitgliederversammlung ein neues Vorstandsmitglied bestellen. Ist durch die Amtsniederlegung das Vereinsinteresse gefährdet, kann für die Neuwahl eine außerordentliche Mitgliederversammlung einberufen werden (§ 36 BGB).

Durch eine entsprechende Regelung in der Satzung kann eine praktikable und sinnvolle Möglichkeit zur Nachbesetzung geschaffen werden. Die Formulierung gestaltet sich wie folgt:

> Scheidet ein Mitglied des Vorstands vorzeitig aus, so kann der Vorstand für die restliche Amtsdauer einen Nachfolger kommissarisch bestellen.

Aufgrund der Kooption durch den Vorstand muss nicht bis zur nächsten Mitgliederversammlung gewartet oder eine außerordentliche Versammlung einberufen werden, um den Vorstand zu komplettieren. Der restliche Vorstand ernennt einen Nachfolger und arbeitet in dieser Konstellation bis zur nächsten ordentlichen Mitgliederversammlung weiter. In der Versammlung erfolgt dann die Neuwahl des zu besetzenden Vorstands.

10.7.8 Ablauf der Amtszeit

Vorstandsmitglieder werden für einen in der Satzung definierten Zeitraum gewählt. Was passiert aber, wenn die Amtszeit abgelaufen ist und sich kein geeigneter Kandidat für die Nachfolge findet?

Die Satzung ist auch in diesem Fall das wichtigste Werkzeug. Zunächst eine Regelung für den Fall, dass sich niemand zur Nachfolge bereiterklärt:

> Der Vorstand wird von der Mitgliederversammlung für die Dauer von vier Jahren, beginnend mit der Annahme der Wahl, gewählt. Er bleibt bis zur Neuwahl des Vorstands im Amt.

10.7.9 Abgrenzung der Amtszeit

Die Regelung stellt zunächst sicher, dass bei einem Scheitern der Nachbesetzung die bisherigen Vorstände im Amt bleiben. Gleichzeitig entsteht die Situation, dass der im Amt befindliche Vorstand so dauerhaft im Amt gehalten werden kann, was sicherlich nicht im Sinne der Amtsträger sein kann.

Es muss also noch ein Zusatz eingebaut werden, damit die Interessen des Vereins und die der Vorstandsmitglieder ausgewogen berücksichtigt werden:

> Der Vorstand wird von der Mitgliederversammlung für die Dauer von vier Jahren, beginnend mit der Annahme der Wahl, gewählt. Er bleibt bis zur Neuwahl des Vorstands, jedoch längstens für weitere sechs Monate, im Amt.

Durch die Ergänzung ist die Amtszeit mit einer definierten „Nachspielzeit" für alle Beteiligten klar abgegrenzt.

10.7.10 Stimmenverteilung

Zunächst ergibt sich allein aus dem Amt des ersten Vorsitzenden keine besondere Machtposition im Vergleich zu den übrigen BGB-Vorständen. Dennoch sollte es dem ersten Vorsitzenden möglich sein, den Verein in gewisser Weise lenken zu können.

Über eine entsprechende Satzungsregelung kann dem ersten Vorsitzenden ein entsprechendes Tool an die Hand gegeben werden. Bei einem Vorstand, bestehend aus vier Mitgliedern, kann die Regelung folgendermaßen aussehen:

> Die Beschlüsse des Vorstands werden mit einfacher Stimmenmehrheit gefasst. Bei Stimmengleichheit entscheidet die Stimme des ersten Vorsitzenden.

Hierdurch kann der erste Vorsitzende Abstimmungen in seinem Sinne beeinflussen und eine Lenkungswirkung ist gegeben.

10.7.11 Geschäftsordnung

Die Geschäftsordnung ist eine Ergänzung zur Vereinssatzung. Über sie können Regelungen im Innen- und Außenverhältnis getroffen werden, die nicht über die Satzung geregelt sind.

Achtung: Die Satzung hat immer Vorrang! In der Geschäftsordnung können daher keine Regelungen aufgestellt werden, die der Satzung zuwiderlaufen.

Über die Geschäftsordnung kann beispielweise geregelt werden:

- Zuständigkeit von Beiräten (sofern vorhanden)
- Ablauf der Mitgliederversammlungen
- Ablauf der Vorstandssitzungen
- Regelungen zur Abstimmung auf Vorstandssitzungen

Zur Einführung einer Geschäftsordnung ist eine Satzungsregelung erforderlich. Die Regelung ist durch einen einfachen Satz einzufügen:

> Der Vorstand kann sich selbst eine Geschäftsordnung geben.

10.7.12 Vergütung von Vorständen

Im Zuge des Ehrenamtsstärkungsgesetzes vom 21.03.2013 wurde § 27 Abs. 3 BGB um Satz 2 ergänzt. Gemäß der Vorschrift sind die Mitglieder des Vorstands grundsätzlich unentgeltlich tätig. Hiervon kann nach § 40 Satz 1 BGB abgewichen werden. Eine Vergütung ist demnach über eine entsprechende Satzungsregelung möglich. Ohne Satzungsregelung liegt eine Mittelfehlverwendung vor.

Hiervon ausgenommen sind nach §§ 27 Abs. 3, 670 BGB tatsächlich entstandene Aufwendungen. Hierunter sind insbesondere Reisekosten, Post- und Telefonspesen, zusätzliche Beherbergungs- und Verpflegungskosten etc. zu subsumieren. Erstattungsfähig sind die Aufwendungen dann, wenn sie tatsächlich angefallen und für die Ausführung der Tätigkeit erforderlich sind. Zudem ist ein angemessener Rahmen zwingend.[228]

Werden darüber hinaus Leistungen und Vergütungen gezahlt, sind diese als Entgelt für die geleistete Tätigkeit anzusehen.

Die vorstehend gemachten Ausführungen beziehen sich ausschließlich auf Tätigkeiten in Ausführung der Pflichten als Vorstand. Erhält der erste Vorsitzende beispielsweise Zahlungen im Rahmen der Übungsleiterpauschale, weil er neben dem Amt als Vorstand im Verein auch als Trainer tätig ist, sind diese Vergütungen unproblematisch.

Ohne eine entsprechende Satzungsbestimmung ist es nicht zulässig, ein Mitglied des Vorstands im Sinne des § 26 BGB über die Ehrenamtspauschale für die Tätigkeit als Organ zu vergüten.

Eine entsprechende Satzungsregelung löst dieses Problem und kann wie folgt abgefasst werden:

> Mitglieder des Vorstands können im Rahmen der Haushaltslage eine angemessene Vergütung für ihre Tätigkeit erhalten.

Mit der Regelung entsteht kein unmittelbarer Vergütungsanspruch. Vielmehr erhält der Verein eine Option, die bei Bedarf zur Anwendung kommen kann.

10

[228] BGH, Urteil vom 14.12.1987, Az. II ZR 53/87

Mitgliederversammlung

11.1 Grundlagen

Die Mitgliederversammlung ist das oberste Organ zur Willensbildung im Verein. Das BGB regelt die grundlegenden Parameter zur Mitgliederversammlung in § 32 BGB. Zu den Kernaufgaben gehören die Bestellung des Vorstands und die Beschlussfassung über grundsätzliche Angelegenheiten des Vereins (Beiträge, Satzungsänderungen, Auflösung usw.).

Gemäß § 32 Abs. 1 Satz 1 BGB ist die Mitgliederversammlung nur für die Angelegenheiten zuständig, die nicht dem Vorstand oder einem anderen Organ zugewiesen sind.

In der Praxis bedeutet das, dass die Mitgliederversammlung nicht einfach selbst die Geschäftsführung übernehmen kann.

11.2 Einberufung

In § 58 Nr. 4 BGB wird bestimmt, dass die Satzung Bestimmungen über die Voraussetzungen, unter denen die Mitgliederversammlung einzuberufen ist, enthalten soll. Diesbezüglich entscheidet die Satzung des Vereins darüber, in welchem Turnus die Versammlung stattfindet. Wird die Versammlung satzungsgemäß einberufen, handelt es sich um eine ordentliche Mitgliederversammlung.

Ist in der Satzung nichts anderes geregelt, erfolgt die Einberufung durch eine zur Vertretung berechtigte Anzahl von Personen. Diese Aufgabe ist regelmäßig dem Vorstand zugewiesen.

Tipp:

Eine gesetzlich geregelte Einladungsfrist besteht nicht. Insofern sollte die Satzung hierzu eine Regelung treffen. In der Praxis hat sich eine Frist von zwei Wochen bewährt. So bleibt den Mitgliedern ausreichend Zeit, sich mit der Tagesordnung zu befassen.

11.2.1 Außerordentliche Versammlung

Eine vom in der Satzung festgelegten Turnus abweichend einberufene Versammlung wird als außerordentliche Mitgliederversammlung bezeichnet. Sie ist immer dann einzuberufen, wenn es die

Interessen des Vereins erfordern (§ 36 BGB). Ratsam wäre eine solche Einberufung, wenn sich der Verein offensichtlich in einer finanziellen Schieflage befindet oder ein neuer Vorstand gewählt werden soll, da sich auf der ordentlichen Versammlung niemand zur Wahl gestellt hat.

11.2.2 Berufung auf Verlangen

Unter Umständen sind Mitglieder der Meinung, dass dringende Angelegenheiten die Einberufung einer Versammlung rechtfertigen. Der hierfür erforderliche prozentuale Teil der Mitglieder kann in der Satzung geregelt werden. Fehlt es an einer entsprechenden Regelung, gilt der gesetzlich festgelegte zehnte Teil (§ 37 Abs. 1 BGB).

Eine Satzungsregelung, mit der die Majorität zur Berufung auf Verlangen auf über die Hälfte der Mitglieder festgelegt wird, wäre ungültig. Somit ist die zulässige Grenze bei 49 Prozent der Mitglieder erreicht.[160]

Der Antrag ist gemäß § 37 BGB schriftlich unter Angabe des Zwecks und der Gründe beim für die Einberufung zuständigen Organ einzureichen. Wird diesem Antrag nicht entsprochen, kann ein Antrag beim für den Verein zuständigen Amtsgericht gestellt werden. Das Amtsgericht kann die beantragenden Mitglieder zur Einberufung ermächtigen und Anordnungen über die Führung des Vorsitzes in der Versammlung treffen.

11.2.3 Rechtsmissbräuchliche Einberufung

Nicht jedes Minderheitsbegehren ist dazu geeignet, eine Versammlung einberufen zu lassen. So gibt es Fälle, in denen eine rechtsmissbräuchliche Einberufung vorliegt:

- Dem Antragsteller kann ein Zuwarten bis zur nächsten Hauptversammlung zugemutet werden.[229]
- Der Beschlussgegenstand wurde bereits behandelt.[230]
- Der Gegenstand der Einberufung greift in die originäre Leitungsbefugnis des Vorstands ein.[231]

[160] OLG Celle, Urteil vom 20.12.2010, Az. 20 W 17/10
[229] OLG München, Urteil vom 09.11.2009, Az. 31 Wx 134/09
[230] KG Berlin, Urteil vom 12.02.2021, Az. 22 W 1047/20
[231] OLG Stuttgart, Urteil vom 22.07.2006, Az. 8 W 271/06

11.2.4 Teilnahmeberechtigte

In Vereinen sorgt die Frage zur Teilnahme von Nichtmitgliedern regelmäßig für Diskussionen. Im BGB gibt es hierzu keine festgelegten Regelungen. Dem Wortlaut des § 32 Abs. 1 Satz 1 BGB folgend, besteht die Versammlung aus den Mitgliedern. Insofern ist zunächst von einer nicht öffentlichen Versammlung auszugehen. Hieraus lässt sich kein grundsätzliches Teilnahmeverbot von Nichtmitgliedern ableiten. Es besteht ebenso kein Anspruch von Gästen zur Teilnahme an der Versammlung.

Etwas anderes gilt nur in den Fällen, in denen ein Nichtmitglied in ein Amt gewählt wurde und als Organ an der Versammlung teilnimmt.

Bei fehlender Satzungsregelung würde die Mitgliederversammlung über die Zulassung von Gästen entscheiden.

Um Diskussionen zu vermeiden, ist eine Satzungsregelung zu empfehlen, die klare Regelungen zur Teilnahme von Gästen an der Mitgliederversammlung enthält.

Die Regelung könnte wie folgt abgefasst werden:

> Über die Teilnahme von Gästen und Nichtmitgliedern entscheidet der Vorstand. Gäste sind spätestens sieben Tage vor Beginn der Versammlung in Textform beim Vorstand anzumelden.

Die vorstehend genannte Formulierung ist lediglich ein Beispiel. Denkbar wäre auch eine Regelung, in der die Entscheidung über die Zulassung von Gästen dem Versammlungsleiter zugewiesen wird.

Nichtmitglieder haben in der Versammlung grundsätzlich kein Stimmrecht und dürfen sich auch nicht an der Beschlussfassung beteiligen.

11.3 Form der Einladung

Das BGB enthält keine zwingende Formvorschrift für die Einladung, jedoch wird in § 58 Nr. 4 BGB verlangt, dass die Satzung eine diesbezügliche Regelung enthalten muss.

Die gängigsten Formen sind:

- Einladung in Schriftform
- Einladung in Textform
- öffentliche Bekanntmachung

11.3.1 Schriftform

In zahlreichen Satzungen findet sich eine Regelung, dass die Einladung in Schriftform zu erfolgen hat. Nach höchstrichterlicher Rechtsprechung ist eine derartige Regelung grundsätzlich als gewillkürte Schriftform im Sinne des § 127 BGB und nicht wie eine durch das Gesetz vorgeschriebene Schriftform im Sinne des § 126 BGB zu behandeln.[232] Insofern ist eine Einladung per E-Mail ohne elektronische Signatur in aller Regel ausreichend, wenn die Satzung eine schriftliche Einladung vorsieht.[233] Mitglieder, die keine E-Mail-Adresse bekannt gegeben haben, müssen jedoch per Brief eingeladen werden.

11.3.2 Textform

Wird über die Satzung die Einladung in Textform bestimmt, obliegt es dem für die Einberufung zuständigen Organ, den Versand der Einladung per E-Mail, Telefax oder Brief durchzuführen.

Für die Praxis ist folgende Satzungsregelung zu erfolgen:

> Die Einladung zur Mitgliederversammlung erfolgt in Textform per E-Mail. Hierzu teilt jedes Mitglied dem Verein eine E-Mail-Adresse mit. Die Einladung gilt als zugestellt, wenn der Versand an die zuletzt bekannt gegebene E-Mail-Adresse erfolgt ist.

11.3.3 Öffentliche Bekanntmachung

Bei dieser Form der Einladung muss in der Satzung das Bekanntmachungsorgan genau bestimmt werden. Es ist demnach nicht ausreichend, in der Satzung lediglich auf die „ortsübliche Bekanntmachung" hinzuweisen. Denkbar wäre beispielsweise die Bekanntmachung über eine zu benennende Tageszeitung.[234] Übt der Verein

232 OLG Hamm, Urteil vom 24.09.2015, Az. 27 W 104/15

233 OLG Zweibrücken, Urteil vom 04.03.2013, Az. 3 W 149/12

234 OLG Zweibrücken, Urteil vom 16.07.1984, Az. 3 W 87/84

seine Tätigkeit ganz überwiegend örtlich begrenzt aus, ist die Formulierung „örtliche Tagespresse" ausreichend, wenn am Vereinssitz lediglich eine einzige Tageszeitung diese Kriterien erfüllt.[235]

11.3.4 Alle Mitglieder einladen

Es ist unbedingt darauf zu achten, dass alle Mitglieder zur Mitgliederversammlung eingeladen werden. Denn nur durch die Teilnahme an der Versammlung und der Ausübung des Stimmrechts ist eine Einflussnahme auf die Willensbildung durch das Mitglied gesichert.

Wird ein Mitglied nicht eingeladen, sind demnach die in der Versammlung gefassten Beschlüsse regelmäßig nichtig. Dabei ist es unerheblich, ob die nicht eingeladenen Mitglieder überhaupt stimmberechtigt gewesen wären. Die nicht eingeladenen Mitglieder sind daran gehindert worden, durch Beiträge in der Aussprache die Willensbildung zu beeinflussen.[236]

Sofern durch den Einberufungsmangel lediglich Verfahrensvorschriften betroffen sind, die dem Schutz einzelner Mitglieder dienen, tritt eine Nichtigkeit nur ein, wenn das Mitglied innerhalb einer angemessenen Frist widerspricht.

11.3.5 Inhalt der Einladung

In der Einladung müssen die wesentlichen Punkte zur Versammlung enthalten sein:

- Ort, Datum und Zeit der Versammlung
- Tagesordnung

Insbesondere ist die Tagesordnung von besonderer Bedeutung. Soll auf der Versammlung ein Beschluss gefasst werden, ist der Beschlussgegenstand in der Tagesordnung genau zu benennen. Wie genau dies zu geschehen hat, bleibt im Gesetz offen und richtet sich nach den Erfordernissen des jeweiligen Einzelfalls. Eine Beschlussfassung ohne vorherige Nennung des Beschlussgegenstands in der Tagesordnung wäre nichtig.

Hintergrund ist, dass die Mitglieder durch rechtzeitige Bekanntgabe der Beschlussgegenstände ausreichend Zeit haben sollen, sich hiermit zu befassen. Eine wörtliche Übermittlung der Anträge ist

[235] OLG Celle, Urteil vom 18.11.2011, Az. 20 W 21/11
[236] OLG Brandenburg, Urteil vom 03.01.2019, Az. 7 W 72/18

nicht erforderlich. Der Beschlussgegenstand muss allerdings seinem wesentlichen Inhalt nach grundsätzlich so klar umrissen sein, dass jedes Mitglied seine Bedeutung erfassen, eine sinnvolle Entscheidung über die Notwendigkeit seiner Anwesenheit treffen und, wenn es dies wünscht, in die Meinungsbildung darüber eintreten kann, wie es sich in der Abstimmung verhalten will.[237]

Wird eine Satzungsänderung angestrebt, ist der genaue Wortlaut der geplanten Änderung in der Tagesordnung aufzuführen. Idealerweise stellt man die bisherige Regelung der geplanten Änderung in Form einer Synopse gegenüber.

Keinesfalls darf über eine Satzungsänderung unter dem Punkt „Verschiedenes" entschieden werden.[238] Ein Tagesordnungspunkt „Verkauf Klubhaus" ist unzureichend, wenn tatsächlich über einen bereits konkret ausgehandelten Vertrag abgestimmt und nicht nur ein Grundsatzbeschluss über einen künftigen Verkauf gefasst werden soll.[239]

11.4 Virtuelle Mitgliederversammlungen

Während der Einschränkungen durch die Coronapandemie waren Mitgliederversammlungen aufgrund der Unzulässigkeit von persönlichen Treffen nicht möglich. Über eine Sonderregelung war es Vereinen möglich, virtuelle Mitgliederversammlungen abzuhalten.

Mit Wirkung zum 20.03.2023 wurde mit dem neu eingeführten § 32 Abs. 2 BGB die Möglichkeit eröffnet, künftig auch im Wege der elektronischen Kommunikation an der Mitgliederversammlung teilzunehmen. Für diese hybride Form (Präsenzveranstaltung mit digital zugeschalteten Teilnehmern) der Versammlung ist keine Satzungsregelung erforderlich.

Über § 32 Abs. 2 Satz 2 BGB sind auch rein virtuelle Mitgliederversammlungen zulässig. Hierzu ist jedoch vorher ein Beschluss der Versammlung notwendig, um künftige Versammlungen ausschließlich im virtuellen Raum abhalten zu können.

---

[237] LG Heidelberg, Urteil vom 22.02.2024, Az. 5 O 62/23
[238] OLG Jena, Urteil vom 17.12.2014, Az. 3 W 198/14
[239] BGH, Urteil vom 02.07.2007, Az. II ZR 111/05

11.5 Durchführung der Mitgliederversammlung

Wer die Versammlung eröffnet, wird über die Satzung geregelt. In den weit überwiegenden Fällen kommt diese Aufgabe dem ersten Vorsitzenden zu. Denkbar wäre aber auch eine Zuweisung der Aufgabe an eine andere Person, zum Beispiel einem Geschäftsführer.

Im ersten Schritt begrüßt der Versammlungsleiter die Mitglieder. Regelmäßig folgt darauf die Wahl der Protokollführung. Im Anschluss daran wird die Beschlussfähigkeit festgestellt und die Tagesordnung bekannt gegeben.

Im weiteren Verlauf werden die einzelnen Tagesordnungspunkte der Reihe nach abgearbeitet und eventuelle Beschlüsse gefasst.

Ist die Tagesordnung erledigt, folgt das Schlusswort und die Versammlung wird offiziell geschlossen.

11.5.1 Anträge

Zunächst richtet sich der Blick bezüglich der Regelungen zu Anträgen auf die Vereinssatzung. Hier wird geregelt, bis zu welchem Stichtag Anträge überhaupt zugelassen werden und in welcher Form diese einzureichen sind.

Denkbar wäre auch eine Regelung, dass nicht jedes einzelne Mitglied einen Antrag stellen kann, sondern nur eine Gruppe von zum Beispiel fünf Mitgliedern.

Ein Antrag zur Änderung der Reihenfolge der Tagesordnung ist auch ohne eine entsprechende Satzungsregelung zulässig.

11.5.2 Dringlichkeitsanträge

Eine gesetzliche Grundlage zu sogenannten Dringlichkeitsanträgen besteht nicht. Somit sind diese ohne entsprechende Satzungsregelung nicht zulässig. Soll diese Art Antrag zugelassen werden, ist eine detaillierte Regelung ratsam.

Zum einen sollte festgelegt werden, was unter dringenden Angelegenheiten zu verstehen ist. Es sollten zumindest wichtige Dinge, wie beispielsweise die Wahl des Vorstands, von Dringlichkeitsanträgen ausgenommen werden.

Außerdem empfiehlt sich eine Regelung, dass über die Zulassung der Anträge der Versammlungsleiter entscheidet. So kann sichergestellt werden, dass dieses Instrument nicht inflationär gebraucht wird.

11.5.3 Stimmrechte

Aus Sicht der Mitglieder ist die Hauptversammlung der Ort, an dem man sich einbringen und so die Geschicke des Vereins mitbestimmen kann. Ein vollständiger Entzug des Stimmrechts ist insofern nicht möglich.

In § 32 Abs. 1 Satz 3 BGB wird bestimmt, dass bei einer Beschlussfassung die Mehrheit der abgegebenen Stimmen entscheidet. Somit ist grundsätzlich jede Mitgliederversammlung unabhängig von der Anzahl der teilnehmenden Mitglieder beschlussfähig. Auch bei Teilnahme von lediglich einem Mitglied ergibt sich nichts anderes.

Der Gesetzgeber hat für bestimmte Beschlüsse die Mehrheitsverhältnisse normiert:

- Dreiviertelmehrheit der abgegebenen Stimmen zur Satzungsänderung (§ 33 Abs. 1 Satz 1 BGB)
- Zweckänderung erfordert Zustimmung aller Mitglieder (§ 33 Abs. 1 Satz 2 BGB)
- Auflösung des Vereins bei Dreiviertel der abgegebenen Stimmen (§ 41 Satz 2 BGB)

§ 33 BGB gehört zu den nachgiebigen Vorschriften im Sinne von § 40 BGB. Demnach kann in der Satzung ein anderes Stimmenverhältnis festgelegt werden. Insbesondere ist es in der Praxis kaum realisierbar, alle Mitglieder für eine geplante Zweckänderung zur Stimmabgabe zu bewegen.

Auch in § 41 BGB ist die Möglichkeit zur Festlegung einer vom Gesetz abweichenden Majorität in der Satzung zulässig mit Blick auf die Auflösung des Vereins.

Insichgeschäfte werden über § 34 BGB verhindert. Somit darf der Vorstand nicht in eigener Sache abstimmen.

Sollen auch beschränkt geschäftsfähige Mitglieder abstimmen dürfen, bedarf es hierzu einer entsprechenden Regelung in der Satzung und zusätzlich der Zustimmung der Eltern.

Geschäftsunfähige Mitglieder dürfen an der Versammlung teilnehmen, haben aber kein Stimmrecht.

11.5.4 Anfechtung von Beschlüssen

Liegen Beschlussmängel vor (z. B. durch Einladungsfehler, siehe Kapitel 11.3.4, 11.3.5), sind diese im Wege der allgemeinen Feststellungsklage nach § 256 ZPO geltend zu machen. Das Feststellungsinteresse folgt hier aus der Vereinsmitgliedschaft.

Die Beweislast für die formelle und materielle Wirksamkeit von Beschlüssen der Mitgliederversammlung liegt beim Verein, weil dieser aus der Beschlussfassung Rechte für sich herleitet. Das klagende Mitglied hat allerdings konkret die Umstände zu benennen, die zur Nichtigkeit geführt haben.[240]

In bestimmten Fällen muss eine Rüge unmittelbar in der Versammlung erfolgen. Das wäre der Fall, wenn die örtlichen Umstände eine ordentliche Willensbildung negativ beeinflussen können. Hierbei ist an eine erhebliche Lärmbelastung während der Versammlung oder an zu hohe Temperaturen im Versammlungsraum zu denken. Eine spätere Geltendmachung dieser Verfahrensfehler wäre wegen Treuwidrigkeit verwehrt.

Im Zusammenhang mit Beschlussmängeln ist für jeden einzelnen Verfahrensfehler zu prüfen, ob dieser nach der sogenannten Relevanztheorie beachtlich ist. Das heißt, anstelle von Kausalitätserwägungen ist danach zu fragen, welche Relevanz der Verfahrensfehler für die Ausübung der Mitwirkungsrechte des Einzelnen hat. Für die Beschlusswirksamkeit ist also maßgeblich, ob ein objektiv urteilendes Mitglied bei richtiger Handhabung zu einer anderen Entscheidung gelangt sein könnte.[241]

Beispiel:

Steht in der Satzung, dass Bewerbungen für ein Vorstandsamt mindestens 60 Tage vor der Mitgliederversammlung beim Vorstand eingehen müssen, liegt bei Nichtbeachten der Frist und den anschließenden Wahlen ein unheilbarer Beschlussmangel vor.[242]

[240] OLG Hamm, Urteil vom 01.03.2021, Az. 8 U 61/20
[241] BGH, Urteil vom 02.07.2007, Az. II ZR 111/05
[242] OLG Hamm, Urteil vom 24.06.2013, Az. 8 U 125/12

In der Rechtsprechung sind unterschiedliche Sachverhalte dahingehend eingestuft worden, dass mangels Relevanz von einer heilbaren Nichtigkeit auszugehen ist.

Beispiel:

Erhalten einzelne Mitglieder keine ordnungsgemäße Einladung zur Mitgliederversammlung, ist ein ohne deren Teilnahme zustande gekommener Beschluss wirksam, wenn der Verein den sicheren Nachweis führt, dass der Beschluss bei ordnungsgemäßer Einladung ebenso ausgefallen wäre.[243]

Zu beachten ist weiterhin, dass eine wirksame Beschlussfassung neben der Beachtung der Satzungsregelungen die Einhaltung der gesetzlichen Vorschriften voraussetzt. Dementsprechend wird auch in Rechtsprechung und Literatur der Standpunkt vertreten, dass Verstöße gegen das Gesetz, die guten Sitten oder nach BGB zwingende Satzungsvorschriften nach den allgemeinen Regeln (§§ 134, 138 BGB) grundsätzlich zur unheilbaren Nichtigkeit eines Vereinsbeschlusses führen.[244]

Frist zur Klageerhebung

Die einzuhaltende Frist zur Geltendmachung von Beschlussmängeln ist regelmäßig Gegenstand gerichtlicher Auseinandersetzungen. In der Rechtsprechung werden Fristen zwischen einem Monat und mehr als sechs Monaten diskutiert. Gemäß BGH ist die Monatsfrist nach § 246 Abs. 1 AktG aufgrund fehlender wirtschaftlicher Interessen auf Vereinsbeschlüsse nicht analog anwendbar.[245]

Das Klagerecht kann jedoch nicht unangemessen lange nicht ausgeübt werden, um die Klärung von Beschlussmängeln in der Schwebe zu halten. Der Verein hat ein legitimes Interesse an Rechtssicherheit und Rechtsklarheit. Insofern ist eine vom Mitglied zu erhebende Klage gegen einen gefassten Beschluss mit zumutbarer Beschleunigung zu erheben.[246]

[243] OLG München, Urteil vom 11.05.2015, Az. 31 Wx 123/15

[244] BGH, Urteil vom 09.11.1972, Az. II ZR 63/71, OLG Hamm, Urteil vom 24.06.2013, Az. 8 U 125/12

[245] BGH, Urteil vom 03.03.1971, Az. KZR 5/70

[246] BGH, Urteil vom 27.05.1982, Az. III ZR 1157/80

Um diesbezüglich allen Auseinandersetzungen vorzubeugen, sollte die Frist in der Satzung eindeutig geregelt werden. Diese Frist darf die Monatsfrist aus § 246 Abs. 1 AktG jedoch nicht unterschreiten.[247]

Beispiel:

Beschlussmängel und Verfahrensfehler sind innerhalb eines Monats geltend zu machen. Fristbeginn ist der auf den Beschluss folgende Kalendertag.

Liegt ein Fall von unheilbarer Nichtigkeit vor (s. o.), kann diese zeitlich unbefristet geltend gemacht werden. Insofern ist keine Rüge des betroffenen Mitglieds erforderlich und das Klagerecht wird nicht verwirkt.[248]

11.5.5 Übertragung des Stimmrechts

Gemäß § 38 BGB ist die Mitgliedschaft und somit auch das Stimmrecht nicht übertragbar. Um eine Übertragung mittels Vollmacht zu ermöglichen, bedarf es zwingend einer entsprechenden Satzungsregelung. § 38 BGB ist eine nachgiebige Vorschrift im Sinne des § 40 BGB. Insofern ist eine Änderung der Regelungen passend für den Verein möglich.

11.5.6 Protokoll der Versammlung

Das Versammlungsprotokoll dient neben dem Nachweis über gefasste Beschlüsse dazu, die Mitglieder von solchen Schreibarbeiten zu entlasten, damit sie sich auf den Inhalt der Versammlung konzentrieren können.[249]

Zunächst enthält § 32 BGB keine zwingende Pflicht, einen gefassten Beschluss zu protokolieren. Insofern wäre auch ein nicht protokollierter Beschluss wirksam.

Allerdings gehört eine Satzungsregelung über die Beurkundung von Beschlüssen zum Sollinhalt nach § 58 Nr. 4 BGB. Somit sind in der Vereinssatzung alle wesentlichen Dinge bezüglich des Protokolls zu bestimmen.

---

[247] BGH, Urteil vom 12.10.1992, Az. II ZR 286/91
[248] Staudinger/Schwennicke (2023), zu § 32, Rn. 140
[249] OLG Hamm, Urteil vom 01.03.2021, Az. 8 U 61/20

Das Protokoll sollte mindestens folgenden Inhalt haben:

- Name des Protokollführers
- Ort und Datum der Versammlung
- Name des Versammlungsleiters
- Feststellung der satzungsgemäßen Einberufung
- Feststellung der Beschlussfähigkeit
- Feststellung der Tagesordnung
- Ergebnisse der Beschlussfassung
- Unterschriften gemäß Satzungsbestimmung

Die genauen Inhalte ergeben sich aus dem Ablauf der jeweiligen Versammlung. Findet sich in der Tagesordnung beispielsweise der Punkt „Bericht des Sportleiters", wird hierzu ein Vermerk im Protokoll vorgenommen. Gleiches gilt für andere Tagesordnungspunkte.

Das Protokoll muss nach Ende der Versammlung nicht an die Mitglieder verteilt werden. Eine Verteilung wäre nur dann erforderlich, wenn die Satzung Entsprechendes verlangt.

Eine praktikable Regelung für die Zugänglichmachung ist beispielsweise die Veröffentlichung des Protokolls im Mitgliederbereich auf der Homepage des Vereins. Auch hierzu bedarf es einer entsprechenden Satzungsregelung.

Auch ohne eine Verpflichtung aufgrund einer Satzungsregelung spricht dem Grunde nach nichts dagegen, im Nachgang zur Mitgliederversammlung den Mitgliedern das Protokoll zugänglich zu machen.

Im Zuge des 4. Bürokratieentlastungsgesetzes wurde in § 32 Abs. 3 BGB die Schriftform durch die Textform ersetzt. Somit ist ein Beschluss auch ohne Versammlung gültig, wenn alle Mitglieder ihre Zustimmung in Textform erklären.[250]

11

[250] Viertes Bürokratieentlastungsgesetz, BGBl. 2024 I Nr. 323

Arbeitsrecht

12.1 Grundsätze

In einem Verein sind zahlreiche Aufgaben zu erledigen. Abhängig von der Größe eines Vereins reicht das ehrenamtliche Engagement der Mitglieder oftmals nicht mehr aus, alle anfallenden Tätigkeiten zu erledigen. Regelmäßig werden Aufgaben dann auf Mitarbeitende verteilt, die in unterschiedlichen Konstellationen beschäftigt werden.

Im folgenden Abschnitt beschäftigen wir uns mit den zentralen Begriffen des Arbeitsrechts und den unterschiedlichen Modellen zur Beschäftigung von Personal.

12.2 Begriff der Beschäftigung

Zunächst betrachten wir die Definition der Beschäftigung im Sinne des Sozialgesetzbuches. Nach § 7 Abs. 1 Satz 2 SGB IV ist Beschäftigung die nichtselbstständige Arbeit, insbesondere in einem Arbeitsverhältnis. Anhaltspunkte für eine Beschäftigung sind eine Tätigkeit nach Weisungen und eine Eingliederung in die Arbeitsorganisation des Weisungsgebers.

Nach der ständigen Rechtsprechung des BSG setzt eine abhängige Beschäftigung voraus, dass der Arbeitnehmer vom Arbeitgeber persönlich abhängig ist. Bei einer Beschäftigung in einem fremden Betrieb ist dies der Fall, wenn der Beschäftigte in den Betrieb eingegliedert ist und dabei einem Zeit, Dauer, Ort und Art der Ausführung umfassenden Weisungsrecht des Arbeitgebers unterliegt.

Wesentliche Kriterien für die Zuordnung einer Tätigkeit als Beschäftigung sind somit die Weisungsgebundenheit und die Eingliederung in einen fremden Betrieb.

Diese Weisungsgebundenheit kann – vornehmlich bei Diensten höherer Art – eingeschränkt und zur „funktionsgerecht dienenden Teilhabe am Arbeitsprozess" verfeinert werden.[251]

Im Unterschied dazu ist eine selbstständige Tätigkeit durch das eigene Unternehmerrisiko, das Vorhandensein einer eigenen Betriebsstätte, die Verfügungsmöglichkeit über die eigene Arbeitskraft

[251] BSG, Urteil vom 27.04.2021, Az. B 12 R 8/20 R

und die im Wesentlichen frei gestaltete Tätigkeit und Arbeitszeit gekennzeichnet (vgl. BSG, a. a. O.).

Die in § 7 Abs. 1 Satz 2 SGB IV genannten Merkmale sind dem Wortlaut nach lediglich Anhaltspunkte für eine persönliche Abhängigkeit, also im Regelfall typische Merkmale einer Beschäftigung. Es handelt sich daher nicht um abschließende Bewertungskriterien.

Ob jemand beschäftigt oder selbstständig tätig ist, richtet sich gemäß BSG danach, welche Umstände das Gesamtbild der Arbeitsleistung prägen und welche Merkmale überwiegen. Es ist somit immer der konkret vorliegende Sachverhalt anhand der entwickelten Abgrenzungskriterien zu prüfen.

12.3 Begriff des Arbeitnehmers

Im Arbeitsrecht wird die selbstständige Tätigkeit als Gegensatz zur Tätigkeit als Arbeitnehmer verstanden. Kennzeichnend für einen Arbeitsvertrag nach § 611a Abs. 1 Satz 1 BGB ist, dass eine Person in den Diensten eines anderen zur Leistung weisungsgebundener, fremdbestimmter Arbeit in persönlicher Abhängigkeit verpflichtet ist. Die Merkmale weisen Überschneidungen mit denjenigen aus dem SGB IV auf. Durch den am 01.04.2017 in Kraft getretenen § 611a BGB kodifizierte der Gesetzgeber die gefestigte Rechtsprechung des BAG zur Abgrenzung von Arbeitnehmern und selbstständig Tätigen.[252]

Ein Arbeitsverhältnis kann demnach angenommen werden, wenn die Leistung von Diensten nach Weisungen des Dienstberechtigten und gegen Zahlung von Entgelt Schwerpunkt des durch privatrechtlichen Vertrag begründeten Rechtsverhältnisses ist.[253]

Wie bereits im Sozialversicherungsbereich gilt für die Einordnung einer Arbeitnehmereigenschaft immer die Betrachtung der konkreten Umstände im Einzelfall. Grundsätzlich handelt es sich beim Arbeitnehmer- und Beschäftigungsbegriff um zwei selbstständige Rechtsinstitute, bei deren Auslegung sich die Gerichte an denselben Kriterien orientieren und zumindest zu übereinstimmenden Ergebnissen gelangen.[254]

---

252 BT-Drs. 18/9232, S. 18

253 BAG, Urteil vom 08.09.2015, Az. 9 AZB 21/15, Rn. 13

254 Bundestag, WD 6 – 3000 – 028/20

12.4 Arbeitsvertrag

Das BGB nennt den Arbeitsvertrag in § 611a Abs. 1 Satz 1 BGB. Es handelt sich somit um einen gesetzlichen Vertragstypus. Schließen Arbeitgeber und Arbeitnehmer einen Arbeitsvertrag, ergeben sich hieraus unterschiedliche Pflichten. Der Arbeitnehmer verpflichtet sich zur persönlichen Erbringung der im Vertrag bezeichneten Arbeitsleistung. Der Arbeitgeber wird durch den Vertrag gemäß § 611a Abs. 2 BGB zur Zahlung der vereinbarten Vergütung verpflichtet.

Regelmäßig enthält der Arbeitsvertrag nur eine grobe Beschreibung der zu verrichtenden Tätigkeit.

Beispiel:

Der Verein stellt einen Trainer für die Sparte Fußball ein. Den detaillierten Trainingsplan und alle mit der Tätigkeit einhergehenden Details (Arbeitszeiten, Trainingsorte etc.) bestimmt der Verein als Weisungsgeber erst während des Bestehens des laufenden Arbeitsverhältnisses.

Ein schriftlicher Arbeitsvertrag ist grundsätzlich nicht zwingend vorgeschrieben. Eine mündliche Absprache hat somit die gleiche Gültigkeit wie ein auf Papier festgehaltener Vertragstext.

Tipp:

Aus Gründen der Nachvollziehbarkeit und der Beweiskraft rate ich unbedingt zu einer schriftlichen Vereinbarung. So ist sichergestellt, dass sich alle Beteiligten auch nach Ablauf einer gewissen Zeit und im Streitfall an die getroffenen Vereinbarungen erinnern.

12.4.1 Inhalte des Arbeitsvertrags

Der Inhalt des Arbeitsvertrags orientiert sich in der Regel an den gemäß § 2 Abs. 1 NachwG aufgeführten Punkten. Die wesentlich festzuhaltenden Punkte sind demnach:

- Name und Anschrift der Vertragsparteien
- Zeitpunkt des Beginns des Arbeitsverhältnisses
- Dauer des Arbeitsverhältnisses (bei befristeten Verträgen)

- Arbeitsort
- Charakterisierung oder Beschreibung der zu erbringenden Tätigkeit
- Arbeitszeit, vereinbarte Ruhepausen und, sofern vorhanden, das Schichtsystem
- Urlaubsanspruch
- Kündigungsfristen

Die genauen Inhalte können passend für den jeweiligen Verein geregelt werden.

Tipp:

Die IHK bietet Musterverträge zum Download an. Die Muster bieten einen guten Anhaltspunkt über die vorzunehmenden Regelungen und ersparen den Aufwand, einen kompletten Vertrag in Eigenregie von Grund auf abfassen zu müssen.

Gemäß § 2 Abs. 1 NachwG sind die wesentlichen Vertragsbedingungen des Arbeitsverhältnisses innerhalb der gesetzlich geregelten Fristen des § 2 Abs. 1 Satz 9 NachwG schriftlich niederzulegen, zu unterzeichnen und dem Arbeitnehmer auszuhändigen.

Im Zuge des vierten Bürokratieentlastungsgesetzes (BEG IV) können seit dem 01.01.2025 die wesentlichen Arbeitsbedingungen in Textform abgefasst und elektronisch übermittelt (§ 126b BGB) werden, sofern das Dokument für den Arbeitnehmer zugänglich ist, gespeichert und ausgedruckt werden kann und der Arbeitgeber den Arbeitnehmer mit der Übermittlung auffordert, einen Empfangsnachweis zu erteilen (§ 2 Abs. 1 Satz 1 und 2 NachwG).[255]

12.4.2 Pflichtverletzungen

Kommt es zu einer Pflichtverletzung, spricht man von einer Leistungsstörung im Vertragsverhältnis. Die Pflichtverletzung kann durch den Arbeitnehmer wie auch durch den Arbeitgeber verursacht worden sein. Die Verletzung der Vertragspflichten ist regelmäßig Gegenstand von gerichtlichen Auseinandersetzungen, insbesondere dann, wenn aufgrund der Pflichtverletzung das Arbeitsverhältnis

[255] Viertes Bürokratieentlastungsgesetz, BGBl. 2024 I Nr. 323

12

durch eine Kündigung beendet wird. Die Leistungsstörung wird häufig als wichtiger Grund nach § 626 Abs. 1 BGB angesehen, um hieraus eine außerordentliche Kündigung abzuleiten.

Bei der Annahme eines wichtigen Grundes wird es sich in der Regel um verhaltensbedingte Leistungsstörungen in Form schuldhafter Verletzungen arbeitsvertraglicher Haupt- oder Nebenpflichten handeln, die das Arbeitsverhältnis konkret beeinträchtigen.[256]

Die Rechtsprechung hat beispielsweise das Vorliegen eines wichtigen Grundes bei Vorliegen folgender Tatsachen anerkannt:

- rechtswidrige Arbeitsniederlegung[257]
- Nebenbeschäftigung trotz Krankschreibung[258]
- Strafanzeige gegen den Arbeitgeber[259]
- Arbeitszeitbetrug[260]

12.4.3 Befristeter Arbeitsvertrag

Ein Arbeitsvertrag ohne eine zeitliche Befristung ist der Regelfall. Unter Umständen kann es erforderlich sein, die Laufzeit des Vertrags schon bei Abschluss zu begrenzen. Für den Verein kann eine Befristung ein höheres Maß an Flexibilität bedeuten. In der Regel kann ein befristetes Arbeitsverhältnis dann sinnvoll sein, wenn saisonal bedingt mehr Arbeit anfällt oder beispielsweise ein Trainer zunächst nur für zwei Jahre beschäftigt werden soll.

Anders als beim unbefristeten Arbeitsvertrag bedarf es bei einer Befristung der Schriftform (§ 14 Abs. 1 TzBfG). Eine mündliche Vereinbarung wäre in diesem Fall somit nicht zulässig und unwirksam. § 14 TzBfG nennt zwei verschiedene Möglichkeiten, die eine Befristung zulassen:

- Befristung mit Sachgrund
- Befristung ohne Sachgrund

---

[256] BAG, Urteil vom 26.09.2023, Az. 2 AZR 741/12
[257] BAG, Urteil vom 14.02.1978, Az. 1 AZR 103/76
[258] BAG, Urteil vom 26.08.1993. Az. 2 AZR 154/93
[259] BAG, Urteil vom 07.12.2006, Az. 2 AZR 400/05
[260] BAG, Urteil vom 09.06.2011, Az. 2 AZR 381/10

Befristung mit Sachgrund

Eine Befristung mit Sachgrund kann aus verschiedensten Gründen in Betracht kommen. Zu denken ist hier beispielsweise an eine Mitarbeiterin, die sich in Elternzeit begibt. Diese Lücke im Personal kann mit einem befristeten Arbeitsvertrag geschlossen werden.

Ein Sachgrund kann auch vorliegen, wenn im Verein ein größeres, zeitlich begrenztes Projekt verwirklicht werden soll oder saisonbedingt mehr Personal erforderlich ist. Bei der Verwirklichung eines Projekts spricht man von einer Zweckbefristung. Demgegenüber steht die Zeitbefristung, wenn ein Arbeitnehmer über einen definierten Zeitraum befristet beschäftigt werden soll.

Das Gesetz nennt weitere Sachgründe:

- Die Eigenart der Arbeitsleistung rechtfertigt die Befristung.
- Die Befristung erfolgt im Anschluss an eine Ausbildung oder ein Studium.
- Die Befristung wird durch in der Person des Arbeitnehmers liegende Gründe gerechtfertigt.
- Die Befristung beruht auf einem gerichtlichen Vergleich.
- Die Befristung erfolgt zur Erprobung.

Ein durch Sachgrund begründetes befristetes Arbeitsverhältnis kann beliebig oft hintereinander verlängert werden. Hierbei ist immer darauf zu achten, dass der Sachgrund auch tatsächlich existiert und nicht nur „vorgeschoben" wird, um letztendlich eine Dauerbefristung zu erreichen. Es käme zur sogenannten Kettenbefristung.

Eine Kettenbefristung unterliegt auch bei Vorliegen eines Sachgrunds der Überprüfung auf missbräuchliche Gestaltung. So hat das BAG Kriterien entwickelt, die angelehnt an die Vorgaben des § 14 Abs. 2 Satz 1 TzBfG Zeiträume definieren, bei denen ein Missbrauch der Befristung anzunehmen ist.[261]

Kein Gestaltungsmissbrauch liegt gemäß BAG vor, wenn das Arbeitsverhältnis die Gesamtdauer von sechs Jahren nicht überschreitet und zudem nicht mehr als neun Vertragsverlängerungen vereinbart wurden.

261 BAG, Urteil vom 21.03.2017, Az. 7 AZR 369/15

12

Überschreitet die Gesamtdauer acht Jahre oder wurden mehr als zwölf Befristungen vereinbart, ist eine umfassende Missbrauchskontrolle geboten.

Von einem indizierten Rechtsmissbrauch ist in der Regel auszugehen, wenn die Gesamtdauer des Arbeitsverhältnisses zehn Jahre überschreitet oder wenn mehr als zwölf Verlängerungen bei einer Gesamtdauer von mehr als acht Jahren vorliegen.

Befristung ohne Sachgrund

Liegt kein Sachgrund vor, ist eine Befristung von Arbeitsverträgen dennoch innerhalb der gesetzlichen Regelungen statthaft. Zu beachten ist zunächst, dass sich die nachstehende Ausführung auf neu eingestellte Personen bezieht. War die betreffende Person schon einmal im Verein beschäftigt, ist diese Vorbeschäftigung dann unproblematisch, wenn diese lange genug zurückliegt. Der ursprüngliche Zeitraum von drei Jahren wurde vom BVerfG im Juni 2018 verworfen. Der exakte Zeitraum ist nicht definiert.

Mit Blick auf eine bereits bestandene Vorbeschäftigung ist ein Verbot der sachgrundlosen Befristung bei nochmaliger Einstellung auch in den Fällen unzumutbar, wenn die Vorbeschäftigung ganz anders geartet war oder von sehr kurzer Dauer gewesen ist. Die Parameter sind unbestimmte Rechtsbegriffe, die entsprechend auszulegen sind.[262]

So hat das BAG festgestellt, dass acht Jahre zu kurz sind.[263] In einem neueren Urteil wurden 22 Jahre als ausreichend angesehen.[264]

Das BAG hat mit Urteil vom 15.12.2021 festgestellt, dass auch ein Zeitraum von 13 Jahren als ausreichend angesehen werden kann. Dem Urteil folgend kann eine Vorbeschäftigung von nicht mehr als drei Monaten als sehr kurz angesehen werden. Eine andere Entscheidung im Einzelfall wird ausdrücklich erwähnt.[265]

Nach Ansicht des BVerfG ist beispielsweise eine geringfügige Nebenbeschäftigung während der Schul- und Studien- oder Familienzeit unproblematisch.

---

262 BVerfG, Urteil vom 06.06.2018, Az. 1 BvL 7/14

263 BAG, Urteil vom 23.01.2019, Az. 7 AZR 733/16

264 BAG, Urteil vom 21.08.2019, Az. 7 AZR 452/17

265 BAG, Urteil vom 15.12.2021, Az. 7 AZR 530/20

Nach § 14 Abs. 2 Satz 1 TzBfG ist die kalendermäßige Befristung ohne Sachgrund für maximal zwei Jahre zulässig und kann bis zu dreimal verlängert werden.

Achtung: Die Gesamtdauer von insgesamt zwei Jahren darf auch durch die Verlängerungen nicht überschritten werden!

Beispiel:

Der Verein stellt einen neuen Mitarbeiter für zunächst ein Jahr befristet ein. Nach Ablauf des Jahres wird der Vertrag verlängert und das Arbeitsverhältnis für ein halbes Jahr befristet. Die dritte Verlängerung erfolgt erneut für ein Jahr.

Die in diesem Beispiel dargestellte Befristung ist unwirksam, da der zulässige Gesamtzeitraum von insgesamt zwei Jahren überschritten wird.

Nach Ablauf von zwei Jahren endet der so ausgestaltete Arbeitsvertrag automatisch. Soll das Beschäftigungsverhältnis fortgeführt werden, muss ein unbefristeter Arbeitsvertrag geschlossen werden.

Arbeitnehmer über 52 Jahre

Eine von vornherein über die Zweijahresfrist hinausgehende Befristung ist nach § 14 Abs. 3 TzBfG dann zulässig, wenn der Verein einen Arbeitnehmer einstellt, der bei Beginn der Befristung das 52. Lebensjahr vollendet hat und unmittelbar vor Beginn des befristeten Arbeitsverhältnisses mindestens vier Monate beschäftigungslos nach § 138 Abs. 1 Nr. 1 SGB III gewesen ist, Transferleistungen bezogen oder an einer öffentlich geförderten Beschäftigungsmaßnahme nach dem Zweiten oder Dritten Buch Sozialgesetzbuch teilgenommen hat. In diesem Fall kann ein Zeitraum von maximal fünf Jahren vereinbart werden. Zu beachten ist auch hier, dass die Gesamtdauer (in diesem Fall fünf Jahre) bei Verlängerung der Befristung nicht überschritten werden darf.

Befristete Beschäftigung von Trainern

Im Profisport ist es gängige Praxis, Arbeitsverhältnisse von Trainerinnen und Trainern zeitlich zu befristen. Eine mehr als zweijährige

Befristung käme nur bei Vorliegen eines Sachgrunds in Betracht (s. o.). Die Rechtsprechung hat in zahlreichen Entscheidungen definiert, welche Gründe als Sachgründe im Sinne des Teilzeit- und Befristungsgesetzes anzusehen sind.

Betrachtet man die Tätigkeit eines Trainers, käme hier eine Befristung gemäß § 14 Abs. 1 Nr. 4 TzBfG infrage (Eigenart der Arbeitsleistung rechtfertigt Befristung). Die Eigenart der Arbeitsleistung kann die Befristung eines Arbeitsvertrags jedoch nur dann rechtfertigen, wenn sie Besonderheiten aufweist, aus denen sich ein berechtigtes Interesse der Parteien, insbesondere des Arbeitgebers, ergibt, statt eines unbefristeten nur einen befristeten Arbeitsvertrag abzuschließen.[266]

In der Rechtsprechung wird der sogenannte Verschleißtatbestand als Sachgrund zur Befristung von Trainertätigkeiten beschrieben. Der Begriff beschreibt die Gefahr, die mit der Betreuung von Spitzensportlern oder besonders talentierten Nachwuchssportlern verbunden ist, dass die Fähigkeit des Trainers zur weiteren Motivation der anvertrauten Sportler regelmäßig nachlässt. Allerdings wird verlangt, dass die vereinbarte Befristung überhaupt geeignet ist, der Gefahr des Verschleißes in der Beziehung zwischen Trainer und Sportler wirksam vorzubeugen.[267]

Befristete Arbeitsverträge mit Lizenzspielern

Im Spitzensport erbringen die Sportler regelmäßig Höchstleistungen. Im Gegensatz zu einem „normalen" Arbeitnehmer, der seine Tätigkeit im Idealfall bis zum Erreichen des Rentenalters ausüben kann, fehlt es beispielsweise Lizenzspielern an dieser Möglichkeit. Mit zunehmendem Alter verringert sich regelmäßig auch die Leistungsfähigkeit des Sportlers. So besteht bereits bei Vertragsschluss ein berechtigtes Interesse der Vertragsparteien, statt eines unbefristeten Dauerarbeitsverhältnisses ein befristetes und somit zeitlich begrenztes Arbeitsverhältnis zu begründen.

Wie der Verein hat auch der Lizenzspieler ein wirtschaftliches Interesse am sportlichen Erfolg. So tun sich durch das Auslaufen der Befristungen Möglichkeiten auf, die es dem Spieler durch einen

---

[266] BAG, Urteil vom 16.01.2018, Az. 7 AZR 312/16
[267] BAG, Urteil vom 15.04.1999, Az. 7 AZR 437/97

Wechsel zu anderen Vereinen ermöglichen, dort sein Können und seine Leistung präsentieren zu können.

Nicht zuletzt bietet die Befristung von Arbeitsverträgen der Sportler den Vereinen die Flexibilität, neue Talente in eine Mannschaft zu holen, um so einen optimalen Kader aufstellen zu können.

12.4.4 Kündigung von Arbeitsverträgen

Der Arbeitsvertrag enthält neben den relevanten Details zur Tätigkeit und Vergütung in der Regel auch Vereinbarungen zur Kündigung.

Arbeitnehmer können das Arbeitsverhältnis jederzeit beenden. Hierbei sind jedoch die im Vertrag vereinbarten Fristen einzuhalten. Ist im Arbeitsvertrag keine Kündigungsfrist bestimmt, gilt die gesetzliche im § 622 Abs. 1 BGB normierte Frist von vier Wochen zum 15. oder zum Ende des Kalendermonats.

Die Kündigung bedarf gemäß § 623 BGB der Schriftform. Eine mündlich ausgesprochene Kündigung ist somit ausgeschlossen und wäre unwirksam. Die Vorschrift schließt außerdem die elektronische Form zur Beendigung von Arbeitsverhältnissen aus.

Eine Kündigung durch den Arbeitgeber (bei fehlender Regelung der Fristen im Arbeitsvertrag) und die hierbei einzuhaltende Frist richtet sich nach dem Zeitraum des Bestehens des Arbeitsverhältnisses. Die Frist variiert abhängig von den Beschäftigungsjahren zwischen einem und sieben Monaten (§ 622 Abs. 2 BGB).

Eine Ausnahme ergibt sich in der Probezeit. Innerhalb der Probezeit (längstens sechs Monate) kann das Arbeitsverhältnis durch den Arbeitgeber mit einer Frist von zwei Wochen gekündigt werden.

Um Unklarheiten bezüglich der Kündigungsfrist vorzubeugen, empfiehlt sich folgende Formulierung im Arbeitsvertrag:

> Nach Ablauf der Probezeit kann das Arbeitsverhältnis von beiden Parteien mit einer Frist von xxxx zum xxxx gekündigt werden.

Vereine können in ihren Arbeitsverträgen analog zur gesetzlichen Regelung die Kündigungsfrist abhängig von der Betriebszugehörigkeit staffeln. Das ist sinnvoll, da insbesondere langjährige und erfahrene Beschäftigte teilweise nicht so schnell ersetzt werden können.

Kündigungsschutzgesetz

12 Arbeitnehmer, die länger als sechs Monate in einem Betrieb mit mehr als zehn Arbeitnehmern beschäftigt sind, genießen durch das Kündigungsschutzgesetz einen weitreichenden Schutz vor ordentlichen Kündigungen durch den Arbeitgeber.

§ 1 KSchG bestimmt, dass eine Kündigung nur dann wirksam ist, wenn sie sozial gerechtfertigt ist. Das bedeutet, dass für jede ausgesprochene Kündigung ein entsprechender Kündigungsgrund vorliegen muss. Möchte der gekündigte Arbeitnehmer geltend machen, dass eine Kündigung rechtsunwirksam ist, muss er innerhalb einer Frist von drei Wochen eine Feststellungsklage erheben. Andernfalls wird auch eine eventuell nicht sozial gerechtfertigte Kündigung wirksam.

Besondere Regelungen für kleine Betriebe

Sind im Verein weniger als zehn Mitarbeiter beschäftigt, nimmt § 23 Abs. 1 KSchG den Betrieb von den relevanten Kündigungsvorschriften aus. Für die Berechnung der Mitarbeiteranzahl gilt gemäß § 23 Abs. 1 KSchG folgender Berechnungsschlüssel:

- Als ein Beschäftigter wird jede Vollzeitstelle mit mehr als 30 Wochenstunden gezählt.
- Mit 0,75-Anteil wird gezählt, wer mehr als 20, aber nicht mehr als 30 Wochenstunden arbeitet.
- Mit einem Anteil von 0,5 werden Beschäftigte mit maximal 20 Wochenstunden gezählt.

Durch die Zuordnung als Kleinbetrieb im Sinne der Vorschrift ergeben sich für Vereine insbesondere folgende Vorteile:

- Der Verein benötigt als Arbeitgeber keinen Kündigungsgrund.
- Wird einem Mitarbeiter gekündigt, muss keine Sozialauswahl erfolgen.

Der Verein muss lediglich die oben genannten Formvorschriften sowie die vereinbarten (oder gesetzlichen Kündigungsfristen) beachten. Durch die Ausnahme von Kleinbetrieben besteht deutlich mehr Flexibilität und Handlungsspielraum.

12.4.5 Abmahnung

Nicht immer soll bei einer Verfehlung des Arbeitnehmers eine Kündigung erfolgen. Abhängig vom Grad der Pflichtverletzung kann zunächst eine Abmahnung ausgesprochen werden.

Die Abmahnung ist im BGB nicht geregelt und so ist auf die hierzu von der Rechtsprechung entwickelten Kriterien abzustellen.

Als Alternative zur Abmahnung kann der Arbeitgeber im Rahmen seines Direktionsrechts zunächst eine Umsetzung des Arbeitnehmers vornehmen. Dem Verständnis einer Abmahnung folgend hätte eine Umsetzung eine weniger starke Belastung des Arbeitnehmers zur Folge, da mit ihr keine Kündigung angedroht wird.[268] Der Arbeitgeber übt bei der Abmahnung seine arbeitsvertraglichen Gläubigerrechte in doppelter Hinsicht aus. Zum einen weist der Arbeitgeber den Arbeitnehmer auf seine Pflichtverletzung hin (Rüge- und Dokumentationsfunktion). Zum anderen wird der Arbeitnehmer durch die Abmahnung aufgefordert, sich fortan pflichtgemäß zu verhalten. In der Abmahnung werden zudem Konsequenzen bei erneutem Fehlverhalten angedroht.[269]

Die Abmahnung muss den Grundsätzen der Verhältnismäßigkeit entsprechen. Diese wäre zum Beispiel nicht gewahrt, wenn der Arbeitnehmer einmalig wenige Minuten zu spät erscheint und darauf eine Abmahnung ausgesprochen wird. Demnach muss sichergestellt werden, dass die wesentlichen Umstände des Einzelfalls abgewogen wurden. Bestehen Zweifel daran, unterliegt der Vorgang der gerichtlichen Kontrolle (vgl. BAG, a. a. O.).

Unter Berücksichtigung der vorstehend gemachten Ausführungen obliegt es dem Arbeitgeber, die Gründe für eine Abmahnung festzulegen.[270] Es besteht keine gesetzlich festgelegte Frist, innerhalb derer die Abmahnung ausgesprochen werden muss. Die Rechtsprechung hält eine Frist von einem Monat nach dem Pflichtverstoß noch für angemessen.[271]

---

268 BAG, Revisionsurteil vom 24.04.1996, Az. 5 AZR 1031/94
269 BAG, Urteil vom 19.07.2012. Az. AZR 782/11
270 BAG, Urteil vom 13.11.1991, Az. 5 AZR 74/91
271 BAG, Urteil vom 14.12.1994, Az. 5 AZR 137/94

12.5 Anmeldung von Arbeitnehmern

Um die Anmeldung des ersten Arbeitnehmers zu erleichtern, folgt nun ein Überblick über die erforderlichen Schritte. Wir gehen hierbei davon aus, dass bereits ein Arbeitsvertrag abgeschlossen wurde.

Folgende Unterlagen werden benötigt:

- Betriebsnummer
- Geburtsdatum des Arbeitnehmers
- Mitgliedsbescheinigung der Krankenkasse
- Rentenversicherungsnummer
- Steuer-Identifikationsnummer (Steuer-ID)
- Urlaubsbescheinigung des letzten Arbeitgebers
- Unterlagen zu vermögenswirksamen Leistungen (falls vorhanden)

Für die Datenabfrage empfiehlt sich die Erstellung eines Personalfragebogens. So sind alle Daten gesammelt an einer Stelle verfügbar.

12.5.1 Betriebsnummer beantragen

Zunächst muss bei erstmaliger Anmeldung eines sozialversicherungspflichtig Beschäftigten eine Betriebsnummer beantragt werden. Die Betriebsnummern werden vom Betriebsnummernservice der Bundesagentur für Arbeit (BNS) vergeben. Die Nummer kann einfach und unkompliziert über den folgenden Link online beantragt werden: www.arbeitsagentur.de/unternehmen/betriebsnummern-service

12.5.2 Anmeldung bei der Sozialversicherung

Neue Mitarbeiter müssen mit der ersten Lohn- und Gehaltsabrechnung bei der zuständigen Krankenkasse angemeldet werden. Die Meldung muss spätestens innerhalb von sechs Wochen nach Aufnahme der Tätigkeit erfolgen. Die Frist gilt auch für den Beginn einer Berufsausbildung oder bei Altersteilzeit. Für bestimmte Tätigkeiten ist eine Sofortmeldung notwendig. Die Sofortmeldung dient der Eindämmung von Schwarzarbeit und gilt für folgende Gewerbe:

- Baugewerbe
- Beherbergungsgewerbe
- Gaststättengewerbe
- Personenbeförderung
- Schaustellerbetriebe
- Gebäudereinigungsgewerbe
- Messebau

Die Jahresmeldung ist jeweils bis zum 15.02. des Folgejahres abzugeben.

12.5.3 Anmeldung bei der Krankenkasse

Die Zuständigkeit richtet sich danach, welcher Krankenkasse der Arbeitnehmer angehört. Vom Mitarbeiter wird eine Mitgliedsbescheinigung seiner Krankenkasse benötigt. Die Krankenkassen ziehen die Beiträge zu den Sozialversicherungen im Lastschriftverfahren ein.

Die Meldungen erfolgen mittels gesicherter und verschlüsselter Datenübertragung, zum Beispiel mit dem SV-Meldeportal.

Anstelle des Sozialversicherungsausweises gibt es seit Januar 2023 den Versicherungsnummernachweis. Alle zugehörigen Daten sind digital bei der Datenstelle der Deutschen Rentenversicherung hinterlegt und müssen vom Arbeitgeber abgerufen werden.

12.5.4 Anmeldung beim Finanzamt

Zudem wird vom Mitarbeiter das Geburtsdatum und die Steueridentifikationsnummer benötigt, um den Arbeitnehmer beim Finanzamt über das sogenannte ELStAM-Verfahren anmelden zu können. Arbeitgeber sind verpflichtet, die elektronischen Lohnsteuerabzugsmerkmale (ELStAM) anzufordern. Außerdem benötigen Arbeitgeber die Information, ob es sich bei der Tätigkeit im Verein um eine Haupt- oder Nebenbeschäftigung handelt. Hieraus ergibt sich dann die entsprechende Steuerklasse.

Der Arbeitgeber hat gemäß § 39c Abs. 4 Satz 2, Abs. 5 EStG bei Beginn des Dienstverhältnisses die ELStAM für den Arbeitnehmer beim Bundeszentralamt für Steuern durch Datenfernübertragung abzurufen, sie in das Lohnkonto des Arbeitnehmers zu übernehmen und für die Dauer des Dienstverhältnisses für den Lohnsteuerabzug anzuwenden.

Die Anmeldung im ELStAM-Verfahren erfolgt entweder mit einer vom Verein eingesetzten Software zur Lohnabrechnung oder über die „Arbeitgeberfunktionen für ELStAM" in Mein Elster oder über ElsterFormular. Die ELStAM-Daten werden spätestens fünf Werktage nach der Anmeldung bereitgestellt. Auch der Samstag gilt als Werktag.

12.6 Minijob

Die geringfügige Beschäftigung (Minijob) ist eine besondere Form der Beschäftigung, und findet ihre gesetzliche Grundlage im Vierten Buch Sozialgesetzbuch (SGB IV).

Es werden zwei Arten der geringfügigen Beschäftigung unterschieden:

1. Bei einem Minijob mit Verdienstgrenze darf das monatliche Arbeitsentgelt im Durchschnitt den Betrag von 603 Euro nicht übersteigen (ab 2027 633 Euro).
2. Beim kurzfristigen Minijob darf der Arbeitseinsatz im laufenden Kalenderjahr drei Monate oder 70 Tage nicht überschreiten. In diesem Modell ist die Höhe des Verdienstes nicht beschränkt.

Die zuletzt beschriebene Variante des Minijobs kommt insbesondere bei einer Saisonbeschäftigung in Betracht. Hieraus folgt, dass eine Saisonbeschäftigung von vornherein immer befristet ist. Die Befristung, also der genaue Einsatzzeitraum, muss schriftlich fixiert werden, bevor der Arbeitnehmer seine Arbeit antritt.

Klassische Beispiele für eine saisonale Beschäftigung sind:

- Arbeit in der Gastronomie
- Arbeit als Erntehelfer
- Arbeit in der Forstwirtschaft
- Arbeit im Gartenbau

Das Fehlen einer Verdienstgrenze beim kurzfristigen Minijob soll am folgenden Beispiel verdeutlicht werden:

Beispiel:

Max Mustermann arbeitet zwei Monate in einem Unternehmen zur Herstellung von Getränken. Hierbei verdient er 4.500 Euro. Auf dem Münchner Oktoberfest betätigt er sich zwei Wochen als Servicekraft und erhält hierfür 3.500 Euro.

Insgesamt beträgt der Verdienst somit 8.000 Euro. Die Jahresgrenze in Höhe von 7.236 Euro aus dem Minijob mit Verdienstgrenze spielt bei einem kurzfristigen Minijob keine Rolle.

12.6.1 Überbrückung von Engpässen

Der kurzfristige Minijob ist auch für die Vereinsarbeit interessant. Nehmen wir als Beispiel einen Wintersportverein, der den Hauptteil seiner Aktivitäten während der Wintermonate durchführt. Werden in diesem Zusammenhang eigene Anlagen unterhalten, fehlt es oftmals an der entsprechenden „Manpower", um die Herausforderungen einer Saison stemmen zu können. Der kurzfristige Minijob kann hier das optimale Instrument zur Abfederung der Arbeitsspitzen sein.

Entscheidendes Merkmal des kurzfristigen Minijobs ist die gelegentliche und nicht regelmäßige Ausübung der Tätigkeit. Wird also die Beschäftigung bei vorausschauender Betrachtung von vornherein so angelegt, dass eine ständige Wiederholung angestrebt wird und über mehrere Jahre hinweg die gleiche Tätigkeit ausgeübt werden soll, liegt eine regelmäßige Beschäftigung vor. Ein kurzfristiger Minijob liegt auch dann nicht mehr vor, wenn die Tätigkeit berufsmäßig ausgeübt wird. Eine Berufsmäßigkeit wäre anzunehmen, wenn die Tätigkeit für die betroffene Person nicht von untergeordneter wirtschaftlicher Bedeutung ist.[272]

Die beiden Zeiträume, 70 Tage oder drei Monate, sind gleichberechtigte Modelle, um eine Beschäftigung dieser Art zu begründen. Eine Anwendung der jeweiligen Zeitgrenzen in Abhängigkeit von der Anzahl der wöchentlichen Arbeitstage erfolgt nicht.[273]

Die genannten zeitlichen Grenzen sind also immer dann erfüllt, wenn die Beschäftigung auf maximal drei Monate angelegt ist

[272] BSG, Urteil vom 28.10.1960, Az. 3 RK 31/56
[273] BSG, Urteil vom 24.11.2020, Az. B 12 KR 34/19 R

oder die Anzahl der Arbeitstage bei einem über die drei Monate hinausgehenden Zeitraum auf maximal 70 Einsatztage begrenzt ist.

Zu beachten ist, dass ein im Hauptberuf sozialversicherungspflichtig Beschäftigter, also mit einem Verdienst von monatlich mehr als 603 Euro, daneben nur einen Minijob mit Verdienstgrenze ausüben darf. Ein zweiter Minijob wäre durch den Arbeitgeber als sozialversicherungspflichtige Beschäftigung entsprechend anzumelden.

12.6.2 Arbeitsrechtliche Vorgaben

Es wird teilweise angenommen, dass einem Arbeitnehmer in einem Minijob praktisch keinerlei Arbeitsrechte zugestanden werden müssen. Das wäre schon nach dem Grundsatz der Gleichbehandlung nicht möglich, und so gelten die zentralen arbeitsrechtlichen Vorgaben auch für geringfügig Beschäftigte.

An erster Stelle ist hier der gesetzlich festgelegte Mindestlohn zu nennen. Seit seiner Einführung im Jahr 2015 ist der Mindestlohn stetig angestiegen und beträgt mit Stand 01.01.2026 13,90 Euro pro Stunde. In 2027 steigt der Mindestlohn auf 14,60 Euro pro Stunde. Diese Lohnuntergrenze gilt für alle Beschäftigten, die das 18. Lebensjahr vollendet haben. Wenn sich Arbeitgeber nicht an diese Vorgabe halten, können für den Verein Nachzahlungen anfallen. Ausnahmen vom Mindestlohn kommen gemäß Mindestlohngesetz für folgende Personen in Betracht:

- Jugendliche unter 18 Jahren ohne abgeschlossene Berufsausbildung
- Pflichtpraktikanten
- Auszubildende
- ehrenamtlich Tätige
- Langzeitarbeitslose
- Freiberufler und Selbstständige

12.6.3 Lohnfortzahlung im Krankheitsfall

Genau wie Vollzeitbeschäftigte haben auch Minijobber Anspruch auf Lohnfortzahlung im Krankheitsfall. Der Anspruch besteht nach einer Beschäftigungsdauer von mindestens vier Wochen. Wird der

Minijobber unverschuldet krank, besteht ein bis zu sechswöchiger Anspruch auf Fortzahlung seines Verdienstes (§§ 3, 4 EntgFG).

Sofern Arbeitgeber am Ausgleichsverfahren teilnehmen und nicht mehr als 30 Mitarbeiter beschäftigen, können sie eine Erstattung ihrer Aufwendungen beantragen.

12.6.4 Urlaubsanspruch

Im Zuge der Gleichbehandlung haben auch Minijobber einen Anspruch auf Erholungsurlaub. Gemäß Bundesurlaubsgesetz haben Arbeitnehmerinnen und Arbeitnehmer einen Urlaubsanspruch von mindestens vier Wochen bzw. 24 Werktagen. Es kommt dabei nicht darauf an, wie viele Stunden, sondern an wie vielen Tagen ein Minijobber arbeitet.

Die Berechnungsgrundlage bilden somit die Arbeitstage pro Woche.

Beispiel:

Arbeitet ein Minijobber nur an vier Tagen in der Woche, ergibt sich ein Urlaubsanspruch von 16 Tagen:

Anzahl der Arbeitstage pro Woche x 24 : 6

12.6.5 Kündigungsschutz

Zu den Details zum Kündigungsschutz vergleiche Abschnitt 12.4.4. Die dort beschriebenen Regelungen werden gleichsam auf den Minijob angewendet.

12.6.6 Anmeldung

Bevor ein neuer Mitarbeiter seine Tätigkeit aufnehmen kann, muss der Minijob angemeldet werden. Hierzu wird im ersten Schritt eine Betriebsnummer benötigt. Zum Vorgang des Beantragens der Betriebsnummer vergleiche die Ausführungen unter 12.5.1. Wird die Nummer erstmalig beantragt, dauert es einige Zeit, bis die Nummer bei der Minijobzentrale hinterlegt wird. Zur erstmaligen Anmeldung eines Minijobs sollte eine Wartezeit von drei bis fünf Tagen eingeplant werden.

Die Anmeldung bei der Minijobzentrale erfolgt ausschließlich digital. Sofern der Verein in der Infrastruktur kein entsprechendes

Programm vorhält, kann die von den Krankenkassen entwickelte Ausfüllhilfe im SV-Meldeportal verwendet werden. Um eine richtige Zuordnung der übermittelten Daten zu gewährleisten, muss die Einzugsstellennummer 98000006 angegeben werden.

Ändern sich die Adressdaten des Arbeitgebers, erfolgt eine Aktualisierung über eine Meldung an den BNS. Auch hierfür kann das Meldeportal verwendet werden.

12.6.7 Abgaben beim gewerblichen Minijob

Den Großteil der Abgaben für einen Minijob zahlt der Arbeitgeber. Die Abgaben umfassen pauschale Beträge zur Kranken- und Rentenversicherung, Umlagen und Steuern an die Minijobzentrale und Beiträge zur Unfallversicherung an den Unfallversicherungsträger. Insgesamt betragen die Abgaben an die Minijobzentrale in Summe maximal 31,17 Prozent. Die Meldung der Abgaben erfolgt monatlich durch den Arbeitgeber.

Abhängig von der Art des Minijobs, variiert auch die Höhe der Abgaben.

Beim „klassischen" Minijob mit Verdienstgrenze fallen folgende Abgaben an:

- Pauschalbeitrag für Krankenversicherung: 13 Prozent
- Pauschalbeitrag für Rentenversicherung / Arbeitgeberanteil: 15 Prozent
- Beitragsanteil für Minijobber bei Versicherungspflicht in der Rentenversicherung: 3,6 Prozent
- Umlage 1 (U1): 0,8 Prozent
- Umlage 2 (U2): 0,22 Prozent
- Insolvenzumlage: 0,15 Prozent
- Steuer: 2 Prozent (Pauschalsteuer)

Arbeitgeber bestimmen die Art der Besteuerung. Sie haben die Möglichkeit, pauschal mit 2 Prozent oder individuell nach der Lohnsteuerklasse des Minijobbers zu versteuern.

Hat ein Minijobber bereits einen Minijob und überschreitet zusammen mit der im Verein angestrebten Tätigkeit die Geringfügigkeitsgrenze, werden beide Jobs zu sozialversicherungspflichtigen Beschäftigungen.

Der Beitrag zur gesetzlichen Unfallversicherung ist ein individueller Betrag des jeweils zuständigen Unfallversicherungsträgers.

Für kurzfristig beschäftigte Minijobber fallen keine Abgaben zur Sozialversicherung, sondern lediglich die Umlagen U1 und U2 sowie die Insolvenzumlage an (Höhe siehe oben). Die Steuern werden direkt an das Finanzamt abgeführt.

Auch bei einem kurzfristigen Minijob kann der Verein die Art der Besteuerung wählen. Der Verein kann individuell nach Steuerklasse des Minijobbers oder unter bestimmten Voraussetzungen pauschal in Höhe von 25 Prozent (zzgl. Kirchensteuer und Solidaritätszuschlag) versteuern.

Die pauschale Versteuerung kommt nach § 40a EStG in Betracht, wenn

- der Minijobber nicht regelmäßig wiederkehrend beschäftigt ist.
- die Beschäftigung nicht länger als 18 zusammenhängende Tage dauert.
- der durchschnittliche Verdienst durchschnittlich bei 150 Euro pro Arbeitstag liegt.
- der durchschnittliche Stundenlohn maximal 19 Euro beträgt.

12.7 Midijob

Beim Midijob handelt es sich ähnlich wie beim Minijob um eine Beschäftigung, die durch gesetzlich geregelte Verdienstgrenzen gekennzeichnet ist. Der Midijob findet im sogenannten Übergangsbereich statt. Der Übergangsbereich wurde auch als Gleitzone bezeichnet.

Die Gleitzone wurde mit Wirkung zum 01.04.2003 für den Niedriglohnbereich eingeführt. Für Arbeitnehmer gelten seitdem besondere Regelungen für die Berechnung der Beitragsbemessungsgrundlage sowie für die Beitragstragung zur Kranken-, Pflege-, Renten- und Arbeitslosenversicherung.

Der Begriff Übergangsbereich löste mit Wirkung zum 01.07.2019 die Bezeichnung Gleitzone ab. Die obere Beitragsgrenze wurde auf

1.300 Euro angehoben. Somit lag der Übergangsbereich nunmehr zwischen 450,01 und 1.300 Euro.

Ab dem 01.10.2022 lag eine Beschäftigung im Übergangsbereich vor, wenn der Verdienst zwischen 520,01 und 1.600 Euro lag.

Die obere Entgeltgrenze wurde im Januar 2026 erneut angepasst und liegt aktuell zwischen 603,01 und 2.000 Euro.

Arbeitnehmerinnen und Arbeitnehmer haben insbesondere bei einem Verdienst im unteren Übergangsbereich nur einen reduzierten Beitragsanteil zu den verschiedenen Zweigen der Sozialversicherung zu tragen. Mit der Erhöhung des monatlichen Entgelts auf 2.000 Euro steigt der Beitragsanteil gleitend auf seine reguläre Höhe von derzeit 20 Prozent an.

Für den Arbeitgeber nimmt der Beitragsanteil mit zunehmenden Arbeitsentgelt entsprechend ab. Der Beitragsanteil reduziert sich gleitend von 28 Prozent bei Entgelten im unteren Übergangsbereich auf knapp 20 Prozent bei Erreichen der Obergrenze von 2.000 Euro.

Die Beitragsberechnung im Übergangsbereich erfolgt nach einem komplexen Rechenmodell. Hierzu empfiehlt es sich, entsprechende Software einzusetzen, sofern im Verein die Lohnabrechnung im eigenen Haus erfolgt.

12.8 Honorarkräfte

Bei Honorarkräften handelt es sich um Mitarbeiter, die nicht als Arbeitnehmer gemäß den gesetzlich festgelegten Kriterien anzusehen sind. Honorarkräfte sind selbstständig tätig und führen spezifische Aufträge aus. Grundlage zur Beauftragung ist regelmäßig ein Honorarvertrag. Im Vertrag werden alle wesentlichen Punkte für den jeweiligen Auftrag definiert. Hierzu gehören neben den Daten zum Auftraggeber und Auftragnehmer insbesondere:

- Beschreibung der Leistung
- Höhe des Honorars
- Einsatzzeitraum
- Regelungen bei Leistungsstörungen

Honorarkräfte unterliegen keiner Weisungsgebundenheit des Auftraggebers und gestalten ihre Aufträge nach eigenem Ermessen. Der Einsatz von Honorarkräften im Verein hat den Vorteil, dass diese Mitarbeiter nicht in den Zweigen der Sozialversicherung anzumelden und somit keine Abgaben zu tragen sind. Im Vergleich zu einem Arbeitnehmer ergibt sich hierdurch ein nicht unerhebliches Einsparpotenzial.

12.9 Scheinselbstständigkeit

Das zuvor genannte Einsparpotenzial verleitet manchen Auftraggeber dazu, unter dem Deckmantel einer Honorartätigkeit eine dem Grundsatz nach abhängige Beschäftigung zu „verschleiern". In derartigen Fällen spricht man von Scheinselbstständigkeit, die immer dann vorliegt, wenn selbstständig tätige Personen eine Dienstleistung erbringen sollen, tatsächlich aber eine abhängige Beschäftigung vorliegt.[274]

Die Beurteilung einer Tätigkeit erfolgt durch die Rentenversicherung in einem Statusfeststellungsverfahren. Dieses Verfahren kann sowohl durch den Auftraggeber als auch den Auftragnehmer angestoßen werden.

Die Einordnung zum entsprechenden Typus der fraglichen Tätigkeit wird unter Heranziehung der gesetzlichen und der durch die Rechtsprechung entwickelten Abgrenzungskriterien vorgenommen. Indizien für das Vorliegen einer Scheinselbstständigkeit sind insbesondere:

- Weisungsgebundenheit
- Lohnfortzahlung im Krankheitsfall
- Urlaubsanspruch
- Fremdbestimmtheit
- Eingliederung in den Betrieb
- Pflicht zur persönlichen Arbeitsleistung

Wird die Scheinselbstständigkeit festgestellt, ergeben sich insbesondere für den Auftraggeber erhebliche Konsequenzen: Rückwirkend für vier Jahre sind von ihm die Sozialversicherungsbeiträge nachzuzahlen, sowohl Arbeitgeber- als auch Arbeitnehmeranteil. Vom Vierjahreszeitraum werden lediglich die letzten drei Monate vor der Feststellung einer abhängigen Beschäftigung abgezogen.

[274] Vgl. Czenia (2023), Kapitel 1.8.5

Je nach ausgezahlten Honoraren kann das die Insolvenz des Vereins zur Folge haben. Zusätzlich ist für den Zeitraum die entgangene Lohnsteuer nachzuzahlen.

Die als abhängig beschäftigt festgestellte Honorarkraft muss lediglich die angefallene Lohnsteuer für die vor der Feststellung liegenden drei Monate nachzahlen.

12.9.1 Was sagt die Rechtsprechung?

Mit seiner Entscheidung vom 28.06.2022 hat das BSG im sogenannten „Herrenberg-Urteil" die statusrechtliche Beurteilung einer Musiklehrerin an einer städtischen Musikschule vorgenommen und hierbei die allgemeinen Abgrenzungskriterien für die Einordnung als selbstständig oder abhängig beschäftigt vorgenommen.[275] Vor allem die örtliche, zeitliche und inhaltliche Weisungsbindung, das fehlende unternehmerische Risiko und die erhebliche Eingliederung in die Arbeitsorganisation des Auftraggebers haben zur Feststellung einer abhängigen Beschäftigung geführt. Der Fall strahlt seitdem auf alle Bereiche der Bildung aus.

Ein ähnlicher Fall mit anderem Ergebnis

In einem Fall des LSG Hamburg wurde die Tätigkeit einer Dozentin an einer Berufsfachschule unter Zugrundelegung der vorgenannten Kriterien als selbstständige Tätigkeit erkannt. Das LSG stellt im Urteil klar, dass eine örtliche Weisungsgebundenheit (der Unterricht fand am Ort des Auftraggebers statt) und auch eine zeitliche Weisungsgebundenheit keine Ausschlusskriterien für die Zuordnung als selbstständige Tätigkeit darstellen. Vielmehr sei diese Art der Weisungsgebundenheit bei der Lehrtätigkeit der Regelfall.

Auch das fehlende unternehmerische Risiko sei gemäß LSG nur von geringer Bedeutung und in der Eigenart einer Tätigkeit begründet, die auf die geistige Vermittlung von Wissen gerichtet ist.[276]

An den beiden genannten Urteilen wird noch einmal deutlich, dass es keine „Blaupause" für die Beurteilung einer Beschäftigung zum Typus abhängig beschäftigt/selbstständig gibt. Alle Merkmale sind immer im Einzelfall sorgfältig zu prüfen und es ist eine Abwägung

[275] BSG, Urteil vom 28.06.2022, Az. B 12 R 3/20 R
[276] LSG Hamburg, Urteil vom 27.04.2023, Az. L 1 BA 12/22

vorzunehmen, welche Merkmale für welchen Beschäftigungstypus überwiegen.

Abweichende Rechtsprechung durch Arbeitsgericht

Wie unterschiedlich ähnliche Sachverhalte durch die Arbeits- und Sozialgerichtsbarkeit beurteilt werden, zeigt sich deutlich an einem Fall des Arbeitsgerichts Berlin.

Vorliegend stellte das Arbeitsgericht im Fall einer Musikschullehrerin fest, dass keine sozialversicherungspflichtige Beschäftigung, sondern eine selbstständige Tätigkeit vorliegt. Der Fall ist besonders mit Blick auf das Herrenberg-Urteil interessant, da es in beiden Fällen um eine Lehrtätigkeit an einer Musikschule geht.

Die Kammer stellte insbesondere fest, dass im Unterschied zu allgemeinbildenden Schulen an einer Musikschule kein Schulzwang herrscht, es in der Regel keine förmlichen Abschlüsse gibt, der Unterricht weniger reglementiert ist und das Ausmaß der Kontrollen durch den Unterrichtsträger geringer ist.

In der persönlichen Dienstleistungspflicht sieht das Gericht kein Indiz für eine abhängige Beschäftigung. Denn auch der Dienstverpflichtete im Rahmen eines Dienstvertrags im Sinne des § 611 BGB hat die Dienste gemäß § 613 Satz 1 BGB im Zweifel in Person zu erbringen.

Zur Annahme einer abhängigen Beschäftigung genügt es auch nicht, dass die Musiklehrerin für den Unterricht ausschließlich die Räume der Musikschule genutzt hat. Eine verbindliche Weisung bezüglich des Orts der Dienstleistung durch den Auftraggeber bestand hierzu nicht.

Bezüglich der Unterrichtszeiten und der Gestaltung der Inhalte unterlag die Musiklehrerin keinerlei Weisungen der Musikschule. Zudem setzte sie ausschließlich eigene Instrumente ein.

Weiterhin wurde festgestellt, dass ein gewisser Grad an wirtschaftlicher Abhängigkeit durch die Vermittlung der Musikschüler durch die Musikschule unproblematisch ist, da die Musiklehrerin ohne Angabe von Gründen die Aufnahme ines zugewiesenen Schülers ablehnen konnte und auch für andere Auftraggeber tätig sein durfte.[277]

[277] ArbG Berlin, Urteil vom 15.07.2025, Az. 22 Ca 10650/24

Scheinselbstständigkeit einer Reitlehrerin

12 2024 hat das LSG Hessen ein weiteres Urteil zum Thema Scheinselbstständigkeit veröffentlicht. Im zugrunde liegenden Fall wurde durch das Gericht die Tätigkeit einer selbstständigen Reitlehrerin als abhängige und somit sozialversicherungspflichtige Beschäftigung eingestuft.

Die Kammer begründet die abhängige Beschäftigung insbesondere mit dem fehlenden unternehmerischen Risiko. Die Reitlehrerin hatte gemäß dem Urteil keine Aufwendungen für Werbung, da der beauftragende Verein den Unterricht auf der Vereinshomepage beworben hat. Zudem nutzte sie ausschließlich die Pferde des Vereins einschließlich Sattel und Zaumzeug. Die Pflege und Versorgung der Pferde erfolgten durch Mitglieder bzw. Angestellte des Vereins.

Untermauert wird die Annahme einer abhängigen Beschäftigung laut dem LSG auch durch die Tatsache, dass der Unterricht ausschließlich in der Halle des Vereins stattgefunden hat und die Reithalle kostenlos genutzt werden konnte. Zudem sei die Reitlehrerin in den Betrieb des Vereins eingegliedert gewesen, was insbesondere dadurch deutlich wird, dass der Verein die Reitlehrerin auf der Vereinshomepage als „unsere Reitlehrerin" vorstellte und hierdurch für Außenstehende der Eindruck entsteht, es handelt sich um eine Beschäftigte des Vereins.

In der Gesamtschau überwiegen nach Ansicht des Gerichts die Kriterien einer abhängigen Beschäftigung.[278] Die Bewertung der Kammer ist durchaus kritisch zu sehen. Insbesondere dürfte es in der Natur der Sache liegen, dass eine Reitlehrerin nicht über eine ausreichende Anzahl eigener Pferde verfügt, um einen Reitunterricht mit mehreren Schülern durchführen zu können.

So zeigt dieses Urteil umso mehr, wie weit die Urteile in diesem Bereich auseinanderfallen. Einen „roten Faden" gibt es nicht und so ist der Ausgang solcher Verfahren regelmäßig mehr als ungewiss.

Scheinselbstständigkeit eines Fußballtrainers

Werden im Verein Übungsleiter und Trainer beschäftigt, kann aus einem vermeintlich selbstständig Tätigen schnell ein Arbeitnehmer werden, wie ein aktueller Fall deutlich macht.

---

[278] LSG Hessen, Urteil vom 02.05.2024, Az. L 1 BA 22/23

Vorliegend wurde ein Trainer als Übungsleiter mit der Aufgabenstellung „Trainer der 1. Mannschaft" eingestellt. Dem Arbeitsverhältnis lag ein Übungsleitervertrag zugrunde. Im Vertrag wurde geregelt, dass die Vergütung nach den Vorgaben des § 3 Nr. 26 EStG erfolgen soll und darüber hinaus gehende Beträge vom Übungsleiter gegen Rechnungslegung abgerechnet werden sollen.

Die Deutsche Rentenversicherung beurteilte das Arbeitsverhältnis als abhängige Beschäftigung. Dieser Einschätzung folgte das Arbeitsgericht Gera und gab somit dem Sozialversicherungsträger Recht.

Die abhängige Beschäftigung zeigt sich insbesondere durch die weisungsgebundene Eingliederung in die Organisation des Vereins und den hohen Grad der persönlichen Abhängigkeit. Der Trainer war an die vom Verein vorgegebenen Trainingszeiten gebunden und es bestand Anwesenheitspflicht bei den Spielen der Mannschaft. Somit fehlt es an der für einen Selbstständigen typischen Verfügbarkeit über die eigene Arbeitszeit. Zudem war der Trainer zur persönlichen Leistungserbringung verpflichtet. Ein unternehmerisches Risiko bestand nicht und es gab auch keine erkennbaren unternehmerischen Chancen, das Einkommen durch eigenes Handeln zu steigern.[279]

Scheinselbstständigkeit eines Schiedsrichterassistenten

Schiedsrichter gelten in der Regel als selbstständige Dienstleister. Das Landesarbeitsgericht Köln stellte jedoch fest, dass ein Schiedsrichterassistent weisungsgebunden in eine fremde Arbeitsorganisation eingegliedert ist. Die Annahme einer abhängigen Beschäftigung ergibt sich insbesondere durch vertragliche Vorgaben.

So war der Schiedsrichter vorliegend verpflichtet, die stattfindenden Lehrgänge zu besuchen und sich durch sportliches Training fitzuhalten. Damit werden ihm Pflichten auferlegt, die bis in die private Lebensführung reichen. Der Schiedsrichter war weiterhin verpflichtet, die vom Auftraggeber vorgegebene Kleidung zu tragen.

Nicht nur die vertraglichen Vereinbarungen sind in Betracht zu ziehen, sondern auch die Schiedsrichterordnung des DFB. Von besonderer Bedeutung ist gemäß der Kammer die Ahndungsbefugnis des Auftraggebers in den Fällen, in denen sich der Schiedsrichter

[279] ArbG Gera, Urteil vom 05.06.2024, Az. 4 Ca 700/23

eigentlich vertragsgerecht verhält. Sie schränkt insbesondere die freie Entscheidung des Schiedsrichters, ob er der Zuweisung einer Spielleitung nachkommt, dermaßen ein, dass von einer „Freiwilligkeit" nicht gesprochen werden kann. Aufgrund dieser Regelung birgt eine Absage des Schiedsrichters sogar das Risiko, von der Schiedsrichterliste gestrichen zu werden.

Gegen ein Arbeitsverhältnis spricht nicht, dass eine Grundvergütung nicht vorgesehen ist und der Auftraggeber gemäß der vertraglichen Vereinbarung die Möglichkeit hat, den Schiedsrichter gar nicht einzusetzen. Dies spricht eher dafür, dass es geboten ist, die Schiedsrichter dem Schutz des Arbeitsrechts zu unterstellen.[280]

Scheinselbstständigkeit eines Berufsringers

Die Problematik der Scheinselbstständigkeit betrifft unter Umständen auch Sportler, wie ein Fall vor dem Sozialgericht Mainz zeigt.

Zunächst stellte das Gericht fest, dass für den Bereich des Sports, insbesondere des Amateur-Fußballs, eine weisungsgebundene Eingliederung eines Fußballspielers dann gegeben ist, wenn er sich gegenüber dem Sportverein zur Erbringung fußballsportlicher Tätigkeiten nach Weisungen verpflichtet hat. Typischerweise gegen Zahlung eines Arbeitsentgeltes im Sinne des § 14 SGB IV.

An einer Beschäftigung fehlt es dagegen, wenn zwischen Sportler und Sportverein lediglich mitgliedschaftsrechtliche Bindungen bestehen. Ein wesentliches Indiz (nicht jedoch zwingende Voraussetzung) für eine Beschäftigung im oben genannten Sinne ist eine Bezahlung, die das Maß einer bloßen Aufwandsentschädigung überschreitet.

Im zugrunde liegenden Fall verpflichtete sich ein Berufsringer bei Wettkämpfen und Meisterschaften für den Verein anzutreten und hierfür erhielt er ein Honorar in Höhe von 450 Euro pro Kampf. Gemäß seinem Vertrag war er zudem verpflichtet, die zur Verfügung gestellte Sportbekleidung zu tragen und pfleglich zu behandeln.

Als weiteres Indiz für eine Eingliederung in den Verein sah das Gericht eine Vereinbarung an, nach welcher der Trainer in Absprache mit dem Vereinsvorstand die Zusammensetzung der Mannschaft bestimmte. Zudem hatte der Vorstand oder ein Beauftragter zu

---

[280] LAG Köln, Beschluss vom 16.06.2025, Az. 5 Ta 58/25

jedem Zeitpunkt das Recht, sich über Inhalte des Trainings oder den Leistungsstand bzw. die Wettkampffähigkeit des Sportlers zu überzeugen.

Per Vertrag hatte der Ringer dem Verein die ausschließliche Herstellung von Bild- und/oder Tonaufnahmen während der Wettkämpfe eingeräumt. Eine spezielle Vergütung für die Verwertung der Aufnahmen erhielt der Ringer nicht. Auch eine Punktprämie oder ein Erfolgshonorar sah die vertragliche Gestaltung zwischen Verein und dem Ringer nicht vor.

Der Ringer konnte zudem eine Zusage zu einem Wettkampf nicht ohne Weiteres zurückzunehmen, ohne hierdurch das gesamte Wettkampfergebnis des Vereins zu gefährden. Der Ringer war also mit einer Zusage in den ordnungsgemäßen Ablauf des Sportbetriebs im Rahmen der Ringerbundesliga eingegliedert und konnte somit Ort, Zeit, Dauer und Art seiner Tätigkeit nicht mehr selbst bestimmen.

Nach Auffassung des Gerichts überwiegen in der Gesamtschau die Merkmale für eine abhängige Beschäftigung.[281]

Risiko durch Rahmenkonzept

Erfolgt eine Ausbildung innerhalb eines vorgegebenen Rahmenkonzepts, besteht ein hohes Risiko der Eingliederung in fremde organisatorische Abläufe.

Dies ist der Fall, wenn allein der Auftraggeber den Gesamtkurs mit den verschiedenen Fächern zusammenstellt und hierfür die Dozenten verpflichtet. Die Lehrkraft hat in derartigen Konstrukten keinen Einfluss auf die Zusammensetzung der Teilnehmer und die Zielsetzung des Kurses.[282]

Ein Rahmenkonzept kann bei Lizenzausbildungen der Sportverbände angenommen werden. Werden in diesem Bereich selbstständige Dozenten eingesetzt, muss darauf geachtet werden, dass den Lehrkräften ein deutlich erkennbarer unternehmerischer Spielraum verbleibt, um das starke Indiz der Eingliederung zumindest dergestalt „abzumildern“, dass in der Gesamtwürdigung aller Umstände die Merkmale einer selbstständigen Tätigkeit überwiegen.

So zeigen diese Urteile deutlich, wie unterschiedlich auch ähnliche Sachverhalte von der Rechtsprechung beurteilt werden. Einen „ro-

[281] SG Mainz, Urteil vom 03.04.2025, Az. S 2 BA 24/22
[282] Vgl. BSG, Urteil vom 05.11.2024, Az. B 12 BA 3/23 R

ten Faden" gibt es nicht und so ist der Ausgang solcher Verfahren regelmäßig mehr als ungewiss.

Übergangsregelung

Im Lichte des Herrenberg-Urteils und der hieraus resultierenden verschärften Prüfpraxis der Rentenversicherung entstand insbesondere in der Bildungslandschaft massive Unsicherheit bezüglich der weiteren Beschäftigung von Honorarkräften.

Die Bundesregierung hat daraufhin im BMAS einen Dialogprozess gestartet. Unter Beteiligung der Verbände wurden sechs Arbeitsgruppen eingerichtet:

- Integrations- und Berufssprachkurse
- Musikschulen
- arbeitsmarktpolitische Maßnahmen
- „freie Kurse" an Volkshochschulen
- berufliche Bildung
- Gesundheit/Yoga

Ziel des Prozesses war es, Rechtssicherheit für Auftraggeber und Auftragnehmer herzustellen, um weiterhin die Beschäftigung von Honorarkräften möglich zu machen.

Nach dem ersten Gespräch am 14.06.2024 zeichnete sich zunächst keine zufriedenstellende Lösung ab. Erst eine im Jahr 2025 beschlossene Übergangsregelung brachte ein gewisses Maß an Beruhigung in die Bildungslandschaft. Die bis zum 31.12.2027 geltende Übergangsregelung nach § 127 SGB IV sieht vor, dass in bestimmten Fällen verbindlich von einer selbstständigen Tätigkeit der Honorarkraft ausgegangen wird.

Die ursprüngliche Laufzeit bis zum 31.12.2026 wurde mit Beschluss des Bundestags am 05.03.2026 um ein Jahr auf den 31.12.2027 verlängert (BT-Drs. 21/4522). So tritt die Versicherungspflicht in den Zweigen der Sozialversicherung bei Feststellung einer Beschäftigung durch einen Versicherungsträger erst zum 01.01.2028 ein, wenn

- die Vertragsparteien bei Vertragsabschluss übereinstimmend von einer selbstständigen Tätigkeit ausgegangen sind und
- die Person, die die Lehrtätigkeit ausübt, zustimmt.

Sofern keine solche Feststellung vorliegt und die Vertragsparteien bei Vertragsschluss übereinstimmend von einer selbstständigen Tätigkeit ausgegangen sind und die Lehrkraft gegenüber dem Vertragspartner zustimmt, tritt bis zum 31.12.2027 keine Versicherungs- und Beitragspflicht aufgrund einer Beschäftigung ein.

Eine bestimmte Formvorschrift für die Zustimmungserklärung enthält das Gesetz nicht. Die Zustimmungserklärung ist jedoch auf ein konkretes Vertragsverhältnis zu beziehen.

Auftraggeber haben nun ausreichend Zeit, die Gestaltung der Honorarverträge zu prüfen und insbesondere auch die gelebte Praxis in der Zusammenarbeit mit freien Mitarbeitern anzupassen.

Die am 06.05.2025 ins Amt gestartete Bundesregierung hat sich im Koalitionsvertrag eine umfangreiche Reformierung des Statusfeststellungsverfahrens zur Aufgabe gemacht. Insbesondere soll durch ein schnelleres und transparentes Verfahren Rechtssicherheit für Auftragnehmer und Auftraggeber geschaffen werden.[283]

Welche Verbesserungen tatsächlich erfolgen, bleibt abzuwarten.

12.9.2 Handlungsempfehlungen

Werden im Verein Honorarkräfte beschäftigt, sollte bereits der Vertragstext so abgefasst sein, dass dieser auf eine selbstständige Tätigkeit hindeutet.

Der DOSB hat gemeinsam mit der Deutschen Rentenversicherung Bund, den Spitzenverbänden der Sozialversicherungsträger und dem Haufe Verlag einen speziell für den Sportbereich vorgesehenen Mustervertrag für freie Mitarbeiter entwickelt. Der Vertrag bietet eine Grundlage für eine Vereinbarung mit Honorarkräften, die im Trainingsbetrieb eingesetzt werden. Wichtig ist, dass auch die später gelebte Praxis dem Vertragstext entspricht.

[283] Koalitionsvertrag 2025 – Bundesregierung, S. 15, 16, Tz. 467–471

Tipp:

https://cdn.dosb.de/alter_Datenbestand/fm-dosb/arbeitsfelder/Ausbildung/Freier_Mitarbeiter-Vertrag_als_UEbungsleiter-Sport__2023_.pdf

Je mehr Freiheiten eine Honorarkraft bei der Ausgestaltung der Tätigkeit hat, umso geringer ist das Risiko einer Scheinselbstständigkeit. Vereine sollten also darauf achten, dass

- keine Eingliederung in den Vereinsbetrieb erfolgt (Berichtspflicht, einseitiges Weisungsrecht bezüglich der Arbeitszeiten etc.),
- keine Honorarzahlung im Krankheitsfall erfolgt,
- keine inhaltlichen Weisungen zur Tätigkeit erfolgen,
- kein Urlaubsanspruch besteht,
- keine Verpflichtung zur persönlichen Leistung besteht,
- und die Honorarkraft unternehmerische Freiheiten hat (Einfluss auf Honorar etc.)

Zur Beauftragung einer Honorarkraft ist kein schriftlicher Vertrag vorgeschrieben. Der Auftrag kann somit auch mündlich erteilt werden.

Allerdings ist ein schriftlich abgefasster Honorarvertrag Ausgangspunkt einer Prüfung und kann somit bereits Signalwirkung dahingehend entfalten, ob eine selbstständige oder abhängige Tätigkeit vereinbart wurde.

Statusfeststellungsverfahren

Im Lichte der geplanten Änderungen des Statusfeststellungsverfahrens seitens der Bundesregierung (s. o.) lässt sich nicht eindeutig beantworten, ob ein solches Verfahren aktuell geboten ist. Zumal durch die oben genannte Übergangsregelung zunächst Sicherheit bis zum 31.12.2027 besteht.

Sind sich die Vertragsparteien einig darüber, dass es sich bei der Zusammenarbeit um eine selbstständige Tätigkeit handelt, die gelebte Praxis den Vertragstext abbildet und die Merkmale gemäß dem Kriterienkatalog der DRV mehrheitlich für eine Selbstständigkeit sprechen, kann die Feststellung des Erwerbsstatus durchaus sinnvoll sein. Diese Entscheidung können am Ende nur die Vertragsparteien treffen.

12.10 Übungsleiterpauschale

Die Übungsleiterpauschale ist ein wichtiger Beitrag zur Stärkung der Vereinslandschaft. Geregelt wird die Übungsleiterpauschale in § 3 Nr. 26 EStG. Es handelt sich hierbei um eine Vergünstigung im Sinne des Einkommensteuergesetzes. Die Übungsleiterpauschale wurde durch das Vereinsbesteuerungsgesetz vom 25.06.1980 eingeführt. Die Steuerbefreiung war zunächst auf Tätigkeiten von Übungsleitern beschränkt. Im Lauf der Jahre wurde der Kreis der umfassten Tätigkeiten ständig erweitert. So sind aktuell neben den Übungsleitern auch Tätigkeiten als Chorleiter, Ausbilder, Erzieher, Betreuer oder vergleichbare sowie künstlerische und pflegerische Tätigkeiten begünstigt.

Weitere Beispiele für Einzelfälle begünstigter Tätigkeiten gemäß Schreiben vom Bayerischen Landesamt für Steuern sind:[284]

- Einsatzleiter im Rettungsdienst
- Feuerwehrdienstleistende
- Notärzte im Rettungsdienst
- Rettungsschwimmer
- Rettungssanitäter
- Sporttrainer

Nicht begünstigte Tätigkeiten sind beispielsweise:

- Ausbildung von Tieren
- Dolmetscher
- ehrenamtliche Richter

[284] BayLfSt, Schreiben vom 01.01.2018, Az. S 2121.2.1 – 29/11 St 32

- Verkaufstätigkeiten in Läden
- Bühnenarbeiter

12.10.1 Höchstgrenze der Übungsleiterpauschale

Die Übungsleiterpauschale stellt Einnahmen aus einer begünstigten Tätigkeit bis zu einer Höhe von 3.300 Euro steuerfrei. Hiervon erfasst sind neben Aufwandsentschädigungen alle Einnahmen wie zum Beispiel Honorare und Zahlungen für Verdienstausfall und Zeitverlust. Einnahmen bis zu dieser Höhe stellen kein Arbeitsentgelt im Sinne der Sozialversicherung dar. Demnach bleiben die Beträge auch in der Sozialversicherung beitragsfrei.

Der Übungsleiterfreibetrag ist ein Jahresbetrag. Es findet also keine zeitanteilige Aufteilung statt, wenn die begünstigte Tätigkeit nur wenige Monate ausgeübt wird.

Ist ein Übungsleiter für mehrere Vereine tätig, wird der Freibetrag nur einmal gewährt. Hinzukommt, dass der Übungsleiterfreibetrag nicht übertragbar und somit personenbezogen ist. Eine Übertragung zwischen Ehe- oder Lebenspartnern ist demnach ausgeschlossen.

Ein Abzug von Betriebs- bzw. Werbungskosten, die in unmittelbarem, wirtschaftlichem Zusammenhang mit den steuerfreien Einnahmen stehen, ist nur dann möglich, wenn sowohl die Einnahmen als auch die Ausgaben den jeweiligen Freibetrag übersteigen.

12.10.2 Voraussetzungen nach § 3 Nr. 26 EStG

Die Inanspruchnahme der Übungsleiterpauschale ist an gesetzlich genau definierte Voraussetzungen geknüpft. Als wichtigster Parameter gilt die Nebenberuflichkeit der ausgeübten Tätigkeit. Diese Bedingung ist als erfüllt anzusehen, wenn sie vom zeitlichen Umfang her – bezogen auf das Kalenderjahr – nicht mehr als ein Drittel der Tätigkeit ausmacht, die ein denselben Beruf ausübender Vollerwerbstätiger zu erbringen hat. Die Finanzverwaltung geht von einer maximalen Arbeitszeit von 14 Stunden pro Woche aus (R 3.26 Abs. 2 LStR). Eine zeitlich befristete Haupttätigkeit ist nicht als Nebentätigkeit zu qualifizieren.

Zur Nebenberuflichkeit gehört weiterhin der Aspekt, dass die Tätigkeit nicht mit der Haupttätigkeit verbunden ist. Um diese Voraussetzung zu erfüllen, ist eine klare inhaltliche Abgrenzung zwischen Haupt- und Nebentätigkeit erforderlich.

Beispiel:

Ist eine im Sportverein hauptberuflich angestellte Sportlehrerin im selben Verein als Übungsleiterin tätig, liegt im Ergebnis eine gleichartige zusammenfassende Tätigkeit vor.[285]

Verschiedenartige Tätigkeiten

Insbesondere bei Lehrern liegt eine verschiedenartige Tätigkeit vor, wenn der Unterricht nicht für dieselbe Zielgruppe erfolgt (z. B. tagsüber Unterricht in der Grundschule, abends Unterricht für Erwachsene im Verein oder an der VHS) und der Unterricht deshalb unterschiedlich konzipiert ist, und nicht der Vorbereitung auf den gleichen Abschluss dient (z. B. Unterricht sowohl in Grundschule als auch im Gymnasium). Die Prüfung der Nebenberuflichkeit ist grundsätzlich für jede Tätigkeit getrennt vorzunehmen.

Sofern der Unterricht jedoch für die unterschiedlichen Zielgruppen nicht völlig unterschiedlich konzipiert ist, liegt eine gleichartige Tätigkeit vor.

Gleichartige Tätigkeiten

Bei Dozenten liegt Gleichartigkeit der Tätigkeit vor, wenn der Unterricht für die gleiche Zielgruppe erfolgt oder der Unterricht zwar für unterschiedliche Zielgruppen erfolgt, aber nicht unterschiedlich konzipiert ist. Gleiches gilt in Fällen, in der Unterricht der Vorbereitung auf den gleichen Abschluss dient.

Mehrere gleichartige Tätigkeiten sind zusammenzufassen, wenn sämtliche Tätigkeiten jeweils für sich die Nebentätigkeitsgrenze nicht überschreiten.[286]

Wenn eine der gleichartigen Tätigkeiten für sich allein betrachtet schon eine Haupttätigkeit darstellt, kann jede weitere Tätigkeit nebenberuflich im Sinne des § 3 Nr. 26 EStG sein. In diesen Fällen ist

[285] FG Düsseldorf, Urteil vom 29.02.2012, Az. 7 K 4364/10 L; LSG-Baden-Württemberg, Urteil vom 18.12.2013, Az. L 4 R 1621/14

[286] https://www.finanzamt.bayern.de/Informationen/Steuerinfos/Weitere_Themen/Ehrenamt/Steuerfreiheit-nebenberufliche-Taetigkeit-21-03.pdf [Stand: 20.03.2026]

12 nur dann ein Zusammenfassen der Tätigkeiten erforderlich, wenn die Haupt- und Nebentätigkeit für ein- und denselben Arbeit- bzw. Auftraggeber erfolgt.[287]

Vor dem Einsatz eines Übungsleiters sollten bereits im Vorfeld bestehende Konflikte mit der ausgeübten Haupttätigkeit geprüft und der potenzielle Übungsleiter darauf hingewiesen werden.

Steuerbegünstigte Körperschaften sind dazu verpflichtet, entsprechende Aufzeichnungen zu führen, aus denen sich Art und Umfang der Tätigkeit ergeben.[288]

Gemischte Tätigkeiten

Bei Tätigkeiten, die teilweise begünstigt und teilweise nicht begünstigt sind, werden die Freibeträge nur für den entsprechend begünstigten Teil gewährt (R 3.26 Abs. 7 LStR).

Beispiel:

Ein Übungsleiter ist für den Verein zwei Stunden pro Woche als Jugendtrainer und eine Stunde pro Woche als Platzwart tätig. Zunächst handelt es sich um zwei verschiedenartige Tätigkeiten, die vom Zeitumfang als Nebentätigkeit anzusehen sind.

Die Tätigkeit als Jugendtrainer fällt unter die Begünstigungen des § 3 Nr. 26 Satz 1 EStG. Die Tätigkeit als Platzwart fällt jedoch nicht unter die Regelung. Hier wäre aber die Anwendung der Ehrenamtspauschale nach § 3 Nr. 26a EStG möglich.

Pädagogische Ausrichtung

Welche Tätigkeiten zu den begünstigten im Sinne des § 3 Nr. 26 EStG zählen, ist nach der Art der Tätigkeit zu bestimmen.

Hierzu gehören insbesondere:

- Übungsleiter
- Ausbilder

[287] Ebd.; BFH, Urteil vom 30.03.1990, Az. VI R 188/87
[288] LSG Sachsen-Anhalt, Urteil vom 13.07.2023, Az. L 3 BA 26/21

- Erzieher
- Betreuer
- oder vergleichbare nebenberufliche Tätigkeiten

Gemeinsamer Nenner der im Gesetz genannten Tätigkeiten ist die pädagogische Ausrichtung. Ausbilder, Übungsleiter und Erzieher haben miteinander gemeinsam, dass sie auf andere Menschen durch persönlichen Kontakt Einfluss nehmen, um auf diese Weise geistige und leibliche Fähigkeiten zu entwickeln und zu fördern.[289]

Nach dem möglichen Wortsinn des Gesetzes können deshalb nur solche Tätigkeiten als vergleichbar eingestuft werden, die als charakteristisches Merkmal die Vermittlung von Wissen, Kenntnissen, Fähigkeiten oder Fertigkeiten irgendwelcher Art zum Inhalt haben.[290]

Begünstigt sind außerdem nebenberufliche künstlerische Tätigkeiten oder die nebenberufliche Pflege alter, kranker Menschen oder von Menschen mit Behinderung.

Nach ständiger Rechtsprechung des BFH übt ein Steuerpflichtiger eine künstlerische Tätigkeit im Sinne von § 18 Abs. 1 Nr. 1 EStG nur dann aus, wenn er eine schöpferische Leistung mit einer gewissen Gestaltungshöhe vollbringt, das heißt eine Leistung, in der seine individuelle Anschauungsweise und seine besondere Gestaltungskraft klar zum Ausdruck kommt.[291]

Mit dem Begriff der Pflege ist nicht nur die körperliche Pflege gemeint. Daher ist der Pflegebegriff weit auszulegen und umfasst beispielsweise auch die hauswirtschaftliche Betreuung wie etwa die Unterstützung bei häuslichen Verrichtungen und beim Einkaufen.[292]

Begünstigte Arbeitgeber

Eine Beschäftigung unter Anwendung der Übungsleiterpauschale ist nur bei denjenigen Arbeitgebern/Auftraggebern zulässig, die im Gesetz genannt werden:

---

289 BFH, Urteil vom 23.01.1986, Az. IV R 24/84
290 FG Nürnberg, Urteil vom 15.04.2015, Az. 5 K 1723/12
291 Vgl. BFH, Urteil vom 04.11.2004, Az. IV R 63/02
292 FG Hamburg, Urteil vom 23.03.2006, Az. II 317/04

- juristische Personen des öffentlichen Rechts (z. B. Bund, Länder, Gemeinden, IHK, Universitäten, Handwerks- oder Ärztekammern, Sozialversicherungsträger)
- Körperschaften nach § 5 Abs. 1 Nr. 9 KStG (z. B. Körperschaften, Personenvereinigungen, Stiftungen, Vermögensmassen, die nach Satzung und tatsächlicher Geschäftsführung ausschließlich und unmittelbar gemeinnützige, mildtätige oder kirchliche Zwecke verfolgen, z. B. Sportvereine, Heimat- und Brauchtumsvereine)

Nicht begünstigt sind Tätigkeiten beispielsweise für Berufsverbände (Arbeitgeberverband, Gewerkschaften) oder Parteien.

Die Tätigkeit muss im ideellen Bereich oder in einem Zweckbetrieb der steuerbegünstigten Körperschaft ausgeübt werden. Nicht begünstigt wird die Tätigkeit in einem steuerpflichtigen, wirtschaftlichen Geschäftsbetrieb (Trainer einer Mannschaft der 1. Bundesliga).

12.10.3 Überschreitung der Übungsleiterpauschale

Der Verdienst eines Übungsleiters ist nicht auf den in § 3 Nr. 26 EStG genannten Betrag begrenzt. Überschreitet demnach ein als Selbstständiger einzustufender Übungsleiter den Freibetrag, ist der hierüber hinausgehende Betrag im Rahmen von Einkünften aus selbstständiger Arbeit durch den Übungsleiter zu versteuern.

Übungsleiterpauschale und Minijob

Denkbar ist auch die Kombination aus Übungsleiterpauschale und Minijob. Hierbei kann die Übungsleiterpauschale entweder monatlich oder am Stück angerechnet werden.

Bei der monatlichen Abrechnung wird der Freibetrag gleichmäßig auf zwölf Monate verteilt. Zusammen mit der monatlichen Vergütung aus dem Minijob werden monatlich gleichmäßig über das Jahr verteilt 878 Euro ausgezahlt.

Soll die Abrechnung en bloc erfolgen, wird der gesamte Freibetrag zu Beginn des Jahres oder zu einem beliebigen Zeitpunkt angesetzt.

Hierzu ein Rechenbeispiel:

Beispiel:

Ein Übungsleiter arbeitet als Minijobber das komplette Jahr über im Verein und verdient monatlich 878 Euro. Der Verein als Arbeitgeber entscheidet sich, die Übungsleiterpauschale zu Beginn des Jahres in einem Betrag zu berücksichtigen.

- Verdienst (878 Euro × 12) 10.536 Euro
- Jährlicher Freibetrag 3.300 Euro
- Sozialversicherungsrechtliches Entgelt 7.236 Euro
- Regelmäßiges monatliches Arbeitsentgelt (7.236 Euro : 12) 603 Euro

Vorliegend beläuft sich der durchschnittliche monatliche Verdienst auf 603 Euro und es liegt ein Minijob vor.

Die Berechnung zur Anmeldung bei der Minijobzentrale gestaltet sich wie folgt.

Monat	Verdienst	Ausgeschöpfter Freibetrag
Januar	878 Euro	878 Euro
Februar	878 Euro	1.756 Euro
März	878 Euro	2.634 Euro
April	878 Euro	3.300 Euro
Mai	878 Euro	
Juni bis Dezember	878 Euro	

Der Verein muss den Übungsleiter zum 01.04. als Minijobber bei der Minijobzentrale anmelden und für diesen Monat ein Arbeitsentgelt in Höhe von 212 Euro melden. Ab dem Monat Mai sind die pauschalen Abzugsbeträge für Minijobber von einem Arbeitsentgelt in Höhe von 878 Euro zu zahlen.[293]

Die Variante, den Freibetrag zunächst en bloc auszuschöpfen, bietet sich insbesondere in den Fällen an, in denen noch nicht klar ist, ob die Übungsleiterpauschale überhaupt vollständig in Anspruch ge-

293 https://magazin.minijob-zentrale.de/uebungsleiter-ehrenamt-steuerfreie-vorteile-minijob/#verdienst-hoeher-als-pauschale-wie-wird-das-mit-dem-minijob-kombiniert [Stand: 20.03.2026]

nommen wird. So erspart man sich eine unnötige Anmeldung bei der Minijobzentrale.

Durch die Erhöhung des Mindestlohns im Jahr 2027 auf 14,60 Euro steigt die Verdienstgrenze auf 633 Euro. Die dann gültigen Werte können einfach in die vorstehende Berechnung übertragen werden.

12.11 Ehrenamtspauschale

Durch das Ehrenamtstärkungsgesetz vom 10.10.2007 wurde mit § 3 Nr. 26a EStG eine Neuregelung zur Förderung ehrenamtlicher Tätigkeiten geschaffen. Die neu geschaffene Ehrenamtspauschale stellt Einkünfte bis zu einer Höhe von 960 Euro (ab 2026, zuvor 840 Euro) pro Jahr steuerfrei.

12.11.1 Voraussetzungen

Im Unterschied zur Übungsleiterpauschale kann der Freibetrag im Sinne des § 3 Nr. 26a EStG für sämtliche Tätigkeiten im gemeinnützigen, mildtätigen und kirchlichen Bereich in Anspruch genommen werden. Die zuvor beschriebene pädagogische Ausrichtung als Voraussetzung zur Inanspruchnahme des Übungsleiterfreibetrags findet demnach keine Anwendung. Eine Inanspruchnahme wäre beispielsweise für folgende Tätigkeiten im Verein möglich:

- Tätigkeit im Vorstand (Achtung: Satzungsregelung erforderlich!)
- Bürotätigkeit
- Tätigkeit als Platzwart
- Tätigkeit als Reinigungskraft
- Zeugwart
- Hausmeister im Vereinsheim

Auch für die Ehrenamtspauschale gilt, dass eine Tätigkeit im wirtschaftlichen Geschäftsbetrieb nicht begünstigt ist. Hier ist z. B. an die Unterstützung des Caterings im Rahmen einer geselligen Veranstaltung des Vereins zu denken (z. B. Weihnachtsfeier). Es wird zudem verlangt, dass die Vergütung nicht unangemessen hoch ist und einem Fremdvergleich standhält. Mit diesem wird geprüft, ob der gezahlte Betrag auch einem Nichtmitglied für die gleiche Tätigkeit bezahlt worden wäre.

Die Nebenberuflichkeit wird auch bei Inanspruchnahme der Ehrenamtspauschale vorausgesetzt. Es ist ferner darauf zu achten, dass für die gleiche Tätigkeit (z. B. als Jugendtrainer) nicht zusätzlich zum Übungsleiterfreibetrag die Ehrenamtspauschale in Anspruch genommen wird.

Der BFH hat klargestellt, dass die Steuerbefreiung auch dann zur Anwendung kommt, wenn der Steuerpflichtige nebenberuflich aufgrund eines förmlichen Bestellungsakts nach außen für eine juristische Person des öffentlichen Rechts als deren Vertreter im Aufsichtsrat einer kommunalen Gesellschaft auftritt und das Entgelt für die begünstigte Tätigkeit nicht von der juristischen Person selbst gezahlt wird.

Denn die Steuerbefreiung nach § 3 Nr. 26a EStG stellt tatbestandlich nicht darauf ab, aus welchem Vermögen das Entgelt für die begünstigte Tätigkeit entrichtet wird. Insofern muss – anders als beispielsweise bei § 3 Nr. 12 EStG – das Entgelt nicht aus dem Vermögen der auftraggebenden juristischen Person des öffentlichen Rechts stammen.

Der BFH stellt weiterhin klar, dass § 3 Nr. 26a EStG nach Sinn und Zweck sowie nach dem Willen des Gesetzgebers dahingehend auszulegen ist, dass sich der Satzteil „zur Förderung gemeinnütziger, mildtätiger und kirchlicher Zwecke" (§§ 52 bis 54 AO) nicht auf eine Tätigkeit im Auftrag oder im Dienst einer juristischen Person des öffentlichen Rechts bezieht.[294]

Das Urteil erging noch vor Inkrafttreten des Steueränderungsgesetzes 2025.

Durch den geänderten Wortlaut der Vorschrift ist mit Wirkung zum 01.01.2026 ausdrücklich auch für Tätigkeiten im Auftrag oder im Dienst einer juristischen Person des öffentlichen Rechts die Förderung gemeinnütziger, mildtätiger und kirchlicher Zwecke zwingende Voraussetzung.

294 BFH, Urteil vom 08.05.2024, Az. VIII R 9/21

Praxis-Tipp:

Das Urteil bietet gemeinnützigen Organisationen, die Übungsleiter oder Ehrenamtliche einsetzen und das Entgelt unter den Voraussetzungen des § 3 Nr. 26, 26a EStG zahlen, die Möglichkeit, die Bezahlung von Dritter Seite vornehmen zu lassen. Hier ist vornehmlich an Sponsoren zu denken, die sich in der betreffenden Körperschaft engagieren möchten.

Eine Kombination mit einem Minijob ist bei Überschreitung der Ehrenamtspauschale nach dem gleichen Prinzip möglich, wie es im Abschnitt zur Übungsleiterpauschale beschrieben wird.

12.11.2 Kombination beider Pauschalen

Eine Kombination von Übungsleiter- und Ehrenamtspauschale ist jedoch zulässig, wenn es sich um zwei unterschiedliche Tätigkeiten handelt. So kann ein Mitglied für seine Tätigkeit als Trainer die Pauschale nach § 3 Nr. 26 EStG in Anspruch nehmen und gleichzeitig für seine Tätigkeit als Platzwart die Ehrenamtspauschale nach § 3 Nr. 26a EStG geltend machen.

Beide Tätigkeiten müssen eindeutig getrennt und gesondert vergütet werden. Um diesbezüglich Klarheit zu schaffen, sind entsprechende Verträge für jede Tätigkeit gesondert abzufassen.

Vereinssatzung

13

13.1 Grundsätze

Die Satzung kann durchaus als Kerndokument für die Arbeit im Verein angesehen werden. Die Vereinssatzung wird auch als Vereinsverfassung bezeichnet. In ihr finden sich alle relevanten Regelungen und Bestimmungen, passgenau für den jeweiligen Verein. Was in der Satzung nicht geregelt ist, kann im Verein auch nicht stattfinden.

Bei der Ausgestaltung einer Vereinssatzung sind unterschiedliche Gesetze und Vorschriften zu beachten. So regeln BGB und Abgabenordnung, welche Bestimmungen gesetzlich vorgeschrieben sind und welche dieser Normen an den jeweiligen Verein individuell angepasst werden können.

13.2 Ausgestaltung

13.2.1 Satzung gemäß BGB

In § 25 BGB wird die Vereinssatzung als Verfassung bezeichnet. Durch den Begriff wird die Relevanz der Satzung deutlich.

Das BGB definiert die Mindesterfordernisse an die Vereinssatzung (§ 57 BGB). Demnach müssen folgende Angaben zwingend enthalten sein:

- Vereinszweck
- Vereinsname
- Vereinssitz
- Eintragungswille

Gemäß § 57 Abs. 2 BGB soll sich der Name deutlich von denen anderer an demselben Ort oder in derselben Gemeinde eingetragenen Vereine unterscheiden. Zudem gilt der Grundsatz der Namenswahrheit und -klarheit. So darf ein Name insbesondere nicht zu Irreführungen verleiten. Enthält der Vereinsname Angaben, die geeignet sind, über die Verhältnisse des Vereins, die für die angesprochenen Verkehrskreise wesentlich sind, irrezuführen, ist der Name durch das Registergericht zu beanstanden.[295]

Das OLG Brandenburg (a. a. O.) sieht eine Irreführung in der Verwendung einer vom Gründungsjahr abweichenden Jahreszahl. Ebenso

---

[295] OLG Brandenburg, Beschluss vom 25.02.2011, Az. 7 Wx 26/10

ist der Zusatz „Bundesverband“ geeignet, über die tatsächliche Größe des Vereins zu täuschen.[296]

Keine Täuschung liegt vor bei der Verwendung des Zusatzes „Akademie“.[297]

13.2.2 Sollinhalt

Welche Inhalte die Satzung neben den verpflichtenden Inhalten des § 57 Abs. 1 BGB enthalten soll, ist in § 58 BGB geregelt. Genügt die Satzung nicht den Erfordernissen der §§ 56 bis 58 BGB, ist die Eintragung gemäß § 60 BGB zurückzuweisen. Fehlende Bestimmungen sind zur Erlangung der Eintragungsfähigkeit zu ergänzen.[298]

Die Satzung soll gemäß der Vorschrift Bestimmungen enthalten

- über den Ein- und Austritt der Mitglieder,
- ob und welche Beträge von den Mitgliedern zu leisten sind,
- über die Bildung des Vorstands,
- über die Voraussetzungen, unter denen die Mitgliederversammlung zu berufen ist,
- über die Form der Berufung und
- über die Beurkundung der Beschlüsse.

13.2.3 Sinnvolle Regelungen

Für die Praxis empfiehlt es sich, die Satzung passgenau auf den Bedarf des jeweiligen Vereins zuzuschneiden. Hierdurch kann die Arbeit im Verein optimal geregelt werden und so manches Problem lässt sich so bereits an dieser Stelle vermeiden.

Insbesondere erscheinen folgende Regelungen als sinnvoll:

- Regelungen über die Aufnahme (Probezeit etc.)
- Regelungen zum Ausschluss aus dem Verein
- bei Bedarf Regelung zum vereinsinternen Rechtsweg
- Zuständigkeiten des Vorstands
- eventuelle Beschränkungen des Vorstands

---

296 LG Traunstein, Urteil vom 28.01.2008, Az. 4 T 3931/07
297 KG Berlin, Urteil vom 26.10.2004, Az. 1 W 295/04
298 OLG Düsseldorf, Urteil vom 12.08.2020, Az. 3 Wx 130/19

- Haftungsbeschränkungen
- Mehrheitsverhältnisse bei Abstimmungen
- Übertragbarkeit der Mitgliedschaft

13.3 Ausschluss aus dem Verein

Der Ausschluss aus dem Verein stellt als Ultima Ratio die schwerste Vereinsstrafe dar. Dieser sollte daher nur in den Fällen erfolgen, wo entsprechend gewichtige Gründe den Ausschluss alternativlos erscheinen lassen.

Im Gesetz ist der Vereinsausschluss nicht geregelt, insofern richtet sich das Ausschlussverfahren nach den hierzu festgelegten Bestimmungen in der Satzung. Fehlt es an einer Regelung, käme ein Ausschluss aus wichtigem Grund nach § 314 Abs. 1 BGB in Betracht, da es sich bei der Mitgliedschaft um ein Dauerschuldverhältnis handelt.[299]

Demzufolge unterliegt ein Ausschluss aus wichtigem Grund der vollständigen gerichtlichen Überprüfung. Der wichtige Grund ist nicht definiert und daher immer anhand einer Einzelfallbetrachtung zu bestimmen. In der Praxis erweist sich somit das Fehlen einer genauen Satzungsregelung als problematisch.

Die Vereinsautonomie genießt als Teil der Vereinigungsfreiheit den Schutz des Art. 9 Abs. 1 GG. Hieraus folgt für Vereine insbesondere auch das Recht, gegenüber den Mitgliedern nach Maßgabe der Satzung Vereinsstrafen zu verhängen und sie aus dem Verein auszuschließen.[300]

Um Klarheit über die Bedingungen zum Ausschluss zu schaffen, sollte die Satzung zum einen die Ausschlussgründe genau benennen, zum anderen das einzuhaltende Verfahren definieren. Das Ausschlussverfahren muss nach gefestigter Rechtsprechung des BGH den elementaren rechtsstaatlichen Grundsätzen genügen. Hierzu gehört unter anderem der Anspruch auf rechtliches Gehör.

Dem ausgeschlossenen Mitglied ist demnach eine Möglichkeit zu geben, zum Ausschluss Stellung zu nehmen. In der Satzung kann hierzu eine Schiedsstelle benannt werden. Vielfach wird die Beschwerdestelle in Form eines Ehrenrats eingerichtet. Insofern gilt

[299] BGH, Urteil vom 12.09.1989, Az. II ZR 30/89
[300] BGH, Urteil vom 20.06.2023, Az. VI ZR 207/22

der Grundsatz audiatur et altera pars auch in einem Ausschlussverfahren im Verein.

Das ausgeschlossene Mitglied kann über eine Feststellungsklage nach § 256 ZPO die Unwirksamkeit des Beschlusses geltend machen. Diese Möglichkeit besteht jedoch erst dann, wenn der vereinsinterne Rechtsweg bereits vollumfänglich ausgeschöpft wurde.

Gerichtlich überprüft wird zunächst, ob die Maßnahme eine Stütze im Gesetz oder in der Satzung hat. Zur Prüfung gehört auch die Frage, ob der vereinsinterne Verfahrensweg eingehalten wurde. Nicht zuletzt wird überprüft, ob die Tatsachen, die dem Ausschluss zugrunde gelegt wurden, bei objektiver und an rechtsstaatlichen Grundsätzen ausgerichteter Ermittlung zutreffend festgestellt wurden und ob der Ausschluss grob unbillig oder willkürlich ist (BGH, a. a. O.).

Ob eine Strafe grob unbillig ist, hängt davon ab, ob sachliche Gründe die Verhängung gerade dieser Vereinsstrafe rechtfertigen. Zu berücksichtigen ist hierbei einerseits der vom Verein verfolgte Zweck, andererseits das Ausmaß des Ordnungsmittels für das ausgeschlossene Mitglied, sei es in wirtschaftlicher Hinsicht, aber auch im Hinblick auf dessen Ansehen in der Öffentlichkeit. Insofern ist eine offenbare Unbilligkeit bei einem groben Missverhältnis zwischen Verfehlung und verhängter Strafe gegeben.

Der Maßstab zur Prüfung, ob eine Vereinsstrafe willkürlich ist, richtet sich danach, ob der Gleichbehandlungsgrundsatz beachtet worden ist. Wenn mehrere Vereinsmitglieder gegen denselben Vereinsstraftatbestand verstoßen haben, wäre es willkürlich, wenn einige Mitglieder ohne sachlichen Grund ausgeschlossen werden, andere hingegen nicht. Demnach muss auf gleiches Fehlverhalten mit gleichen Sanktionen geantwortet werden.[301]

Welche Gründe letztendlich einen Ausschluss rechtfertigen, wird in der Satzung definiert. Die folgende Auflistung soll als Beispiel verstanden werden, da sich die Gründe immer auch am jeweiligen Verein und dessen Strukturen orientieren:

- grober Verstoß gegen die Satzung und Ordnung
- Verstoß gegen die Grundsätze der Kinder- und Jugendarbeit

[301] OLG Düsseldorf, Beschluss vom 09.04.2025, Az. 13 U 131/24

- vereinsschädigendes Verhalten durch Äußerungen extremistischer oder verfassungsfeindlicher Art
- wiederholte Nichtzahlung der Beiträge und Umlagen

In der Satzung sollte der folgende Passus enthalten sein:

> Während des Ausschlussverfahrens ruhen die Mitgliedschaftsrechte. Der Einspruch gegen den Ausschluss hat keine aufschiebende Wirkung.

In der Satzung sollte auch geregelt werden, wer über einen Ausschluss entscheidet. Praktikabel ist eine Kombination aus Mitgliederversammlung und Vorstand mit den folgenden Regelungen:

> Ein Mitglied kann durch einfachen Mehrheitsbeschluss der Mitgliederversammlung aus dem Verein ausgeschlossen werden.
>
> Der Vorstand kann ebenfalls mit einfacher Mehrheit den Ausschluss eines Mitglieds beschließen.

Zusätzlich sollte die Satzung regeln, wie dem ausgeschlossenen Mitglied der Beschluss zugänglich gemacht wird:

> Der Beschluss über den Ausschluss aus dem Verein ist dem Mitglied in Textform zuzusenden.

Denkbar wäre zudem eine Regelung, dass über den endgültigen Ausschluss die nächste Mitgliederversammlung entscheidet.

13.4 Satzungszwecke

Der überwiegende Teil der Vereine hat bereits eine klare Vorstellung darüber, welche Aktivitäten in der Körperschaft entfaltet werden sollen. Bei Vereinsgründung gilt es, diese Vorhaben als Zweck in der Satzung zu verankern. Mit Blick auf die Gemeinnützigkeit enthält die Abgabenordnung in § 52 Abs. 2 AO einen abschließenden Katalog mit anerkannten Zwecken. Zu den bekanntesten Zwecken gehören beispielsweise die Förderung von Kunst und Kultur und die Förderung des Sports.

§ 53 AO regelt die Bedingungen zur Verfolgung mildtätiger Zwecke, § 54 AO enthält die wesentlichen Vorschriften zu den kirchlichen Zwecken.

Die Satzungszwecke sind die oberste Leitlinie des Vereins und bestimmen dessen Prägung.

13.4.1 Anforderungen an die Satzung nach AO

Der Gesetzgeber bestimmt in § 60 Abs. 1 AO, dass die Satzungszwecke und die Art ihrer Verwirklichung eindeutig bestimmt sein müssen. Nur so ist anhand der Satzung eine Prüfung möglich, ob die Voraussetzungen für Steuervergünstigungen gegeben sind. Hierzu ein Beispiel:

Beispiel:

Der Musterstadt e. V. hat in seiner Satzung folgende Formulierung abgefasst:

Vereinszweck ist die Förderung der Allgemeinheit. Der Zweck wird auf unterschiedliche Art verwirklicht.

Die Formulierung entspricht nicht den Vorgaben der Abgabenordnung, da zum einen nicht deutlich wird, welcher Zweck präzise verfolgt wird. Zum anderen ist der Formulierung auch nicht zu entnehmen, wie genau die Satzungszwecke eigentlich verwirklicht werden sollen.

Die Formulierung könnte zum Beispiel wie folgt ausgestaltet werden:

Vereinszweck ist die Förderung von Kunst, Kultur und Musik. Die Satzungszwecke werden insbesondere verwirklicht durch Veranstaltung von Konzerten, Unterhaltung einer Musikschule, Förderung von Künstlern mit Sach- oder Finanzmitteln, Organisation von Ausstellungen und Lesungen.

Die vorstehend skizzierte Satzungsregelung ermöglicht es der Finanzverwaltung, die Voraussetzungen für Steuervergünstigungen zu prüfen.

13.4.2 Mustersatzung

Die Finanzverwaltung hat eine Mustersatzung (siehe Anhang) herausgegeben, in der alle steuerlich relevanten Angaben enthalten sind. Die Mustersatzung kann demnach als Grundlage zur Ausgestaltung einer individuellen Vereinssatzung herangezogen werden.

Die Reihenfolge der einzelnen Punkte ist nicht zwingend. Allerdings würde eine komplette Neuordnung der Satzungspunkte nicht unbedingt zur Übersichtlichkeit und zum logischen Aufbau beitragen.

Aus steuerlicher Sicht mit Blick auf die Gemeinnützigkeit sind insbesondere die folgenden Punkte zwingend aufzuführen:

- Aussage darüber, dass der Verein ausschließlich und unmittelbar gemeinnützige Zwecke verfolgt
- genaue Bezeichnung des Vereinszwecks
- Art der Verwirklichung der Zwecke
- Aussage über die selbstlose Tätigkeit des Vereins (keine Verfolgung eigenwirtschaftlicher Zwecke)
- Aussage über die ausschließliche Mittelverwendung für satzungsmäßige Zwecke
- Festlegung der Vermögensbindung bei Auflösung des Vereins

13.5 Änderung der Satzung

Welche Mehrheiten für einen Beschluss über eine Satzungsänderung erforderlich sind, regelt üblicherweise die Satzung. Findet sich in ihr keine Regelung hierzu, gelten die Vorgaben des § 33 BGB. Die Norm bestimmt, dass für eine Änderung der Satzung eine Mehrheit von drei Vierteln der abgegebenen Stimmen erforderlich ist (§ 33 Abs. 1 BGB). Gemäß § 40 BGB gehört § 33 BGB zu den sogenannten nachgiebigen Vorschriften. Für die Praxis im Verein ist somit die Möglichkeit eröffnet, andere Mehrheitsverhältnisse in der Satzung festzulegen.

Bei der Festlegung der erforderlichen Mehrheit ist unbedingt Augenmaß zu empfehlen. Da eine Satzungsänderung unter Umständen weitreichende Auswirkungen auf den Verein und seine Mitglieder hat, sollte die Majorität nicht zu niedrig angesetzt werden. Die im Gesetz geregelte Dreiviertelmehrheit ist durchaus sinnvoll.

13.5.1 Änderung des Vereinszwecks

Auch hier richtet sich der erste Blick auf die Regelungen der Vereinssatzung. Findet sich keine Aussage zu den erforderlichen Mehrheiten, ist § 33 Abs. 1 Satz 2 BGB einschlägig. Die Norm bestimmt, dass eine Zweckänderung nur durch Zustimmung aller Mitglieder beschlossen werden kann. Die Zustimmung der nicht erschienenen Mitglieder hat schriftlich zu erfolgen.

Diese Regelung erweist sich in der Praxis als äußerst schwierig, da es regelmäßig kaum möglich ist, alle Vereinsmitglieder zur Teilnahme an der Versammlung zu bewegen. Deshalb sollte die Satzung diesbezüglich geprüft und – sofern noch nicht vorhanden – eine praktikable Mehrheit in der Satzung verankert werden. Analog zur Satzungsänderung ist die Dreiviertelmehrheit der abgegebenen Stimmen der erschienenen Mitglieder durchaus üblich.

Eine Musterformulierung könnte lauten:

> Für die Änderung des Vereinszwecks ist eine Mehrheit von drei Vierteln der abgegebenen Stimmen erforderlich. Es zählen nur die Stimmen der erschienenen Mitglieder.

Der Gesetzgeber hat mit der Unterscheidung des § 33 Abs. 1 Satz 1 und 2 BGB herausgestellt, dass aufgrund der Relevanz unterschiedliche Majoritäten für die Satzungs- bzw. Zweckänderung gelten sollen. Gleichwohl gehört § 33 BGB zu den nachgiebigen Vorschriften im Sinne des § 40 BGB. Hierdurch soll den Vereinen im Rahmen der Vereinsautonomie ein großer Gestaltungsspielraum bei der Ausgestaltung der erforderlichen Mehrheiten ermöglicht werden.

In der Literatur und Rechtsprechung wird die Auffassung vertreten, dass eine Satzungsänderung, die sich auf die Majorität zur Zweckänderung auswirkt, die Zustimmung aller Mitglieder erfordert. Allerdings sollen solche Satzungsänderungen immer dann mit der in der Satzung festgelegten Mehrheit wirksam zu beschließen sein, wenn sich aus dem Wortlaut oder Sinn unzweifelhaft der Regelungsgehalt der zu beschließenden Satzungsregelung ergibt.[302]

Insofern ist bei einer geplanten Satzungsänderung, die sich auf das Quorum zur Zweckänderung auswirkt, darauf zu achten, dass den Mitgliedern transparent und verständlich die Konsequenzen einer derartigen Änderung mitgeteilt werden.

302 Vgl. BGH, Beschluss vom 11.11.1985, Az. II ZB 5/85; OLG Nürnberg, Beschluss vom 05.10.2022, Az. 12 W 2303/22

13.5.2 Auslegung der Satzung

13

Gemäß dem Beschluss des OLG Düsseldorf ist für die Beurteilung, ob eine Zweckänderung oder eine Satzungsänderung vorliegt, die Satzung des Vereins auszulegen. Diese Auslegung hat objektiv, lediglich aus dem Inhalt der Satzung heraus zu erfolgen. Willensäußerungen der satzungsbeschließenden Vereinsmitglieder oder sonstige, dem Satzungsinhalt nicht zu entnehmende Umstände spielen für die Auslegung keine Rolle.[303]

13.6 Satzungs- oder Zweckänderung

Der Gesetzgeber unterscheidet in § 33 BGB zwischen einer Änderung der Satzung und einer Zweckänderung. Hierdurch kommt die unterschiedliche Qualität der jeweiligen Änderung zum Ausdruck. Der BGH definiert den Vereinszweck als große Linie, um derentwillen sich die Mitglieder zusammengeschlossen haben, während eine Zweckänderung nur dann vorliegt, wenn sich der Charakter eines Vereins verändert.[304] Im Zweifel ist dem Beschluss nach nur derjenige enge Satzungsbestandteil, in dem die oberste Leitlinie für die Vereinstätigkeit zum Ausdruck kommt, als Vereinszweck im Sinne des § 33 Abs. 1 Satz 2 BGB anzusehen.

Daraus folgt, dass auch Zweckergänzungen oder -beschränkungen keine Änderungen im Sinne von § 33 Abs. 1 Satz 2 BGB darstellen, wenn die bisherige Zweckrichtung aufrechterhalten bleibt.[305] Ebenfalls keine Zweckänderung ist die Anpassung der bisherigen Ziele an den Wandel der Zeit und die Zweckverfolgung mit anderen Mitteln.[306]

Bei der Feststellung des Vereinszwecks ist zu beachten, dass Vereinssatzungen häufig nicht zwischen der eigentlichen – prinzipiell indisponiblen – Zweckbestimmung des Vereins und der – wenn auch mit qualifizierter Mehrheit – grundsätzlich disponiblen näheren Darstellung von Aufgaben und einzuschlagenden Wegen unterscheiden, vielmehr den im allgemeinen Sprachgebrauch weit aus-

303 OLG Düsseldorf, Beschluss vom 28.02.2020, Az. 3 Wx 214/19; OLG Nürnberg, RPfleger 2016, 159

304 BGH, Beschluss vom 11.11.1985, Az. II ZB 5/85

305 OLG Düsseldorf, Beschluss vom 19.02.2022, Az. I-3 Wx 196/19

306 BayObLG, NJW-RR 2001, 1260

gedehnten Begriff des „Zwecks" nicht in rechtlich differenziertem Sinne verwenden.[307]

13.6.1 Zweckentfall oder -ergänzungen

Stellen wir uns einmal einen Kulturverein vor, der gemäß seiner Satzung die Förderung von Kunst, Kultur und Musik verankert hat. Diese Zwecke sollen laut Satzung durch Organisation und Veranstaltung von Konzerten, Theateraufführungen und Lesungen verwirklicht werden. Nachdem der Verein einige Jahre aktiv tätig ist, möchte man nun die musikalische Ausbildung von Kindern, Jugendlichen und Erwachsenen fördern. Hierzu wird eine Musikschule gegründet und in der Satzung der Zusatz festgeschrieben, dass die Zwecke auch durch den musikalischen Unterricht und den Betrieb einer Musikschule verwirklicht werden. Hierbei handelt es sich nicht um eine Zweckänderung, da die Leitlinie des Vereins unverändert erhalten bleibt.

Gleiches gilt, wenn der Kulturverein mangels Nachfrage keine Theateraufführungen mehr organisiert und diesen Punkt aus der Satzung entfernt.

Somit wäre es auch keine Zweckänderung, wenn ein von der Finanzverwaltung als steuerbegünstigt anerkannter Sportverein, der bisher Fußball und Handball fördert, nun noch Volleyball hinzunimmt.

Entscheidet sich der Verein jedoch, anstelle des Sports künftig nur noch die Kultur zu fördern, wird der Charakter des Vereins in der Art verändert, dass es sich um eine Zweckänderung im Sinne des § 33 Abs. 1 Satz 2 BGB handelt, mit der insbesondere kein Mitglied bei seinem Beitritt zum Verein hätte rechnen müssen.[308]

13.6.2 Beispiele aus der Rechtsprechung

Vielfach wird von Registergerichten die Eintragung von Satzungsänderungen mit der Begründung abgelehnt, es würde sich um eine Zweckänderung handeln und hierzu wäre die Zustimmung aller Mitglieder notwendig (sofern die Satzung nicht etwas anderes

---

[307] BGH, Beschluss vom 11.11.1985, Az. II ZB 5/85, BGHZ 96, 245; OLG Nürnberg, Urteil vom 17.11.2015, Az. 12 W 2249/15

[308] OLG Düsseldorf, Beschluss vom 28.02.2020, Az. 3 Wx 214/19; BGHZ, 96, 245; Thüringer OLG, Beschluss vom 22.06.2015, Az. 3 W 240/15

bestimmt). Nachfolgend betrachten wir einige Entscheidungen, in denen Gerichte zu beurteilen hatten, ob lediglich eine Satzungsänderung oder aber eine Zweckänderung vorgelegen hat.

13

Zweckänderungen

- Es liegt eine Zweckänderung im Sinne des § 33 Abs. 1 Satz 2 BGB vor, wenn der bisherige Zweck der Förderung des Kleingartenwesens (der infolge Bebauung tatsächlich unmöglich geworden und auf untergeordnete Restaufgaben, insbesondere die Verwaltung des Vereinsvermögens, zusammengeschrumpft war) abgewandelt wird in Finanzierung, Erstellung und Betrieb einer vereinseigenen Entwässerungsanlage.[309]
- In der ursprünglichen Fassung der Vereinssatzung eines bisher nicht als steuerbegünstigt anerkannten Vereins (Studentenverbindung) wurde als Zweck des Vereins festgelegt, die studentische Verbindung in ideeller und materieller Hinsicht in ihrem Ziel zu unterstützen, die Mitglieder in aufrichtiger Freundschaft zu verbinden und ohne Beeinflussung ihrer politischen, religiösen und wissenschaftlichen Ansichten zu Vertretern eines ehrenhaften Studententums und zu charakterfesten, tatkräftigen und pflichttreuen Persönlichkeiten zu erziehen.

  Per Beschluss der Mitgliederversammlung sollte die Satzung dahingehend geändert werden, dass fortan hilfsbedürftige Studenten, unabhängig von der Zugehörigkeit zur Studentenverbindung, finanziell und insbesondere durch Gewährung einer angemessenen Wohnung gefördert werden sollen. Dieses Ziel soll durch den Betrieb mehrerer Studentenwohnheime verwirklicht werden.[310]
- Eine Zweckänderung liegt auch vor, wenn ein Verein zur Vertretung von Standesinteressen eine Wohlfahrtseinrichtung errichtet und dafür nach Art und Höhe bisher nicht erhobene Beiträge einfordert.[311]

---

309 BGH, Urteil vom 30.11.1967, Az. II ZR 3/66, BGHZ 49, 175

310 LG München I, Urteil vom 21.10.2022, Az. 25 O 2792/22

311 RG JW 1931, 1450

Änderungen ohne Zweckänderung

In den folgenden Beispielen wird nochmal deutlich, dass eine Vielzahl von zurückgewiesenen Eintragungen zu Unrecht erfolgte, weil lediglich eine Änderung der Satzung vorlag.

- Es ist keine Zweckänderung, wenn ein Sportverein in seiner Satzung als Vereinszweck die körperliche Ertüchtigung seiner Mitglieder durch sorgfältige Pflege des Sports verankert hat und eine bestimmte Sportart (hier Rudern) durch Schließung der Abteilung nicht weiterhin unterhält.[312] Ist der Verein ein sogenannter Mehrspartenverein, zum Beispiel Tennis, Fußball, Laufen, und mangels Nachfrage wird entschieden, eine Abteilung zu schließen, liegt keine Zweckänderung im Sinne des § 33 Abs. 1 Satz 2 BGB vor, da die oberste Leitlinie – hier Förderung des Sports – weiterhin bestehen bleibt.
- Ein Verein hat in seiner Satzung die Bekämpfung des unlauteren Wettbewerbs und der Wirtschaftskriminalität im Interesse von Unternehmen, freiberuflich Tätigen und Verbrauchern festgelegt. Die Streichung der Verbraucher aus der satzungsgemäßen Zielbeschreibung stellt keine Zweckänderung dar.[313]
- Die Erweiterung des bisherigen Zwecks eines Tierschutzvereins – die Verhütung von Tierquälereien und Tiermisshandlungen – auf die artgemäße Haltung von Nutztieren und die Erhaltung bedrohter Tierarten ist keine Zweckänderung, da auch hier der Charakter und der Leitsatz des Vereins unberührt bleiben.
- Aus den unterschiedlichsten Gründen kommt eine Verschmelzung mit einem anderen Verein infrage. Werden durch die Verschmelzung die bisherigen Vereinszwecke nicht aufgegeben oder im Rahmen der Verschmelzung unmöglich gemacht, liegt keine Zweckänderung vor.[314]
- Ein Schießsportverein hat in seiner ursprünglichen Fassung der Satzung die Ausübung des Schieß- und Bogensports als übergreifenden Vereinszweck definiert. Die Mitglieder beschließen eine Änderung der Satzung, in der sich als neugefasste Zweckbestimmung lediglich die Ausübung des Bogensports findet. Unter

---

312 BGH, Urteil vom 19.02.2013, Az. II ZR 169/11
313 BGH, Beschluss vom 11.11.1985, Az. II ZB 5/85
314 OLG Hamm, NZG 2013, 388

Schießsport lässt sich der sportliche Umgang mit Schusswaffen und Sportbogen subsumieren. Bogensport ist demzufolge eine Unterart des Sportschießens. Somit bleibt auch nach der beantragten Satzungsänderung der Vereinszweck – hier Schießsport – nach wie vor erhalten.[315]

Bedeutung für die Praxis

Sofern im Verein eine Änderung der Satzung angestrebt wird, kann anhand der folgenden Checkliste Klarheit darüber gewonnen werden, ob es sich eventuell um eine Zweckänderung handeln könnte:

- Ändert sich durch die angedachte Änderung der grundlegende Charakter des Vereins? Ja = Zweckänderung
- Hätten die Mitglieder bei Eintritt in den Verein mit einer derartigen Änderung rechnen können? Nein = Zweckänderung
- Handelt es sich bei der Neuformulierung lediglich um die Ergänzung einer Art der Zweckverwirklichung? Ja = keine Zweckänderung
- Wird lediglich die Streichung einer nicht mehr ausgeübten Tätigkeit vorgenommen? Ja = keine Zweckänderung

Entscheidend ist zudem, dass die Satzung dahingehend überprüft wird, ob sich ein separater Passus zu der erforderlichen Mehrheit bei Zweckänderungen findet (siehe oben).

13.6.3 Eintragung einer Satzungsänderung

Die Vereinssatzung erlangt erst mit der Eintragung beim zuständigen Registergericht ihre Wirksamkeit. Somit ist die Eintragung konstitutiv.

Das zuständige Organ meldet die Satzung nach einem Beschluss der Mitgliederversammlung entsprechend beim Gericht zur Eintragung an. Hierzu sind folgende Unterlagen einzureichen:

- Abschrift des Protokolls aus der Mitgliederversammlung
- aktuelle Fassung der Satzung mit dem geänderten Wortlaut

Gemäß § 77 BGB sind Anmeldungen zum Vereinsregister in öffentlich beglaubigter Form abzugeben. Das bedeutet nach § 129 BGB,

[315] OLG Nürnberg, Beschluss vom 17.11.2015, Az. 12 W 2249/15

dass die Anmeldung schriftlich abgefasst und vom Anmeldenden eigenhändig unterschrieben werden muss. Zudem muss die Unterschrift durch einen Notar oder eine andere dazu befugte Stelle öffentlich beglaubigt sein.

13.6.4 Regelmäßige Prüfung

Dieses Kapitel zeigt deutlich die zahlreichen Gestaltungsmöglichkeiten auf, die es rund um das Thema Zweckänderung gibt. Und diese Möglichkeiten sollten Vereine auch nutzen, um den Verein nach eigenen Vorstellungen ausrichten zu können. Denn nicht wenige Satzungen werden nach der erstmaligen Verabschiedung kaum noch dahingehend geprüft, ob Anpassungen sinnvoll und erforderlich sind.

Datenschutz

14.1 DSGVO

Der Datenschutz ist spätestens seit der Einführung der Datenschutz-Grundverordnung (DSGVO) ein wichtiges Thema in der Vereinsarbeit. Aus der Vorschrift ergeben sich zahlreiche zu beachtende Regelungen in Bezug auf den Umgang mit Mitgliederdaten.

Die DSGVO ist eine Verordnung der Europäischen Union. Sie ersetzt die aus dem Jahr 1995 stammende EU-Datenschutzrichtlinie. Nach einer zweijährigen Übergangsphase ist die DSGVO seit 25.05.2018 wirksam und bildet seitdem den datenschutzrechtlichen Rahmen innerhalb der Europäischen Union.

14.1.1 Ziele

Ein primäres Ziel der Verordnung ist ein Ausgleich zwischen den Interessen der Wirtschaft und den Interessen der Verbraucher mit Blick auf den Umgang und die Nutzung von personenbezogenen Daten. Insbesondere stärkt die DSGVO das Recht auf informelle Selbstbestimmung durch mehr Transparenz und mehr Mitbestimmung der Bürger hinsichtlich ihrer Daten.[316]

Die Verordnung bietet Unternehmen Klarheit über die Möglichkeiten, Kundendaten zu verarbeiten, und schafft so einen Rahmen, innerhalb dessen die zulässige und unzulässige Verarbeitung von Daten abgesteckt ist.

Durch Regelung auf Ebene der Europäischen Union soll ein europaweit einheitliches Datenschutzniveau erreicht werden.

14.1.2 Aufbau

Die DSGVO gliedert sich in insgesamt elf Kapitel und beinhaltet 99 Artikel sowie 173 Erwägungsgründe. Die Erwägungsgründe werden zur Auslegung der eigentlichen Bestimmungen der Rechtsakte, die in den Artikeln enthalten sind, herangezogen.[317]

---

316 Vgl. https://www.bundeswirtschaftsministerium.de/Redaktion/DE/Artikel/Digitale-Welt/europaeische-datenschutzgrundverordnung.html [Stand: 20.03.2026]

317 Deutscher Bundestag, Ausarbeitung PE 6 – 3000 – 83/16

14.2 Wesentliche Regelungen

Nachfolgend werden die wichtigsten Vorschriften mit Bezug zur Vereinsarbeit dargestellt.

14.2.1 Verarbeitung zu Vereinszwecken

Um Daten verarbeiten zu dürfen, bedarf es einer Erlaubnis in Form einer Rechtsgrundlage. In diesem Zusammenhang ist Art. 6 DSGVO von zentraler Bedeutung.

Die Norm bestimmt, dass eine Verarbeitung der Daten in bestimmten Fällen auch ohne eine explizite Zustimmung durch die betroffene Person zulässig ist.

Das ist immer dann der Fall, wenn ein konkreter Vertrag nur dann erfüllt werden kann, wenn bestimmte Daten erhoben werden. Hierbei ist zum Beispiel an die für den Bankeinzug erforderlichen Kontodaten zu denken.

Betrachtet man das Verhältnis der Mitglieder zum Verein, handelt es sich regelmäßig um ein Dauerschuldverhältnis im Sinne des § 314 BGB. Aus diesem Verhältnis ergeben sich gegenseitige Rechte und Pflichten. Um diesen Vertrag aus Sicht des Vereins erfüllen zu können, ist die Erhebung personenbezogener Daten nach Art. 6 Abs. 1 Buchst. b DSGVO zulässig. Zu beachten ist, dass eine hierüber hinausgehende Erhebung nicht zulässig wäre.

Zu den zulässigen Daten zur Vertragserfüllung gehören insbesondere:

- Name, Vorname
- Anschrift
- Geburtsdatum (sofern relevant)
- Kontaktmöglichkeit
- Kontodaten (bei SEPA)

Bei der Erhebung personenbezogener Daten ist immer eine Abwägung der berechtigten Interessen des Vereins zur Verarbeitung und den Rechten der betroffenen Personen vorzunehmen. Für die Zulässigkeit muss im Ergebnis das Interesse des Vereins überwiegen.

14.2.2 Einwilligung

Erfolgt eine Datenverarbeitung nicht auf der Grundlage des Art. 6 Abs. 1 DSGVO, ist zwingend eine Einwilligung von der betroffenen Person einzuholen.

Gemäß Art. 7 DSGVO muss der Verein im Zweifel nachweisen können, dass eine Einwilligung des Mitglieds vorliegt. Daher empfiehlt sich unbedingt eine schriftliche Fixierung.

Erstellt der Verein hierzu eigene Formulare, müssen die Inhalte in einer klaren, einfachen und verständlichen Sprache zugänglich gemacht werden. Für den Unterzeichner muss somit deutlich erkennbar sein, um welche Art von Einwilligung es sich konkret handelt.

Die DSGVO enthält keine Formvorschriften zur Einwilligungserklärung. Unter Rückgriff auf den Erwägungsgrund 32 ist daher auch eine elektronische Einwilligung zulässig. Gefordert wird eine eindeutige und unmissverständliche Handlung, dass die betroffene Person mit der Verarbeitung ihrer Daten einverstanden ist.

Neben der schriftlichen Form ist somit auch eine mündlich abgegebene Erklärung wirksam. Gleiches gilt für eine Einwilligung in elektronischer Form durch Anklicken eines entsprechenden Kästchens (Homepage etc.).

Tipp:

Im Zusammenhang mit der Einwilligung ist es unbedingt erforderlich, einen Hinweis auf die Möglichkeit zum Widerruf gut sichtbar zu platzieren.

14.3 Rechte der Betroffenen

Die DSGVO enthält neben dem Widerspruchsrecht eine Reihe weiterer Betroffenenrechte, die wir nachfolgend betrachten.

14.3.1 Recht auf Auskunft

Das Auskunftsrecht nach Art. 15 DSGVO gesteht den Vereinsmitgliedern umfangreiche Rechte bezüglich einer vom Verein zu erteilenden Auskunft mit Blick auf die Datenverarbeitung zu.

Werden personenbezogene Daten erhoben, kann ein Mitglied Auskunft verlangen über:

- Verarbeitungszwecke
- Kategorien personenbezogener Daten
- Empfänger und Kategorien der personenbezogenen Daten
- Weitergabe an Dritte
- Dauer der Speicherung
- Bestehen eines Rechts auf Berichtigung, Löschung oder Einschränkung der Verarbeitung
- Bestehen eines Rechts auf Beschwerde bei einer Aufsichtsbehörde
- Quelle der Daten, falls diese nicht vom Verein selbst erhoben wurden

Der Verein ist nach Art. 15 Abs. 3 DSGVO zudem verpflichtet, dem Mitglied auf Verlangen eine Kopie sämtlicher personenbezogenen Daten zur Verfügung zu stellen. Der Verein kann für diesen Aufwand ein angemessenes Entgelt verlangen.

Etwas schwieriger gestaltet sich diese Auskunft bei einer elektronischen Anfrage eines Mitglieds. Der Verein muss die Kopie der Daten dann ebenfalls in einem gängigen elektronischen Format zur Verfügung stellen.

Im Erwägungsgrund 68 wird unter dem Begriff „Format" ein strukturiertes, gängiges, maschinenlesbares und interoperables Format subsumiert. Hierunter ist beispielsweise ein vom Verein installiertes Verwaltungssystem zu verstehen, welches einen geschlossenen Mitgliederbereich hat und bei dem der Zugang über ein Passwort erfolgt. Im persönlichen Mitgliederbereich können dann die Daten des jeweiligen Mitglieds, die verarbeitet werden, aufgeführt werden.

14.3.2 Recht auf Berichtigung

Nicht immer werden die Mitgliederdaten korrekt in das Verwaltungssystem des Vereins übernommen. Das liegt zum Teil daran, dass Aufnahmeanträge handschriftlich ausgefüllt werden und nicht jede Handschrift ohne Weiteres zu entziffern ist. So kommt es immer mal wieder zu Buchstaben- oder Zahlendrehern.

Entsprechend haben Vereinsmitglieder nach Art. 16 DSGVO das Recht auf Berichtigung ihrer Angaben.

Tipp:

Um diesem Problem entgegenzuwirken, können Anmeldeformulare in Form einer ausfüllbaren PDF erstellt werden. Diese wird dann am Computer ausgefüllt, ausgedruckt und unterschrieben. Bei einem reinen elektronischen Anmeldeverfahren ist auf eine entsprechende Verschlüsselung zu achten.

14.3.3 Recht auf Löschung

In Vereinen gibt es in der Regel Fluktuation im Mitgliederbestand. Ausscheidende Mitglieder haben gemäß Art. 17 Abs. 1 DSGVO das Recht auf Löschung aller beim Verein gespeicherten personenbezogenen Daten, sofern insbesondere einer der folgenden Gründe zutrifft:

- Datenverarbeitung ist nicht mehr notwendig
- Widerruf der Einwilligung zur Verarbeitung
- Widerruf nach Art. 21 DSGVO
- unrechtmäßige Verarbeitung

Die Pflicht zur Löschung entfällt, soweit die Verarbeitung der Daten aufgrund gesetzlicher Regelungen erforderlich ist. Mit Blick auf die Vereinsarbeit handelt es sich hierbei regelmäßig um die gesetzlich festgelegten Aufbewahrungsfristen von Unterlagen.

Ist die Verarbeitung der Daten im Zusammenhang mit der Geltendmachung, Ausübung oder Verteidigung von Rechtsansprüchen weiterhin erforderlich, entfällt ebenfalls das Recht auf sofortige Löschung.

Sind alle Daten gelöscht, muss die betroffene Person hierüber informiert werden.

14.3.4 Recht auf Einschränkung der Verarbeitung

Nach Art. 18 DSGVO haben betroffene Personen das Recht, unter bestimmten Voraussetzungen eine Einschränkung der Datenverarbeitung zu verlangen. Eine Einschränkung kommt demnach in Betracht, wenn die betroffene Person die Richtigkeit der gespeicherten Daten anzweifelt.

Bis zur vollständigen Prüfung der Daten auf Korrektheit, muss die Verarbeitungstätigkeit eingeschränkt werden. Die Daten dürfen insofern nur gespeichert werden.

Ein weiterer Grund zur Einschränkung liegt bei unrechtmäßiger Verarbeitung der Daten vor oder bei einem eingelegten Widerspruch durch die betroffene Person. Die Verarbeitung muss auch dann eingeschränkt werden, wenn statt einer Löschung der Daten eine Einschränkung verlangt wird.

Technisch können personenbezogene Daten während der Einschränkung vorübergehend auf ein anderes Verarbeitungssystem übertragen oder für die Nutzung gesperrt werden. Um Verwirrungen vorzubeugen, sollte im EDV-System ein entsprechender Hinweis platziert werden, dass die Verarbeitung eines bestimmten Datensatzes vorübergehend eingeschränkt ist.

14.3.5 Widerspruchsrecht

Aus Sicht der betroffenen Personen ist das in Art. 21 DSGVO normierte Widerspruchsrecht eine wichtige Regelung zum Umgang mit den eigenen Daten durch Dritte.

Demnach hat ein Mitglied das Recht, aus Gründen, die sich aus der besonderen persönlichen Situation ergeben, jederzeit der Verarbeitung der Daten gemäß Art. 6 Abs. 1 DSGVO zu widersprechen.

Unmittelbar nach eingelegtem Widerspruch ist die Verarbeitung der Daten im Verein einzustellen. Etwas anderes ergibt sich nur in den Fällen, in denen der Verein zwingende Gründe für die Verarbeitung nachweisen kann, die die Interessen, Rechte und Freiheiten der betroffenen Person überwiegen. Die DSGVO bringt keine Klarheit darüber, wie die aufgezählten Alternativen auszulegen sind bzw. was hierunter genau zu verstehen ist.

Eine weitere Ausnahme zur fortdauernden Datenverarbeitung wird für zulässig erklärt, wenn die Verarbeitung der Geltendmachung, Ausübung oder Verteidigung von Rechtsansprüchen dient.

14.3.6 Recht auf Datenübertragbarkeit

Gemäß Art. 20 DSGVO haben Mitglieder das Recht, vom Verein die zur Verfügung gestellten Daten in einem strukturierten, gängigen und maschinenlesbaren Format zu erhalten, sofern die Verarbeitung mithilfe automatisierter Verfahren (z. B. Vereinssoftware) erfolgt.

Die Vorschrift dient der besseren Kontrolle über die eigenen Daten und erleichtert die Weitergabe an einen anderen Verantwortlichen, beispielsweise bei einem Wechsel eines Sportlers zu einem anderen Verband.

14.4 Meldepflichten

Mit den Mitgliederdaten muss der Verein unter Beachtung der einschlägigen Bestimmungen zum Datenschutz jederzeit sorgfältig umgehen. Eine Datenpanne hat unter Umständen gravierende Folgen für die betroffene Person. Der Schaden kann physischer, materieller oder immaterieller Natur sein.

14.4.1 Schäden aus einer Datenpanne

Geraten personenbezogene Daten in falsche und vielleicht kriminelle Hände, sind insbesondere folgende Schäden denkbar:[318]

- Kontrollverlust über die eigenen Daten
- Diskriminierung
- Identitätsdiebstahl
- Rufschädigung
- Verlust der Vertraulichkeit von Berufsgeheimnissen
- Verlust der Pseudonymisierung
- wirtschaftliche oder gesellschaftliche Nachteile

[318] Vgl. Erwägungsgrund 85

14.4.2 Pflichten des Vereins

Aufgrund der erheblichen Tragweite einer Datenpanne verpflichtet die DSGVO den Verantwortlichen zur unverzüglichen Meldung des Vorfalls bei der Aufsichtsbehörde. Sofern keine unverzügliche Meldung möglich ist, gilt eine Frist von höchstens 72 Stunden.

Zudem ist die durch die Datenpanne betroffene Person unter Zugrundelegung der vorstehend genannten Fristen zu benachrichtigen.

Von dieser Frist kann nach Art. 33 Abs. 1 DSGVO nur in den Fällen abgewichen werden, wenn durch den Datenverlust kein hohes Risiko für die Rechte und Freiheiten der betroffenen Person besteht.

14.4.3 Inhalt der Meldung

Die Meldung an die Aufsichtsbehörde muss die folgenden Informationen enthalten:

a) Art der Datenschutzverletzung, ungefähre Anzahl der betroffenen Personen, Kategorien

b) Name und Kontaktdaten des Datenschutzbeauftragten oder sonstiger Anlaufstellen

c) Beschreibung der wahrscheinlichen Folgen der Datenpanne

d) Beschreibung der ergriffenen Maßnahmen zur Behebung und zur Abmilderung der Folgen

Die Benachrichtigung der betroffenen Person muss gemäß Art. 34 Abs. 2 DSGVO mindestens die vorstehend genannten Punkte b, c und d enthalten.

Unter bestimmten Voraussetzungen besteht keine Pflicht zur Information der betroffenen Person. Die Pflicht entfällt, wenn der Verein technische und organisatorische Sicherheitsvorkehrungen getroffen hat. Hierbei ist zum Beispiel an die Verschlüsselung der Daten zu denken.

Die Informationspflicht entfällt auch, wenn der Verein Maßnahmen durchgeführt hat, die ein hohes Risiko für die betroffene Person entfallen lässt.

Gemäß Art. 34 Abs. 3 Buchst. c DSGVO kann von der Benachrichtigung auch in den Fällen abgesehen werden, wenn diese mit einem unverhältnismäßig hohen Aufwand verbunden wäre. Wichtig: In diesem Fall muss eine öffentliche Bekanntmachung (oder ähnlich wirkende Maßnahme) ergriffen werden.

14.5 Maßnahmen zur Datensicherheit

Es gibt keine Blaupause für ein allgemeingültiges Datenschutzkonzept. Die Vereine unterscheiden sich maßgeblich in Bezug auf die Anzahl der Mitglieder, die Art der notwendigen Daten und somit auch im Gesamtaufkommen der zu verarbeitenden Daten.

14.5.1 Vorgaben der DSGVO

Die wesentlichen Vorgaben zum Schutz der Daten finden sich in Art. 24 DSGVO. Demnach muss die verantwortliche Stelle zunächst einschätzen, wie schwer die Risiken für betroffene Personen im Fall einer Datenpanne sind und mit welcher Wahrscheinlichkeit mit dem Eintritt eines Risikos zu rechnen ist.

Auf dieser Grundlage müssen geeignete technische und organisatorische Maßnahmen zum Schutz der Daten getroffen werden. Verschlüsselung und Zugangsbeschränkungen sind wirksame Maßnahmen zur Vorbeugung eines Datenverlusts. Eine Pseudonymisierung der Daten ist ebenso ein wirksames Mittel zum Datenschutz.

Tipp:
Ändern sich im Verein die mit den Mitgliederdaten befassten Personen, sollten zugehörige Passwörter umgehend geändert werden.

Besteht im Verein noch kein Datenschutzkonzept, sollte der Vorstand möglichst bald Überlegungen anstellen, wie die Vorgaben der DSGVO eingehalten werden können, um nicht Gefahr zu laufen, gegen die Verordnungen zum Datenschutz zu verstoßen.

14.5.2 E-Mail-Verteiler

In der Regel werden die Mitglieder des Vereins über wichtige Dinge per E-Mail informiert. Hierzu werden in der Mitgliederverwaltung entsprechende Verteiler angelegt.

Eine E-Mail-Adresse gehört zu den personenbezogenen Daten und darf daher nicht ohne vorherige Einwilligung Dritten zugänglich gemacht werden. Ein Versenden der E-Mail über einen offenen Verteiler mit Sichtbarkeit aller enthaltenen Empfängeradressen ist somit unzulässig.

Tipp:
Einfache Abhilfe kann durch Verwendung des Adressfelds „bcc" (Blind Carbon Copy) geschaffen werden. Hierdurch bleiben die E-Mail-Adressen anderer Empfänger verborgen.

14.5.3 Veröffentlichung von Personenfotos

Regelmäßig werden in Vereinen Fotos aufgenommen und nicht selten werden diese Aufnahmen ohne Zustimmung der gezeigten Person der Öffentlichkeit zugänglich gemacht. Hierbei gilt es jedoch zu beachten, dass gemäß § 22 KunstUrhG eine Einwilligung der abgebildeten Person für die Veröffentlichung erforderlich ist.

Art. 85 Abs. 1 DSGVO enthält eine Ausnahme für die Verarbeitung von personenbezogenen Daten (hierzu zählen auch Fotoaufnahmen) zu journalistischen Zwecken. Die Vorschrift beinhaltet demnach eine Öffnungsklausel für den nationalen Gesetzgeber, dem insoweit ein weitreichender Spielraum eingeräumt wird (Medienprivileg).

Zur Annahme einer journalistischen Tätigkeit wird ein Mindestmaß an inhaltlicher Bearbeitung gefordert. Das Medienprivileg ist demnach nicht gleichzusetzen mit einem Meinungsprivileg.[319] Der Begriff „journalistisch" ist gemäß BGH zwar weit auszulegen, ist im Ergebnis aber regelmäßig nur Einrichtungen von Presse, Rundfunk und diesen gleichgestellten Medien anzuwenden.[320] Der Verein lässt sich nicht hierunter subsumieren.

Somit bedarf die Veröffentlichung einer Rechtsgrundlage im Sinne des Art. 6 Abs. 1 DSGVO. Neben der Einwilligung (Abs. 1 Buchst. a) kommt auch ein Vertrag nach Abs. 1 Buchst. b oder eine Interessenabwägung gemäß Abs. 1 Buchst. f in Betracht.

---

319 BGH, Urteil vom 12.10.2021, Az. VI ZR 489/19

320 So auch Bayerischer Landtag, Drs. 17/19628, S. 52

14.5.4 Öffentliche Veranstaltung

Während einer öffentlichen Veranstaltung werden regelmäßig Bildaufnahmen angefertigt. Die Zulässigkeit einer Veröffentlichung der Fotos ist im Rahmen einer Interessensabwägung zu beurteilen. Hierbei ist insbesondere der Informationsgehalt einer Bildberichterstattung im Gesamtkontext, in den das Personenbildnis gestellt ist, zu ermitteln.[321]

Gemäß § 23 Abs 1 Nr. 3 KunstUrhG dürfen Bilder ohne Einwilligung verbreitet werden, wenn es sich um Bilder von Versammlungen, Aufzügen oder ähnlichen Vorgängen handelt, an denen die Person teilgenommen hat. Hierunter fallen auch öffentliche Vereins- und Sportfeste.

Der BGH vertritt insbesondere die Auffassung, dass die Regelungen des Kunsturheberrechtsgesetzes auch unter den Bestimmungen der DSGVO fortbestehen (BGH, a. a. O.). Demnach steht das Kunsturheberrechtsgesetz nicht im Widerspruch gegen die DSGVO, sondern fügt sich als Teil der deutschen Anpassungsgesetzgebung in das System der Datenschutz-Grundverordnung ein.

Bezüglich der Veröffentlichung im Internet kann sich eine andere Interessenlage ergeben. Sind Bilder einmal im Netz, können sie nur schwerlich wieder entfernt werden. Diese Tatsache sollte bei einer Abwägung der Interessen immer berücksichtigt werden.

Bei der Veröffentlichung von Kinderfotos muss eine Interessenabwägung besonders sorgfältig vorgenommen werden. Kinder verdienen bei ihren personenbezogenen Daten besonderen Schutz, da sie aufgrund ihrer noch nicht entwickelten geistigen Reife die Risiken und Folgen, die mit einer Verarbeitung der Daten einhergehen, nicht einschätzen können.[322] Stehen die Aufnahmen in unmittelbaren Zusammenhang mit dem Vereinsleben, dürfen die Fotos auch ohne Einwilligung des oder der Sorgeberechtigten veröffentlicht werden. Zu denken ist hier beispielsweise an ein Fußballturnier der F-Jugend.[323]

---

[321] BGH, Urteil vom 07.07.2020, Az. VI ZR 250/19

[322] Vgl. Erwägungsgrund 38 DSGVO; Art. 6 Abs. 1, Satz 1 Buchst. f DSGVO

[323] Vgl. www.lda.bayern.de/media/veroeffentlichungen/FAQ_Bilder_und_Verein.pdf [Stand: 20.03.2026]

Grundsätzlich ist dazu zu raten, mit den Sorgeberechtigten bereits beim Eintritt in den Verein eine eindeutige Regelung bezüglich der Veröffentlichung von Fotos zu treffen. So lassen sich Unklarheiten und Streitigkeiten vermeiden.

14.5.5 Lösungsansatz

Art. 6 Abs. 1 Buchst. b DSGVO erlaubt die Verarbeitung von Daten auf Grundlage eines Vertrags. Betrachtet man die vertragliche Beziehung zwischen Mitglied und Verein, können in der Vereinssatzung alle Regelungen bezüglich der Veröffentlichung von Fotoaufnahmen getroffen werden. Mit dem Beitritt zum Verein und der hiermit erfolgten Anerkennung der Satzung werden diese Regelungen akzeptiert und das Einholen einer gesonderten Einwilligung entfällt.

14.5.6 Bildaufnahmen zu Beweiszwecken

Werden Bildaufnahmen aus Gründen der Beweissicherung angefertigt, ist eine Interessenabwägung vorzunehmen, ob der Eingriff in die Persönlichkeitsrechte im Sinne des § 823 Abs. 1 BGB gerechtfertigt ist.

Vorliegend hatte ein zuvor aus dem Kleingartenverein ausgeschlossenes Mitglied auch nach dem Ausschluss weiterhin die Parzelle genutzt. Um den Aufenthalt in einem späteren Verfahren beweisen zu können, fertigte der Vereinsvorsitzende Fotos an. Hiergegen erhob der Betroffene Klage.

Das OLG Celle kommt zu dem Ergebnis, dass durch die Fotoaufnahmen ein lediglich geringer Eingriff in die Sozialsphäre des ehemaligen Mitglieds stattgefunden hat. Zudem sei die Person während der Gartenarbeit aufgenommen worden, was den typischen Vereinstätigkeiten entspricht.[324]

Das Gericht konstatiert weiterhin, dass sich der Verein ohne die Bildaufnahmen in einem späteren Verfahren in Beweisnot befunden hätte, ob sich der Betreffende auch nach erfolgtem Ausschluss weiterhin auf dem Vereinsgelände aufgehalten hat.

Im Ergebnis waren die Aufnahmen nach Abwägung der widerstreitenden Interessen zulässig.

[324] OLG Celle, Urteil vom 21.03.2024, Az. 5 U 114/23

14.6 WhatsApp-Gruppen

Der Messengerdienst WhatsApp ist aus dem Alltag, insbesondere bei Kindern und Jugendlichen, kaum noch wegzudenken. Auch Eltern nutzen den Dienst regelmäßig zum schnellen Austausch von Informationen oder Fotos.

Ein DSGVO-konformer Einsatz von WhatsApp als offizielle Kommunikationsplattform im Verein ist praktisch nicht möglich. Personenbezogene Daten wie Kontakte der Nutzer werden an den Mutterkonzern übertragen. Verlangt ein Mitglied eine Auskunft im Sinne von Art. 15 DSGVO, kann der Verein seiner Informationspflicht nicht nachkommen, da sich nicht nachvollziehen lässt, wie die Daten von WhatsApp verarbeitet werden.

Verlangt ein Mitglied nach seinem Austritt die Löschung aller Personendaten, kann der Verein zudem nicht sicherstellen, dass gleichsam auch bei WhatsApp alle personenbezogenen Daten gelöscht werden.

Nicht zuletzt steht auch Art. 45 Abs. 1 DSGVO einer Verwendung von WhatsApp als offizielles Vereinsmedium entgegen. Gemäß der Vorschrift ist eine Übermittlung personenbezogener Daten an ein Drittland (Nicht-EU) nur dann zulässig, wenn das Empfängerland ein gleichwertiges Datenschutzniveau aufweist. Das ist bei den USA regelmäßig nicht der Fall.

Den Mitgliedern steht es selbstverständlich frei, eine eigene private WhatsApp-Gruppe zu bilden. Hierzu darf der Verein jedoch keine Kontaktdaten an andere Mitglieder herausgeben. Gleiches gilt für die Kommunikation innerhalb der Trainingsgruppen. Hier steht es den Eltern frei, sich privat in einer Gruppe zu organisieren.

Um eine DSGVO-konforme Nutzung von WhatsApp durch den Verein sicherzustellen, müsste der Verein neben der Zustimmung aller Nutzer auch eine Vereinbarung zur Auftragsverarbeitung im Sinne des Art. 28 Abs. 3 DSGVO mit WhatsApp abschließen. Das ist von einem Verein regelmäßig nicht leistbar.

Insgesamt betrachtet ist WhatsApp mit Blick auf die Vorgaben der DSGVO für die offizielle Kommunikation im Verein nicht geeignet. Konflikte mit der DSGVO sind nicht rechtssicher auszuschließen. Insbesondere auch dadurch, wenn durch den Zugriff von WhatsApp auf das Adressbuch eines Nutzers auch Daten von gespeicherten

Personen an WhatsApp übermittelt werden, ohne dass diese davon Kenntnis haben oder eine Einwilligung erteilt haben.

Tipp:

Das Schweizer Unternehmen Threema GmbH bietet mit dem Messengerdienst „Threema Work" eine praktikable Alternative für die Kommunikation im Verein. Nach eigenen Angaben erfüllt der Messenger die Vorgaben der DSGVO zu 100 Prozent. Insbesondere findet keine automatische Synchronisation mit dem Adressbuch der Nutzer statt.

Im Unterschied zu anderen Messengerdiensten kann Threema Work ohne Angabe einer E-Mail-Adresse oder Telefonnummer genutzt werden. Gemeinnützige Organisationen erhalten einen Rabatt in Höhe von 30 Prozent.[325]

14.7 Löschung und Entsorgung von Daten

Bei der Löschung und Entsorgung personenbezogener Daten muss sorgfältig gearbeitet werden, damit die Daten nach dem Vorgang nicht mehr zugänglich sind.

Wann Daten endgültig gelöscht werden können, ergibt sich zum einen aus gesetzlichen Vorschriften (siehe Aufbewahrungsfristen unter Kapitel 3.2.1) und zum anderen aus den vom Verein festgelegten Löschfristen. Diese werden im Verzeichnis der Verarbeitungstätigkeiten oder in der Satzung festgelegt.

14.7.1 Unterschiedliche Schutzklassen

Abhängig vom jeweiligen Datentyp legt die ISO/IEC 21964 unterschiedliche Schutzklassen fest. Es werden drei Klassen unterschieden:

1. normaler Schutz für interne Informationen und Daten
2. vertrauliche Daten mit hohem Schutzbedarf
3. besonders vertrauliche Daten bzw. geheime Daten mit hohem Schutzbedürfnis

325 Vgl. https://threema.ch/de/faq/edu#:~:text=Ja.,von%2030%25%20auf%20Threema%20Work [Stand: 20.03.2026]

Die in der DIN 66399 enthaltenen Regelungsinhalte wurden mit Wirkung zum August 2018 in die internationale Norm ISO/IEC 21964 überführt und damit in ein internationales Normungsregime integriert.

Im Zuge dieser Überführung und Internationalisierung hat das DIN die nationale Norm im Jahr 2023 formell zurückgezogen. Eine Fortschreibung, Aktualisierung oder anderweitige Weiterentwicklung erfolgt seither nicht mehr.

Aus den unterschiedlichen Schutzklassen ergeben sich gleichsam unterschiedliche Folgen bei einer Datenpanne. Bei einer Verletzung in der Klasse 1 ist als Folge beispielsweise der Identitätsdiebstahl denkbar. In der Klasse 2 ist bereits mit erheblichen Auswirkungen für das Unternehmen zu rechnen. Eine Datenpanne in Klasse 3 würde eine existentielle Bedrohung für das Unternehmen darstellen.

14.7.2 Entsorgung von Datenträgern

Die elektronische Speicherung der Datensätze dürfte der gängigen Vereinspraxis entsprechen. Elektronische Aufzeichnungen bieten schnellen und unkomplizierten Zugriff, ohne eine Vielzahl von Papierseiten durchsuchen zu müssen.

Für die fachgerechte Entsorgung von Datenträgern sollte ein DS-GVO-zertifiziertes Unternehmen beauftragt werden. Eine einfache Löschung der Datenträger reicht regelmäßig nicht aus, um den Zugriff dauerhaft unmöglich zu machen. Keinesfalls dürfen Datenträger achtlos in den Mülleimer geworfen werden. Entscheidend ist hierbei auch immer die im Verein vorhandene Risikostruktur.

14.7.3 Daten in Papierform

Liegen Daten in Papierform vor, reicht ein einfaches Zerreißen der Blätter nicht aus, um die Datensicherheit zu gewährleisten. Hier müssen unbedingt Schredder eingesetzt werden, sofern mit der Entsorgung nicht ein spezialisiertes Unternehmen beauftragt wird.

Die Partikelgröße richtet sich nach den sieben Sicherheitsstufen der ISO/IEC 21964. Für personenbezogene Daten gilt demnach mindestens Stufe 3. Die maximale Partikelgröße beträgt hierbei 320 mm^2.

Werden Plastikarten vernichtet, gilt bei Stufe 3 die gleiche Partikelgröße von 320 mm^2.

14.8 Verzeichnis von Verarbeitungstätigkeiten

Art. 30 DSGVO bestimmt, dass jeder Verantwortliche ein Verzeichnis über alle Verarbeitungstätigkeiten zu führen hat, die seiner Zuständigkeit unterliegen. Unter dem Begriff sind sämtliche automatisierte und nichtautomatisierte Verarbeitungen personenbezogener Daten zu verstehen.

In diesem Verzeichnis sind gemäß Art. 30 DSGVO folgende Angaben zu den Tätigkeiten aufzuführen:

- Namen und Kontaktdaten des Verantwortlichen
- Namen und Kontaktdaten des Datenschutzbeauftragten
- Zweck der Verarbeitung
- Beschreibung der Kategorien von Daten
- Kategorien von Empfängern
- Aussagen über die Übermittlung von Daten an ein Drittland oder eine internationale Organisation
- wenn möglich Angaben zu Löschfristen
- wenn möglich Beschreibung der technischen und organisatorischen Maßnahmen nach Art. 32 Abs. 1 DSGVO

Das Verzeichnis stellt die Grundlage für die datenschutzrechtlichen Belange des Vereins dar und dient insbesondere als Nachweis über die Einhaltung der gesetzlichen Bestimmungen.

Von der Pflicht zur Führung des Verzeichnisses sind Unternehmen und Einrichtungen befreit, die weniger als 250 Mitarbeiter beschäftigen. Die Befreiung entfällt, sofern durch die Verarbeitungstätigkeit ein Risiko für die Rechte und Freiheiten der betroffenen Person besteht. Gleiches gilt für die nicht nur gelegentliche Verarbeitung und die Verarbeitung von besonderen Kategorien von Daten gemäß Art. 9 Abs. 1 DSGVO bzw. für die Verarbeitung von personenbezogenen Daten über strafrechtliche Verurteilungen und Straftaten gemäß Art. 10 DSGVO.

Für Vereine greift diese Ausnahmeregelung in der Regel nicht, da es sich bei der Verwaltung der Mitgliederdaten nicht um eine nur gelegentliche Verarbeitung im Sinne des Art. 30 DSGVO handelt, sondern von einer regelmäßigen Tätigkeit auszugehen ist.

14.9 Datenschutzerklärung

Vereine sind nach Art. 12 DSGVO dazu verpflichtet, betroffene Personen transparent darüber zu informieren, welche Daten zu welchem Zweck erhoben werden. Nach den Grundsätzen der Transparenz wird vorausgesetzt, dass diese Informationen präzise, leicht zugänglich und verständlich sowie in klarer und einfacher Sprache abgefasst sind.

14.9.1 Inhalte

Es kann eine auf die Bedarfe des Vereins zugeschnittene Datenschutzerklärung erstellt werden. Dieses Informationsblatt wird dann bei jeder Erhebung personenbezogener Daten ausgegeben. Beim Vereinseintritt wird die Information direkt mit den Eintrittsunterlagen ausgehändigt.

Die folgende Übersicht liefert Anhaltspunkte für die Erstellung des Informationsblatts. Demnach sind nach Art. 13 DSGVO aufzuführen:

- Vereinsname, Kontaktdaten des Vereins
- Datenschutzbeauftragter (sofern bestellt)
- Zwecke der Datenverarbeitung
- Rechtsgrundlage der Verarbeitung
- berechtigtes Interesse an der Verarbeitung
- Empfänger der Daten
- ggf. die Absicht zur Übermittlung der Daten an ein Drittland oder an eine internationale Organisation
- Speicherdauer
- Hinweise auf das Recht auf Auskunft, Berichtigung, Löschung, Einschränkung der Verarbeitung, Widerspruch, Datenübertragbarkeit
- Hinweis auf das Beschwerderecht
- Informationen darüber, ob die Verarbeitung gesetzlich oder vertraglich vorgeschrieben oder für einen Vertragsabschluss erforderlich ist
- Informationen darüber, ob eine Verarbeitung für andere Zwecke beabsichtigt ist

Die Datenschutzerklärung muss nicht zwingend in gedruckter Form ausgegeben werden. Mit Blick auf die auch in Vereinen fortschreitende Digitalisierung wird der Informationspflicht des Art. 13 DS-GVO auch dann Genüge getan, wenn auf die Datenschutzerklärung auf der Homepage des Vereins hingewiesen wird. Der entsprechende Link wird hierzu im Anmeldeformular aufgeführt.

14.9.2 Datenschutzbeauftragter

Eine Pflicht zur Bestellung eines Datenschutzbeauftragten kann sich sowohl aus der DSGVO als auch aus dem nationalen Recht des Bundesdatenschutzgesetzes ergeben.

Um die Aufgabe des Datenschutzbeauftragten ordnungsgemäß ausführen zu können, bedarf es entsprechender Kompetenzen in diesem Bereich. Das erforderliche Niveau des Fachwissens richtet sich gemäß Erwägungsgrund 97 nach den durchgeführten Datenverarbeitungsvorgängen und dem erforderlichen Schutz für die vom Verantwortlichen oder dem Auftragsverarbeiter verarbeiteten personenbezogenen Daten.

Zu den Hauptaufgaben des Datenschutzbeauftragten gehört die Überwachung der Einhaltung der Vorgaben zum Datenschutz. Er unterstützt zudem den Vorstand bei der Umsetzung eines Datenschutzkonzepts und steht regelmäßig auch den Mitgliedern als Ansprechpartner in Datenschutzangelegenheiten zur Verfügung.

14.9.3 Vorgaben nach DSGVO

Nach Art. 37 Abs. 1 Buchst. b und c hat der Verein zwingend einen Datenschutzbeauftragten zu benennen, wenn die Kerntätigkeit des Vereins

- in der umfangreichen oder systematischen Überwachung von Personen oder
- in der umfangreichen Verarbeitung besonderer Kategorien von Daten nach Art. 9 DSGVO oder personenbezogener Daten über strafrechtliche Verurteilungen und Straftaten gemäß Art. 10 DSGVO besteht.

Im privaten Sektor bezieht sich die Kerntätigkeit eines Verantwortlichen auf seine Haupttätigkeiten und nicht auf die Verarbeitung personenbezogener Daten als Nebentätigkeit. Insofern dürfte die erste Alternative dieser Regelung in Vereinen regelmäßig nicht zur Anwendung kommen.

Etwas anderes kann sich in Selbsthilfevereinen, die Gesundheitsdaten verarbeiten, ergeben. Diese Daten sind als besonders sensibel einzustufen und es bedarf der Bestellung eines Datenschutzbeauftragten.[326]

14.9.4 Vorgaben nach BDSG

§ 38 Abs. 1 BDSG ergänzt Art. 37 Abs. 1 Buchst. b und c DSGVO um weitere Fälle, in denen ein Datenschutzbeauftragter zu benennen ist.

Demnach ist die Benennung erforderlich, wenn

- mindestens 20 Personen ständig mit der automatisierten Verarbeitung der Daten beschäftigt sind oder
- Verarbeitungen vorgenommen werden, die einer Datenschutzfolgenabschätzung nach Art. 35 DSGVO unterliegen, oder
- die Verarbeitung der personenbezogenen Daten geschäftsmäßig zum Zwecke der Übermittlung, der anonymisierten Übermittlung oder der Markt- und Meinungsforschung erfolgt.

Es gibt keine zwingende Vorgabe, wer im Verein mit der Datenverarbeitung zu betrauen ist. Insofern können sowohl Mitglieder als auch externe Personen zum Datenschutzbeauftragten benannt werden.

Tipp:

Die Anzahl von 20 Personen gemäß Bundesdatenschutzgesetz kann schnell erreicht werden, wenn eine Vielzahl an Trainern, Übungsleitern und anderem Funktionspersonal Zugriff auf die Daten der Trainierenden über einen gemeinsam genutzten Dateiordner hat. Hier empfiehlt sich eine regelmäßige Kontrolle.[327]

---

326 Landesbeauftragter für den Datenschutz Niedersachsen, Handreichung Datenschutz im Verein, Juni 2023

327 Ebd.

14.10 Bußgelder

Ein Verstoß gegen die Vorschriften der DSGVO kann unter Umständen die Verhängung von sehr hohen Bußgeldern zur Folge haben.

Die Bußgelder werden gemäß Art. 83 DSGVO immer unter Betrachtung des Einzelfalls verhängt. Entscheidende Kriterien sind Art, Schwere und Dauer des Verstoßes und der hieraus entstandene Schaden.

Zudem wird geprüft, ob vorsätzliches oder fahrlässiges Handeln vorliegt. Zur Definition siehe Abschnitt 8.1.

14.10.1 Höhe des Bußgelds

Die Höhe eines Bußgelds richtet sich nach der Qualität des Datenschutzverstoßes. So wird ein Bußgeld in Höhe von bis zu 10 Millionen Euro (bei Unternehmen bis zu 2 Prozent des gesamten weltweiten Jahresumsatzes) verhängt bei:

- Verstößen gegen die Pflichten der Verantwortlichen und der Auftragsverarbeiter gemäß Art. 8, 11, 25–39, 42 und 43 DSGVO
- Verstößen gegen die Pflichten der Zertifizierungsstelle gemäß Art. 42 und 43 DSGVO
- Verstößen gegen die Pflichten der Überwachungsstelle nach Art. 41 Abs. 4 DSGVO

Ein Bußgeld in Höhe von bis zu 20 Millionen Euro (bei Unternehmen bis zu 4 Prozent des weltweiten Jahresumsatzes) kann verhängt werden bei:

- Verstößen gegen die Grundsätze für die Verarbeitung, einschließlich der Bedingungen für die Einwilligung nach Art. 5, 6, 7 und 9 DSGVO
- Verstößen gegen die Rechte der betroffenen Person gemäß Art. 12–22 DSGVO
- Übermittlung personenbezogener Daten an einen Empfänger im Drittland oder eine andere internationale Organisation gemäß Art. 44–49 DSGVO
- Verstößen gegen alle Pflichten gemäß den Rechtsvorschriften der Mitgliedsstaaten, die im Rahmen des Kapitels IX DSGVO erfasst wurden

- Nichtbefolgung einer Anweisung der Aufsichtsbehörde gemäß Art. 58 Abs. 2 DSGVO

Bußgelder in den vorstehend genannten Höhen dürften sich in der Vereinspraxis eher selten bis gar nicht wiederfinden. Die DSGVO steckt hier lediglich den Rahmen des Möglichen ab und über die Höhe kommt die Ernsthaftigkeit eines Verstoßes zum Ausdruck.

14.10.2 Beispiele aus der Rechtsprechung

Im Folgenden betrachten wir einige Beispiele, in denen Vereine aufgrund eines Verstoßes gegen Datenschutzbestimmungen mit einem Bußgeld sanktioniert wurden.

- Gemäß dem Thüringer Landesdatenschutzbeauftragten wurde ein Verein mit einem Bußgeld in Höhe von 100 Euro belegt, weil er eine Anwesenheitsliste in den sozialen Netzwerken veröffentlicht hat.[328]
- Mit rechtskräftigem Bescheid vom 21.04.2020 wurde ein Bußgeld in Höhe von 500 Euro für den Versand einer E-Mail an den falschen Verteiler verhängt (TLfDI, a. a. O.).
- Aufgrund der Datenverarbeitung ohne eine entsprechende Rechtsgrundlage gemäß Art. 6 DSGVO wurde gegen einen Verein ein Bußgeld in Höhe von 3.500 Euro verhängt.[329]
- Die VfB Stuttgart 1983 AG wurde aufgrund einer fahrlässigen Verletzung der ihm nach Art. 5 Abs. 2 DSGVO obliegenden datenschutzrechtlichen Rechenschaftspflicht mit einem Bußgeld in Höhe von 300.000 Euro sanktioniert. Vorliegend hatte der Verein in großer Zahl Mitgliederdaten an einen externen Dienstleister übermittelt, ohne dass der Verein in der Lage war, den Zweck und die Rechtsgrundlage des Vorgangs zu benennen.

Gemäß dem Bußgeldbescheid wurde bei der Bemessung der Geldbuße insbesondere berücksichtigt, dass die Verantwortliche den nur fahrlässigen Verstoß einräumte und sich von Beginn der amtlichen Untersuchung sehr kooperativ zeigte.[330]

---

328 TLfDI, Bescheid vom 22.01.2021, Az. 017-1/2021-3-3

329 Abgeordnetenhaus Berlin, Drs. 18/27 115, S. 6

330 Bußgeldbescheid vom 10.03.2021, Az. 0523.1-2/3; https://fragdenstaat.de/anfrage/bugeldbescheid-wegen-datenschutzverstoen-beim-vfb-stuttgart/603646/anhang/bugeldbescheid-vfb-stuttgart.pdf [Stand: 20.03.2026]

14.11 Checkliste Datenschutz

Mit unterschiedlichen Maßnahmen lässt sich das Risiko des Vereins mit Blick auf einen Verstoß gegen die DSGVO minimieren. Die folgende Checkliste soll als Anhaltpunkt zur Prüfung der Datenschutzstruktur im Verein verstanden werden.

Checkliste: Datenschutz	
Liegen alle Einverständniserklärungen vor?	☐
Erfolgt die Verarbeitung aufgrund einer Rechtsgrundlage?	☐
Sind die Daten verschlüsselt?	☐
Gibt es Zugangsbeschränkungen zum Archiv?	☐
Sind Computersysteme durch Antiviren-Software geschützt?	☐
Werden Passwörter regelmäßig geändert?	☐
Erfolgt die Löschung DSGVO-konform?	☐
Gibt es eine aktuelle Datenschutzerklärung?	☐
Wurde ein Verarbeitungsverzeichnis angelegt?	☐
Wurde, sofern erforderlich, ein Datenschutzbeauftragter benannt?	☐

Grundsätzlich ist es zu empfehlen, die mit der Verarbeitung von personenbezogenen Daten befassten Personen im Bereich Datenschutz zu schulen. Hierzu bieten die unterschiedlichsten Anbieter Weiterbildungen in Form von Seminaren an.

Auflösung des Vereins

15.1 Grundsätze

Wird ein Verein gegründet, denken die Gründungsmitglieder nur selten daran, dass eine Situation eintreten könnte, die ein Fortbestehen der Körperschaft infrage stellt. Vielmehr gehen Gründer und Mitglieder regelmäßig davon aus, dass der Verein auf Dauer fortbesteht.

Im folgenden Kapitel betrachten wir neben den Gründen für eine Auflösung auch den Verfahrensablauf.

15.2 Gründe für die Auflösung

Eine Auflösung des Vereins kommt aus unterschiedlichen Gründen in Betracht. Insbesondere werden Vereine aufgelöst:

- durch Beschluss
- bei Wegfall der steuerbegünstigten Zwecke
- durch Eröffnung des Insolvenzverfahrens
- durch Entziehung der Rechtsfähigkeit
- aufgrund Wegfalls aller Mitglieder

Eine Auflösung des Vereins kann gemäß § 41 BGB durch die Mitgliederversammlung beschlossen werden. Hierzu ist nach Satz 2 eine Mehrheit von drei Vierteln der abgegebenen Stimmen erforderlich. Die Majorität nach Satz 2 der Vorschrift ist dispositiv. In der Satzung kann somit ein anderes Mehrheitsverhältnis festgelegt werden. Da es sich bei der Auflösung um einen erheblichen Vorgang handelt, sollte das benötigte Stimmenverhältnis nicht zu niedrig angesetzt werden.

Der Verein erlischt nicht unmittelbar nach dem Beschluss der Mitgliederversammlung, sondern besteht zunächst noch weiter und befindet sich im Liquidations- oder Abwicklungsstadium. Insofern kann der Beschluss zur Auflösung während dieser Phase durch einen neuen Beschluss der Mitgliederversammlung rückgängig gemacht werden. Ein Fortsetzungsbeschluss ist nicht erforderlich, sofern die Satzung eine Fortsetzungsklausel enthält.[331]

[331] BGH, Urteil vom 11.11.1985, Az. II ZR 37/85

Für die Fassung des Fortsetzungsbeschlusses ist eine Mitgliederversammlung einzuberufen. Hierfür ist entweder der Vorstand oder ein bereits bestellter Liquidator zuständig.[332]

Die Auflösung des Vereins durch Beschluss ist gemäß § 74 Abs. 1 BGB durch den Vorstand zur Eintragung beim zuständigen Amtsgericht anzumelden. Hierzu ist eine notariell beglaubigte Abschrift des Protokolls der Mitgliederversammlung mit einzureichen.

15.3 Liquidation

Die Liquidation muss immer dann stattfinden, wenn das Vereinsvermögen nicht an den Fiskus und somit an andere Anfallsberechtigte fällt und über das Vermögen nicht das Insolvenzverfahren eröffnet wurde (§ 47 BGB).

15.3.1 Liquidatoren

Grundsätzlich übernimmt der Vorstand die Liquidation. Gemäß § 48 Abs. 1 BGB können für diese Aufgabe auch andere Personen bestimmt werden. Hierbei gilt es, die für die Bestellung des Vorstands geltenden Vorschriften zu beachten. Somit wäre für die Bestellung die Mitgliederversammlung zuständig, sofern die Satzung nicht etwas anderes bestimmt.

Wurden durch die Mitgliederversammlung Liquidatoren bestellt, ist der Anmeldung beim Amtsgericht eine beglaubigte Abschrift des Beschlusses beizufügen. Liquidatoren sind gemäß § 76 Abs. 1 BGB mit der Vertretungsmacht in das Vereinsregister einzutragen.

15.3.2 Aufgaben der Liquidatoren

Die Liquidatoren haben die Aufgabe, alle noch laufenden Geschäfte des Vereins ordnungsgemäß zu Ende zu bringen. Gleichzeitig werden in dieser Phase der Auflösung die Gläubiger befriedigt und alle bestehenden Verbindlichkeiten bedient. Hierzu gehört auch, dass vorhandenes Anlagevermögen, zum Beispiel Sportgeräte, Instrumente usw., verkauft wird, um liquide Mittel für die Liquidation zu generieren.

Zu den Aufgaben gehört zudem, alle noch offenen Forderungen einzuziehen. Die Einziehung von Forderungen und die Umwandlung

332 OLG Zweibrücken, Urteil vom 08.05.2006, Az. 3 W 197/05

von Sachwerten in Geld ist dann nicht erforderlich, wenn diese Maßnahmen nicht zur Befriedigung der Gläubiger oder zur Verteilung des Überschusses unter den Anfallsberechtigten erforderlich sind (§ 49 Abs. 1 Satz 3 BGB).

15.3.3 Verfahrensablauf

Zunächst muss die Auflösung vom hierfür zuständigen Liquidator öffentlich bekannt gemacht werden. Diese Vorgabe leitet sich aus § 50 Abs. 1 BGB ab und dient primär dem Schutz der Gläubiger des Vereins. Die Bekanntmachung dient der Aufforderung an die Gläubiger, ihre Forderungen anzumelden, damit die Erfüllung der Forderung aus dem Vereinsvermögen im laufenden Sperrjahr ab dem Zeitpunkt der Bekanntmachung der Auflösung gewährleitet werden kann.[333]

Dem Verein namentlich bekannte Gläubiger müssen nach § 50 Abs. 2 BGB gesondert informiert werden. Es muss dem Liquidator zudem bekannt sein, dass dem Gläubiger dem Grunde nach ein Anspruch zusteht.[334]

Meldet sich ein dem Liquidator bekannter Gläubiger nicht, ist der geschuldete Betrag bei einer entsprechenden Berechtigung für den Gläubiger zu hinterlegen (§ 52 Abs. 1 BGB). Die Hinterlegung kommt insbesondere in den Fällen in Betracht, in denen sich eine bestehende Forderung aus den Unterlagen des Vereins ableiten lässt.[335]

Die Bekanntmachung hat in dem Blatt zu erfolgen, das durch die Satzung für Bekanntmachungen bestimmt ist. Hat das Bekanntmachungsblatt sein Erscheinen eingestellt oder fehlt eine entsprechende Satzungsregelung, ist in dem Blatt zu veröffentlichen, welches für Bekanntmachungen des für den Verein zuständigen Amtsgerichts bestimmt ist. Hierbei ist zu beachten, dass der Vereinssitz maßgeblich ist, nicht welches Registergericht zuständig ist (vgl. § 50a BGB).

15.3.4 Bekanntmachungstext

Eine festgelegte Formulierung des Bekanntmachungstextes durch den Gesetzgeber besteht nicht. Das folgende Muster kann als Beispiel herangezogen werden:

---

[333] OLG Brandenburg, Urteil vom 05.04.2023, Az. 7 U 130/22

[334] Staudinger/Schwennicke (2023), zu § 50, Rn. 13

[335] Staudinger/Schwennicke (2023), zu § 52, Rn. 4

> Der Musterstadt e. V. mit Sitz in 12345 Musterstadt ist aufgelöst. Die Gläubiger des Vereins werden aufgefordert, sich beim Liquidator zu melden.
>
> Musterstadt, den 12.07.2026, gez. Der Liquidator

15.3.5 Sperrjahr

Das durch § 51 BGB normierte Sperrjahr ist ein wichtiges Instrument zum Gläubigerschutz im Zusammenhang mit der Auflösung des Vereins. Durch die Vorschrift wird sichergestellt, dass das Vermögen nicht vor Ablauf eines Jahres an den Anfallsberechtigten ausgekehrt werden darf. Stichtag ist der Tag der Bekanntmachung oder der Entziehung der Rechtsfähigkeit.[336]

15

15.3.6 Haftung des Liquidators

Gemäß § 53 BGB kann eine Schadensersatzpflicht der Liquidatoren in Betracht kommen. Die Vorschrift stellt einen Spezialfall des § 823 Abs. 2 BGB dar, die auf die drittschützenden Vorschriften der §§ 42 Abs. 1, 50, 52 BGB anwendbar ist.

Voraussetzung zur Inanspruchnahme eines Liquidators ist ein schuldhaftes Handeln. Voraussetzung für ein vorsätzliches oder fahrlässiges pflichtwidriges Verhalten ist die Erkennbarkeit der Gefahr, die unterbunden werden soll (OLG, a .a. O.). Hierbei ist zum Beispiel an eine Insolvenzverschleppung zu denken.

Ein Schadensersatzanspruch kommt beispielsweise in Betracht, wenn vor Ablauf des Sperrjahres das Vereinsvermögen an die Anfallsberechtigten vor Befriedigung der Gläubiger ausgekehrt wird.

Gleiches gilt bei einem Verstoß gegen die Pflicht zur Bekanntmachung. Voraussetzung ist jedoch, dass durch die unterlassene Bekanntmachung auch ein Schaden entstanden ist.

15.3.7 Endgültige Löschung

Nach beendeter Liquidation und Ablauf des Sperrjahres ist das endgültige Erlöschen des Vereins vom Liquidator in das Vereinsregister in öffentlich beglaubigter Form anzumelden

336 OLG Brandenburg, Urteil vom 05.04.2023, Az. 7 U 130/22; Staudinger/Schwennicke (2023), zu § 51, Rn. 1

Anhang

16.1 Auflösungen der Übungen

16.1.1 Auflösung: Rücklagen

Um die freie Rücklage zu bestimmen, werden zunächst die Bereichsergebnisse errechnet.

In der Vermögensverwaltung wurden 4.000 Euro vereinnahmt. Dem stehen Kosten von 1.000 Euro gegenüber. Im Ergebnis beträgt der Überschuss in der Vermögensverwaltung **3.000 Euro**.

Im wirtschaftlichen Geschäftsbetrieb beläuft sich das Ergebnis auf **500 Euro** (1.000 Euro – 500 Euro).

Für den Zweckbetrieb ergibt sich ein Überschuss in Höhe von **3.000 Euro** (5.000 Euro – 2.000 Euro).

Die sonstigen Bruttoeinnahmen aus dem ideellen Bereich summieren sich auf insgesamt **100.000 Euro**.

Freie Rücklage:

1/3 Überschuss Vermögensverwaltung: **1.000 Euro**

10 Prozent der sonstigen Mittel (Überschüsse Zweckbetrieb und wirtschaftliche Geschäftsbetriebe, Bruttoeinnahmen ideeller Bereich): **10.350 Euro**

Gesamt freie Rücklage: 11.350 Euro

16.1.2 Auflösung: Vier Sphären

1. Mitgliedsbeiträge gehören in den **ideellen Bereich**.
2. Die Spende als freiwilliges Vermögensopfer ohne Gegenleistung wird im **ideellen Bereich** erfasst.
3. Der Verkauf von Speisen und Getränken stellt einen Leistungsaustausch dar. Demnach erfolgt die Buchung im **wirtschaftlichen Geschäftsbetrieb**.
4. Teilnahmegebühren für die sportliche Veranstaltung sind dem **Zweckbetrieb** zuzuordnen.
5. Einnahmen aus der langfristigen Vermietung werden in der **Vermögensverwaltung** erfasst.
6. Beim Sponsoring handelt es sich um Einnahmen im **wirtschaftlichen Geschäftsbetrieb**.
7. Fördermittel gehören in den **ideellen Bereich**.

8. Das Straßenfest gehört nicht zu den satzungsgemäßen Aufgaben. Demnach wird eine Zuordnung in den **wirtschaftlichen Geschäftsbetrieb** vorgenommen.
9. Die Verkaufserlöse werden im **Zweckbetrieb** erfasst.
10. Schenkungen beinhalten keine Gegenleistung und gehören demnach in den **ideellen Bereich**.
11. Zinseinnahmen sind im Bereich der **Vermögensverwaltung** zu buchen
12. Die gesellige Veranstaltung ist nicht Satzungszweck und eine lediglich geduldete Nebentätigkeit. Die Einnahmen sind dem **wirtschaftlichen Geschäftsbetrieb** zuzuordnen.

16.1.3 Auflösung: Buchführung

Einnahmen		
Ideeller Bereich		
4000 0 1	Mitgliedsbeiträge	6.540 EUR
4040 0 1	Spenden	700 EUR
4050 0 1	Zuweisungen	400 EUR
Gesamteinnahmen		**7.640 EUR**
Zweckbetrieb		
4201 0 3	Eintrittskarten	972 EUR
4200 0 3	Verkauf Programmheft	89 EUR
4185 0 3	Verkauf Munition	970 EUR
4207 0 3	Einnahmen Lehrgang	2.400 EUR
Gesamteinnahmen		**4.431 EUR**
Vermögensverwaltung		
4861 0 2	Pachteinnahmen	3.200 EUR
Gesamteinnahmen		**3.200 EUR**
Wirtschaftlicher Geschäftsbetrieb		
4185 0 4	Erlöse Fanartikel	432 EUR
4185 0 4	Getränkeverkauf	140 EUR
4185 0 4	Umlage Vereinsabend	300 EUR
Gesamteinnahmen		**872 EUR**

Ausgaben		
Ideeller Bereich		
6495 0 1	Software	180 EUR
6450 0 1	Instandhaltung	250 EUR
6420 0 1	Beiträge LSB	310 EUR
6400 0 1	Versicherungen	210 EUR
6800 0 1	Portokosten	45 EUR
6325 0 1	Gas, Wasser, Strom	420 EUR
6805 0 1	Telefon	35 EUR
Gesamtaufwand		**1.450 EUR**
Zweckbetrieb		
6850 0 3	Kosten Programmheft	60 EUR
5200 0 3	Einkauf Munition	1.200 EUR
5900 0 3	Honorar Dozent	1.200 EUR
6470 0 3	Reparatur Sportgeräte	80 EUR
0500 0 3	Kauf Luftgewehr	1.200 EUR
6310 0 3	Miete Schießstand	600 EUR
Gesamtaufwand		**4.340 EUR**
Wirtschaftlicher Geschäftsbetrieb		
5200 0 4	Getränkeeinkauf	120 EUR
5200 0 4	Fanartikel	550 EUR
6305 0 4	Vereinsabend	250 EUR
Gesamtaufwand		**920 EUR**

Für die einzelnen Sphären ergeben sich folgende Ergebnisse:

Ideeller Bereich	+ 6.190 EUR
Zweckbetrieb	+ 91 EUR
Vermögensverwaltung	+ 3.200 EUR
Wirtschaftlicher Geschäftsbetrieb	– 48 EUR

Im Ergebnis hat der Verein einen Verlust im wirtschaftlichen Geschäftsbetrieb. Verluste in dieser Sphäre können negative Konsequenzen für die Gemeinnützigkeit nach sich ziehen. Allerdings ist bei diesem geringen Betrag von einer Bagatelle auszugehen. Zum Ausgleich von Verlusten im wirtschaftlichen Geschäftsbetrieb siehe Kapitel 2.9.4.

Die Zuordnung zu den Konten kann je nach Bedarf auch abweichend von der gezeigten Lösung erfolgen. Sinnvoll könnte im Beispiel die Anlage einzelner Konten für den Munitions-, Getränke- und Fanartikelverkauf sein, um hierdurch eine präzise Aussage über den jeweiligen Geschäftsbereich zu erhalten. Gleiches gilt sinngemäß für die Ausgaben.

16.1.4 Auflösung: Kassenprüfung

1. Bei dieser Buchung gilt es zunächst zu prüfen, ob zur Vergütung des Vorstands eine entsprechende Satzungsgrundlage besteht. Wenn nicht, liegt eine **Mittelfehlverwendung** vor.
2. In der Buchung ist vermerkt, dass eine Barzahlung erfolgt ist. Da kein Beleg ausgestellt wurde, wurde der Geschäftsvorfall ordnungsgemäß mittels **Eigenbeleg** erfasst. Es ist zudem zu prüfen, ob es sich um ein Vereinsfahrzeug gehandelt hat.
3. Die Ausgabe ist im **ideellen Bereich** korrekt platziert. Es wäre auch eine Zuordnung im **Zweckbetrieb** denkbar, wenn die Bälle beispielsweise im Ligabetrieb eingesetzt werden.
4. Die Lautsprecherdurchsage stellt eine aktive Werbeleistung des Vereins dar. Somit findet ein Leistungsaustausch statt und die Buchung muss im steuerlichen **wirtschaftlichen Geschäftsbetrieb** erfolgen.
5. Auch im Fanshop findet durch den Verkauf der Fanartikel ein Leistungsaustausch statt (Ware gegen Geld). Demnach ist die Zuordnung zum **ideellen Bereich nicht korrekt**.
6. Der Vereinsabend ist als gesellige Veranstaltung grundsätzlich **kein Satzungszweck**. Insofern sind Aufwendungen nur in angemessener Höhe unschädlich. Die in der Praxis angewandte Höchstgrenze von 60 Euro pro Jahr und Mitglied wurde hier deutlich überschritten.
7. Die Einnahme in Höhe von 700 Euro ist richtigerweise in der **Vermögensverwaltung** erfasst worden. Hier wäre zu prüfen, ob dem Werbepartner ein angemessener Gewinn verbleibt.
8. Eine pauschale Zahlung für getätigte Fahrten ohne einen entsprechenden Nachweis, ob die Fahrten tatsächlich angefallen sind, stellt regelmäßig eine **Mittelfehlverwendung** dar. Zumal sich allein aus der Buchung nicht erkennen lässt, ob die als ange-

16

messen anerkannten 38 Cent/Kilometer eventuell überschritten wurden.

9. Der Sponsor erwartet als Gegenleistung für seine Zahlung in der Regel eine Werbeleistung des Vereins. Somit liegt ein Leistungsaustausch vor und die Erfassung des Vorfalls im steuerpflichtigen **wirtschaftlichen Geschäftsbetrieb** ist korrekt.

10. Die Höhe der Gehaltszahlungen ist mittels **Fremdvergleich auf Angemessenheit** zu prüfen. Hierbei ist insbesondere auch die der Tätigkeit zugrundeliegende Wochenarbeitszeit zu berücksichtigen. Die Zuordnung zum ideellen Bereich ist korrekt, sofern es sich beispielsweise nicht um den Geschäftsführer der Vereinsgaststätte (oder eines anderen steuerpflichtigen wirtschaftlichen Geschäftsbetriebs) handelt.

16.2 Steuerliche Mustersatzung

Anlage 1 (zu § 60)[337]

Mustersatzung für Vereine, Stiftungen, Betriebe gewerblicher Art von juristischen Personen des öffentlichen Rechts, geistliche Genossenschaften und Kapitalgesellschaften

(nur aus steuerlichen Gründen notwendige Bestimmungen)

§ 1

Der – Die .... Körperschaft mit Sitz in .... verfolgt ausschließlich und unmittelbar – gemeinnützige – mildtätige – kirchliche – Zwecke (nicht verfolgte Zwecke streichen) im Sinne des Abschnitts „Steuerbegünstigte Zwecke" der Abgabenordnung.

Zweck des Vereins ist .... (z. B. die Förderung von Wissenschaft und Forschung, Jugend- und Altenhilfe, Erziehung, Volks- und Berufsbildung, Kunst und Kultur, Landschaftspflege, Umweltschutz, des öffentlichen Gesundheitswesens, des Sports, Unterstützung hilfsbedürftiger Personen).

Der Satzungszweck wird verwirklicht insbesondere durch .... (z. B. Durchführung wissenschaftlicher Veranstaltungen und Forschungsvorhaben, Vergabe von Forschungsaufträgen, Unterhaltung einer Schule, einer Erziehungsberatungsstelle, Pflege von Kunstsammlungen, Pflege des Liedgutes und des Chorgesanges, Errichtung von Naturschutzgebieten, Unterhaltung eines Kindergartens, Kinder-, Jugendheims, Unterhaltung eines Altenheims, eines Erholungsheims, Bekämpfung des Drogenmissbrauchs, des Lärms, Förderung sportlicher Übungen und Leistungen).

§ 2

Die Körperschaft ist selbstlos tätig; sie verfolgt nicht in erster Linie eigenwirtschaftliche Zwecke.

---

[337] Vorlage des BMF

§ 3

Mittel der Körperschaft dürfen nur für die satzungsmäßigen Zwecke verwendet werden. Die Mitglieder erhalten keine Zuwendungen aus Mitteln der Körperschaft.

§ 4

Es darf keine Person durch Ausgaben, die dem Zweck der Körperschaft fremd sind, oder durch unverhältnismäßig hohe Vergütungen begünstigt werden.

§ 5

Bei Auflösung oder Aufhebung der Körperschaft oder bei Wegfall steuerbegünstigter Zwecke fällt das Vermögen der Körperschaft

1. an den – die – das .... (Bezeichnung einer juristischen Person des öffentlichen Rechts oder einer anderen steuerbegünstigten Körperschaft), – der – die – das – es unmittelbar und ausschließlich für gemeinnützige, mildtätige oder kirchliche Zwecke zu verwenden hat.

oder

2. an eine juristische Person des öffentlichen Rechts oder eine andere steuerbegünstigte Körperschaft zwecks Verwendung für .... (Angabe eines bestimmten gemeinnützigen, mildtätigen oder kirchlichen Zwecks, z. B. Förderung von Wissenschaft und Forschung, Erziehung, Volks- und Berufsbildung, der Unterstützung von Personen, die im Sinne von § 53 der Abgabenordnung wegen .... bedürftig sind, Unterhaltung des Gotteshauses in ....).

Weitere Hinweise

Bei **Betrieben gewerblicher Art von juristischen Personen des öffentlichen Rechts, bei den von einer juristischen Person des öffentlichen Rechts verwalteten unselbstständigen Stiftungen und bei geistlichen Genossenschaften** (Orden, Kongregationen) ist folgende Bestimmung aufzunehmen:

§ 3 Abs. 2:

„Der – die – das .... erhält bei Auflösung oder Aufhebung der Körperschaft oder bei Wegfall steuerbegünstigter Zwecke nicht mehr als – seine – ihre – eingezahlten Kapitalanteile und den gemeinen Wert seiner – ihrer – geleisteten Sacheinlagen zurück."

Bei **Stiftungen** ist diese Bestimmung nur erforderlich, wenn die Satzung dem Stifter einen Anspruch auf Rückgewähr von Vermögen einräumt. Fehlt die Regelung, wird das eingebrachte Vermögen wie das übrige Vermögen behandelt.

Bei **Kapitalgesellschaften** sind folgende ergänzende Bestimmungen in die Satzung aufzunehmen:

1. § 3 Abs. 1 Satz 2: „Die Gesellschafter dürfen keine Gewinnanteile und auch keine sonstigen Zuwendungen aus Mitteln der Körperschaft erhalten."

2. § 3 Abs. 2: „Sie erhalten bei ihrem Ausscheiden oder bei Auflösung der Körperschaft oder bei Wegfall steuerbegünstigter Zwecke nicht mehr als ihre eingezahlten Kapitalanteile und den gemeinen Wert ihrer geleisteten Sacheinlagen zurück."

3. § 5: „Bei Auflösung der Körperschaft oder bei Wegfall steuerbegünstigter Zwecke fällt das Vermögen der Körperschaft, soweit es die eingezahlten Kapitalanteile der Gesellschafter und den gemeinen Wert der von den Gesellschaftern geleisteten Sacheinlagen übersteigt, an .... "

§ 3 Abs. 2 und der Satzteil „soweit es die eingezahlten Kapitalanteile der Gesellschafter und den gemeinen Wert der von den Gesellschaftern geleisteten Sacheinlagen übersteigt," in § 5 sind nur erforderlich, wenn die Satzung einen Anspruch auf Rückgewähr von Vermögen einräumt.

16.3 Mustersatzung für einen eingetragenen Förderverein

Die Satzung lässt sich unkompliziert auf andere Vereine anpassen und ist als individuell anzupassendes Beispiel zu verstehen. Der in der Mustersatzung beschriebene Verein ist nicht auf die reine Fördertätigkeit beschränkt.

§ 1 Name, Sitz, Geschäftsjahr

(1) Der am XX.YY.ZZZZ gegründete Verein führt den Namen „Förderverein Gesundheit" und hat seinen Sitz in Musterstadt.

(2) Der Verein soll in das Vereinsregister eingetragen werden und erhält nach Eintragung den Zusatz „e. V." im Vereinsnamen.

Kommentar: Dieser Punkt entfällt, sofern ein Verein ohne Rechtspersönlichkeit im Sinne von § 54 BGB gegründet werden soll.

(3) Das Geschäftsjahr ist das Kalenderjahr.

§ 2 Vereinszweck, Gemeinnützigkeit

(1) Der Verein verfolgt ausschließlich und unmittelbar gemeinnützige Zwecke im Sinne des Abschnitts „Steuerbegünstigte Zwecke" der Abgabenordnung, und zwar durch die Förderung des öffentlichen Gesundheitswesens und der öffentlichen Gesundheitspflege. Er wird als Förderverein gemäß § 58 Abs. 1 Nr. 1 AO tätig, der seine Mittel ausschließlich zur Förderung steuerbegünstigter Körperschaften verwendet.

Kommentar: Satz 2 ist nur erforderlich, wenn die Mittelweitergabe die einzige Art der Zweckverwirklichung ist.

(2) Der Zweck des Vereins wird durch Beschaffung und Weitergabe von Mitteln an steuerbegünstigte Körperschaften verwirklicht. Der Zweck kann auch dadurch verwirklicht werden, dass der Verein unmittelbar selbst Aktivitäten entfaltet. Hierunter fällt insbesondere die Durchführung von Projekten, Seminaren und Aufklärungskampagnen zur Förderung des öffentlichen Gesundheitswesens und der öffentlichen Gesundheitspflege.

(3) Der Verein ist selbstlos tätig; er verfolgt nicht in erster Linie eigenwirtschaftliche Zwecke.

(4) Die Organe des Vereins üben ihre Tätigkeit ehrenamtlich aus. Sie können entsprechend der Haushaltslage und nach Beschluss der Mitgliederversammlung angemessen für ihre Tätigkeit entschädigt werden.

(5) Mittel, die dem Verein zufließen, dürfen nur für satzungsmäßige Zwecke verwendet werden.

(6) Die Mitglieder erhalten keine Gewinnanteile und in ihrer Eigenschaft als Mitglieder auch keine sonstigen Zuwendungen aus Mitteln des Vereins. Es darf keine Person durch Ausgaben, die den Zwecken des Vereins fremd sind, oder durch unverhältnismäßig hohe Vergütungen begünstigt werden.

(7) Der Verein wahrt parteipolitische Neutralität. Er räumt den Angehörigen aller Ethnien gleiche Rechte ein und vertritt den Grundsatz religiöser und weltanschaulicher Toleranz.

Kommentar: Diese Klausel muss nicht zwingend aufgeführt werden, da sich eine Ausgrenzung in einem gemeinnützigen Verein bereits durch die Vorgaben des Gemeinnützigkeitsrechts ausschließt.

§ 3 Erwerb der Mitgliedschaft

(1) Mitglied des Vereins können natürliche und juristische Personen werden.

(2) Nach Ablauf einer Probezeit von sechs Monaten entscheidet der Vorstand über die endgültige Aufnahme in den Verein. Eine Ablehnung der endgültigen Aufnahme bedarf keiner Begründung. Der Aufnahmeantrag Minderjähriger bedarf der Unterschrift des gesetzlichen Vertreters.

§ 4 Rechte und Pflichten der Mitglieder

(1) Jedes Mitglied hat das Recht, die Einrichtungen des Vereins zu nutzen und an gemeinsamen Veranstaltungen teilzunehmen. Jedes Mitglied hat gleiches Stimm- und Wahlrecht in der Mitgliederversammlung.

(2) Jedes Mitglied hat die Pflicht, die Interessen des Vereins zu fördern, insbesondere regelmäßig seine Mitgliedsbeiträge zu

leisten und, soweit es in seinen Kräften steht, das Vereinsleben durch seine Mitarbeit zu unterstützen.

§ 5 Beendigung der Mitgliedschaft

(1) Die Mitgliedschaft endet durch Tod, Austritt oder Ausschluss.

(2) Der Austritt ist dem Vorstand schriftlich gegenüber zu erklären. Der Austritt ist unter Einhaltung einer Frist von einem Monat zum Schluss eines Geschäftsjahres zulässig.

(3) Ein Mitglied kann durch einfachen Mehrheitsbeschluss der Mitgliederversammlung aus dem Verein ausgeschlossen werden. Ein Ausschluss kann erfolgen, wenn ein Mitglied

- grob gegen die Satzungen oder Ordnungen verstößt;
- in grober Weise den Interessen des Vereins und seiner Ziele zuwiderhandelt;
- dem Verein oder dem Ansehen des Vereins durch unehrenhaftes Verhalten, insbesondere durch Äußerungen extremistischer oder verfassungsfeindlicher Gesinnung bzw. Haltung innerhalb und außerhalb des Vereins oder durch die Mitgliedschaft in einer extremistischen Partei oder Organisation, schadet;
- gegen Grundsätze des Kinder- und Jugendschutzes verstößt.

(4) Der Vorstand kann ebenfalls mit einfacher Mehrheit den Ausschluss eines Mitglieds beschließen, wenn eine oder mehrere der unter Nr. 3 genannten Voraussetzungen vorliegen. Auch hier muss dem Mitglied die Möglichkeit der Stellungnahme gegeben werden. Der Beschluss ist dem Mitglied in schriftlicher Form zuzusenden.

(5) Gegen den Ausschluss kann das betroffene Mitglied Einspruch erheben, über den die nächste ordentliche Mitgliederversammlung endgültig entscheidet. Die Entscheidung ist dem Betroffenen mittels Einschreiben zuzuleiten. Während des Ausschlussverfahrens ruhen die Mitgliedschaftsrechte. Der Einspruch hat keine aufschiebende Wirkung. Ausgeschiedene Mitglieder haben keinen Anspruch auf das Vereinsvermögen.

§ 6 Beiträge

(1) Von den Mitgliedern werden Beitrage erhoben. Die Höhe des Beitrages sowie dessen Fälligkeit werden von der Mitgliederversammlung bestimmt. Durch die Mitgliederversammlung können auch sonstige Leistungen wie Umlagen oder Arbeitseinsätze beschlossen werden, die von den Mitgliedern zu erbringen sind. Die Höhe der Umlage darf zwei Jahresbeiträge nicht übersteigen.

§ 7 Organe des Vereins

(1) Organe des Vereins sind die Mitgliederversammlung und der Vorstand.

§ 8 Mitgliederversammlung

(1) Die Mitgliederversammlung findet einmal jährlich statt. Sie ist ferner einzuberufen, wenn es das Vereinsinteresse gebietet oder 25 Prozent der Vereinsmitglieder dies schriftlich und unter Angabe der Gründe und des Zwecks vom Vorstand verlangen.

Kommentar: Die erforderliche Mehrheit beträgt ohne eine entsprechende Festlegung in der Satzung gemäß § 37 Abs. 1 BGB 10 Prozent.

(2) Mitgliederversammlungen können als Onlineveranstaltung durchgeführt werden.

(3) Mitgliederversammlungen sind vom Vorstand mindestens zwei Wochen vor dem Versammlungstermin einzuberufen. Mit der Einberufung ist gleichzeitig die Tagesordnung mitzuteilen. Die Einladung wird in Textform per E-Mail auf elektronischem Weg verschickt. Die Einladung gilt dem Mitglied als zugegangen, wenn diese an die vom Mitglied gegenüber dem Verein zuletzt bekannt gegebene E-Mail-Adresse gerichtet ist.

(4) Soweit die Satzung nichts anderes bestimmt, ist jede ordnungsgemäß einberufene Mitgliederversammlung beschlussfähig. Die Mitgliederversammlung wird vom 1. Vorstand, bei dessen Verhinderung vom Stellvertreter geleitet. Ist keiner von ihnen anwesend, bestimmt die Versammlung den Versammlungsleiter.

(5) Bei Beschlüssen und Wahlen entscheidet die einfache Mehrheit der abgegebenen gültigen Stimmen. Zu einem Beschluss, der

eine Änderung der Satzung enthält, ist eine Mehrheit von drei Vierteln der abgegebenen gültigen Stimmen erforderlich. Die Änderung des Vereinszwecks bedarf der Zustimmung von neun Zehnteln der stimmberechtigten Vereinsmitglieder. Mitglieder in der Probezeit haben kein Stimmrecht.

(6) Die Art der Abstimmung wird durch den Versammlungsleiter festgelegt. Eine schriftliche Abstimmung hat jedoch zu erfolgen, wenn ein Drittel der erschienenen Mitglieder dies beantragt.

(7) Über die Beschlüsse der Mitgliederversammlung ist ein Protokoll anzufertigen, das vom Protokollführer und dem 1. Vorstand zu unterschreiben ist.

§ 9 Vorstand

(1) Der Vorstand im Sinne des § 26 BGB besteht aus

- Vorstand 1
- Vorstand 2
- Schatzmeister

(2) Der Verein wird gerichtlich und außergerichtlich durch jeweils ein Vorstandsmitglied vertreten.

(3) Der Vorstand wird von der Mitgliederversammlung auf die Dauer von fünf Jahren gewählt. Er bleibt jedoch bis zur satzungsgemäßen Neuwahl des Vorstandes, jedoch längstens für sechs Monate nach Ablauf der Amtszeit, im Amt.

(4) Wählbar sind nur Mitglieder des Vereins, die das 18. Lebensjahr vollendet haben. Mitglieder in der Probezeit können nicht gewählt werden. Verschiedene Vorstandsämter können nicht in einer Person vereinigt werden.

(5) Dem Vorstand obliegt neben der Vertretung des Vereins die Wahrnehmung der Vereinsgemeinschaft nach Maßgabe der Satzung und der Beschlüsse der Mitgliederversammlung.

(6) Scheidet ein Mitglied des Vorstands vorzeitig aus, so kann der verbliebene Vorstand für die restliche Amtsdauer einen Nachfolger kommissarisch bestellen.

(7) Vorstandssitzungen können online abgehalten werden.

(8) Die Mitglieder des Vorstands sind von den Beschränkungen des § 181 BGB befreit.

(9) Der Vorstand kann aus wichtigem Grund von der Mitgliederversammlung abberufen werden.

(10) Der Vorstand kann sich eine Geschäftsordnung geben.

§ 10 Auflösung des Vereins

(1) Der Verein kann durch Beschluss der Mitgliederversammlung aufgelöst werden, soweit diese Mitgliederversammlung eigens zu diesem Zweck einberufen worden ist.

(2) Zur Auflösung des Vereins ist die Mehrheit von drei Vierteln der abgegebenen gültigen Stimmen erforderlich.

(3) Die Liquidation erfolgt durch die zum Zeitpunkt der Auflösung amtierenden Vorstandsmitglieder.

(4) Bei Auflösung des Vereins oder Wegfall des steuerbegünstigten Zweckes gemäß § 2 dieser Satzung fällt das Vermögen des Vereins, soweit es bestehende Verbindlichkeiten übersteigt, an die Stadt Musterstadt, die es unmittelbar und ausschließlich für gemeinnützige Zwecke zu verwenden hat.

§ 11 Datenschutz

(1) Zur Erfüllung der Zwecke und Aufgaben des Vereins werden unter Beachtung der Vorgaben der EU-Datenschutz-Grundverordnung (DSGVO) und des Bundesdatenschutzgesetzes (BDSG) personenbezogene Daten über persönliche und sachliche Verhältnisse der Mitglieder im Verein verarbeitet.

(2) Soweit die in den jeweiligen Vorschriften beschriebenen Voraussetzungen vorliegen, hat jedes Vereinsmitglied insbesondere die folgenden Rechte:

- Recht auf Auskunft nach Art. 15 DSGVO
- Recht auf Berichtigung nach Art. 16 DSGVO
- Recht auf Löschung nach Art. 17 DSGVO

- Recht auf Einschränkung der Verarbeitung nach Art. 18 DS-GVO
- Recht auf Datenübertragbarkeit nach Art. 20 DSGVO
- Widerspruchsrecht nach Art. 21 DSGVO
- Recht auf Beschwerde bei einer Aufsichtsbehörde nach Art. 77 DSGVO

(3) Den Organen des Vereins, allen Mitarbeiterinnen und Mitarbeitern oder sonst für den Verein Tätigen ist es untersagt, personenbezogene Daten unbefugt zu anderen als dem jeweiligen zur Aufgabenerfüllung gehörenden Zweck zu verarbeiten, bekannt zu geben, Dritten zugänglich zu machen oder sonst zu nutzen. Diese Pflicht besteht auch über das Ausscheiden der oben genannten Personen aus dem Verein hinaus.

(4) Zur Wahrnehmung der Aufgaben und Pflichten nach der EU-Datenschutz-Grundverordnung und dem Bundesdatenschutzgesetz bestellt der geschäftsführende Vorstand bei Vorliegen der Voraussetzungen des § 38 Abs. 1 BDSG einen Datenschutzbeauftragten.

§ 12 Gerichtsstand

Gerichtsstand ist Musterstadt

16.4 Vorlagen

Muster für Zuwendungsbestätigung

https://esth.bundesfinanzministerium.de/esth/2020/C-Anhaenge/Anhang-37/I/anhang-37-I.html
Quelle: BMF

Vertragsmuster für freie Mitarbeit

https://cdn.dosb.de/alter_Datenbestand/fm-dosb/arbeitsfelder/Ausbildung/Freier_Mitarbeiter-Vertrag_als_UEbungsleiterSport__2023_.pdf
Quelle: DOSB

16.5 Ausgewählte Literatur

Der Abruf der Internetquellen erfolgte letztmalig am 20.03.2026.

Bayerisches Landesamt für Datenschutzaufsicht (2019): Praxisratgeber Bilder und Verein. www.lda.bayern.de/media/veroeffentlichungen/FAQ_Bilder_und_Verein.pdf

Bayerisches Landesamt für Steuern

Bayerisches Landesamt für Steuern, Steuerfreiheit für nebenberufliche Tätigkeiten i. S. d. § 3 Nr. 26/26a EStG, Stand: März 2021: https://www.finanzamt.bayern.de/Informationen/Steuerinfos/Weitere_Themen/Ehrenamt/Steuerfreiheit-nebenberufliche-Taetigkeit-21-03.pdf

16

Bundesministerium der Justiz und für Verbraucherschutz

Bundesministerium für Finanzen

Bundesministerium für Wirtschaft und Energie: https://www.bundeswirtschaftsministerium.de/Redaktion/DE/Textsammlungen/Mittelstand/gewerberecht.html

Bundeszentralamt für Steuern: Zuwendungsempfängerregister. www.bzst.de/DE/Unternehmen/Gemeinnuetzigkeit/Zuwendungsempfaengerregister/Zuwendungsempfaengerregister_node.html

Czenia, M. (2023): Schießstättenaufsicht. Walhalla Fachverlag, Regensburg.

DATEV: https://apps.datev.de/help-center/documents/1022900

DATEV (2023): DATEV-Kontenrahmen SKR 42 Vereine, Stiftungen, gGmbH (§ 4 Abs. 3 EStG). www.datev.de/web/de/datev-shop/material/12902-datev-kontenrahmen-skr-42-vereine-stiftungen-ggmbh-4-abs-3-estg/

Der Deutsche Rechtspfleger RPfleger, 2016, Verlag Ernst und Werner Gieseking

Der Landesbeauftragte für den Datenschutz Niedersachsen

Deutsche Rentenversicherung: Amateursportler. www.deutsche-rentenversicherung.de/DRV/DE/Experten/Arbeitgeber-und-Steuerberater/summa-summarum/Lexikon/A/amateursportler.html

Deutscher Olympischer Sportbund e. V.: https://cdn.dosb.de/user_upload/www.dosb.de/Medien_Service/GEMA/2021/GEMA-Broschuere-2022.pdf

https://cdn.dosb.de/alter_Datenbestand/fm-dosb/arbeitsfelder/Ausbildung/Freier_Mitarbeiter-Vertrag_als_UEbungsleiter-Sport__2023_.pdf

Deutsches Rechnungslegungs Standards Committe e. V.: https://www.drsc.de/projekte/kapitalflussrechnung-drs-21/?utm

Frag den Staat (2021): Bußgeldbescheid wegen Datenschutzverstößen beim VfB Stuttgart. https://fragdenstaat.de/anfrage/bugeld-bescheid-wegen-datenschutzverstoen-beim-vfb-stuttgart/603646/anhang/bugeldbescheid-vfb-stuttgart.pdf

GEMA: Das Wichtigste zu den GEMA Gebühren. www.gema.de/de/die-gema/das-wichtigste-zu-den-gema-gebuehren

GEMA: Ehrenamtliche Vereine und Organisationen in Bayern: Pauschale Lösung der GEMA für eintrittsfreie Veranstaltungen. www.gema.de/de/musiknutzer/vereine-in-bayern

GEMA: So melden Sie Musik in Ihrer Kinder- und Jugendeinrichtung bei der GEMA an. www.gema.de/de/musiknutzer/branchen/kinder-und-jugendeinrichtungen

Ministerium der Finanzen Baden-Württemberg (2019): Freigrenze für Zuwendungen an Vereinsmitglieder auf 60 Euro erhöht. https://fm.baden-wuerttemberg.de/de/service/presse-und-oeffentlichkeitsarbeit/pressemitteilung/pid/freigrenze-fuer-zuwendungen-an-vereinsmitglieder-auf-60-euro-erhoeht/

Ministerium der Finanzen Baden-Württemberg (2022): Steuertipps für gemeinnützige Vereine. https://fm.baden-wuerttemberg.de/de/startseite/service/publikation/did/steuertipps-fuer-gemeinnuetzige-vereine-1

Neue Juristische Wochenschrift NJW, 1984, Verlag C. H. Beck

Neue Zeitschrift für Gesellschaftsrecht NZG, 2013, Verlag C. H. Beck

Staudinger, J. von (2023): Kommentar zum Bürgerlichen Gesetzbuch mit Einführungsgesetz und Nebengesetzen, Buch I Allgemeiner Teil §§ 21–79a BGB, Verlag Otto Schmidt – De Gruyter

16

Threema: Gibt es Sonderangebote für Bildungseinrichtungen und NGOs? https://threema.ch/de/faq/edu#:~:text=Ja.,von%2030%25%20auf%20Threema%20Work

Wessels, J./Beulke, W./Satzger, H. (2017): Strafrecht Allgemeiner Teil. C. F. Müller, Heidelberg.

Stichwortverzeichnis

17